# ¿Alguien quiere saber POR FIN EL PORQUÉ de tanto independentismo en CATALUÑA?

Por un español catalán

El libro imprescindible para entender
lo que ocurre realmente en Cataluña

Primera edición: noviembre 2015



© Alberto Reverte Saavedra
alguienquieresaberporfin@gmail.com

Edición: Alberto Reverte Saavedra.
Diseño de portada: © Óscar Gil Raya

ISBN: 978-8491265474

DEPÓSITO LEGAL: AL 1470-2015

# BIOGRAFÍA DEL AUTOR

Alberto Reverte Saavedra nació en Barcelona en los años 60; sus padres habían llegado a Cataluña en los 50. Desde muy temprana edad, fue consciente de que existían dos grupos sociales separados por hablar lenguas diferentes. Observó como los catalanoparlantes mostraban rechazo hacia los castellanoparlantes y sintió el rechazo en sí mismo desde el momento en que se relacionó con ellos. Desde niño fue inquieto mentalmente y, por su propia personalidad, no podía dejar de analizar el motivo por el que el catalanismo repelía al españolismo. Sin duda, esta anomalía que se vive en Cataluña influyó determinantemente en su interés por el estudio del comportamiento humano.

Tener padres de otra región española, su inquieta mente, su interés por el estudio de las relaciones humanas, junto con haber nacido y vivido siempre en Cataluña, le convierten en alguien inmejorable para comprender en profundidad el problema catalán, del que afirma conocer la causa exacta y concreta, y tener por tanto la solución específica y, con total seguridad, certera.

# ¿Alguien quiere saber POR FIN el MOTIVO REAL de tanto independentismo en CATALUÑA?

Por un español catalán

El libro imprescindible para entender
lo que ocurre realmente en Cataluña

# PRÓLOGO Y RESUMEN EN CUATRO CAPÍTULOS

Mi corrector, que es un especialista literario muy profesional, me dice que debiera estructurar el libro por capítulos, porque tal y como está es un *totum revolutum,* que supongo que quiere decir *todo revuelto,* y que tiene un contenido y un fondo excelente que puede funcionar muy bien, y estructurado en capítulos sería más accesible; y yo le he dicho que estructurar en capítulos es unificar los temas y quitar cosas, y no quiero quitar nada porque en realidad faltan muchas por decir y todas las que se dicen son importantes; vuelvo varias veces a temas ya tocados porque son asuntos muy importantes para todos y busco eliminar resquicios de duda. Son necesarias las negociaciones con él porque es perfeccionista y yo menos, le cogí tirria a la excesiva perfección, al leer el libro entenderán por qué, prefiero la naturalidad; él me ha comprendido y ha aceptado excepcionalmente una serie de incorrecciones bajo mí responsabilidad; me las pasa porque al leer, ha entendido que el libro va de eso, de la excesiva corrección; hemos llegado a muchos acuerdos y a pesar de que he conseguido hacerle ceder mucho, dice que le encanta el libro; él se pasa el día leyendo libros, siendo esa su opinión espero que sirva para animarles también a ustedes a leerlo. Uno de los acuerdos a los que hemos llegado es que voy a hacer un resumen por capítulos al principio, va a ser el único libro del mundo que explique el final al principio ☺ ; pero este libro no es una novela, su misión es explicar lo que nadie está diciendo, el motivo concreto que más influye en que el independentismo catalán tenga tanto éxito, con el ambicioso objetivo de colaborar en frenarlo y si se comprende bien y pudiese llegarle el mensaje a los que tienen la responsabilidad de actuar, eliminar el problema independentista. Así ustedes podrán conocer la opinión de alguien nacido en Cataluña hace taitantos años, de lo que pasa realmente aquí, sin hacer el esfuerzo de leer el *totum revolutum,* y quien después de saber el principal motivo del independentismo, según yo y explicado en pocas palabras, tenga la curiosidad de seguir leyendo, conocerá los detalles más a fondo y creo que el esfuerzo de leerlo le recompensará, además de con una visión más amplia del problema catalán, con el placer que produce profundizar para hacerte más consciente en temas muy importantes para las personas.

Entonces según el acuerdo con mi corrector, empiezo:

Capítulo 1: ¿Cuál es el motivo de que el independentismo catalán tenga tanto éxito?

Voy a decir directamente el motivo y a muchos les va a parecer extraño, por eso en el libro lo digo al final, después de haber repasado todas las circunstancias catalanas, buscando tenerlo todo en cuenta en su conjunto, que es cuando puede verse que el «motivo» encaja a la perfección.

Pero ahora toca decirlo directamente, sin más: el motivo principal de tanto éxito del independentismo en Cataluña es la *llengua*, y concretamente la vanidad que puede producir y produce en muchas personas hablar la lengua catalana, por lo bonita que es ☺. Produce narcisismo, vanidad de estilo sofisticado, elegante, pijo, por el tipo de sonidos que tiene la *llengua*; solo hablando bien *català* se puede sentir a qué nivel puede producir autosatisfacción ególatra, por su tipo de sonidos, imprescindibles para hablar catalán con buen acento. Al volverse uno vanidoso, al escucharse continuamente haciendo esos sonidos sofisticados, se crea un círculo vicioso, porque adquieres un estilo más cuidado, sofisticado, con tendencia al narcisismo, y esa vanidad te hace sofisticar aún más los sonidos, lo que produce más vanidad, más narcisismo. Dicen a menudo que aman mucho su lengua y uno de los motivos es que se vuelven adictos a la vanidad que a muchos les produce hablarla. Aunque no conozco otras lenguas con la profundidad que conozco el catalán y el castellano, creo, o más bien estoy seguro de que ocurre lo mismo con otras lenguas y otro caso claro es el francés. La manera en la que hablan tiene efectos psicológicos en las personas y todas las lenguas producen orgullo patriótico en muchas de ellas, pero el tipo de orgullo que produce cada lengua es diferente; el orgullo que produce hablar vasco, por ejemplo, es de un estilo muy diferente al orgullo que produce hablar catalán; hablar vasco o también gallego, por ejemplo, no te conduce al tipo de «refinamiento» al que te puede llevar hablar francés, que es un caso claro de una lengua que puede producir chovinismo de estilo pijo; este es el mismo estilo de chovinismo que puede producir y que produce en muchas personas hablar catalán. Y la palabra chovinismo por sí sola lo resume todo; les pongo unos párrafos de cómo explica Wikipedia qué es chovinismo:

«El **chovinismo** o *chauvinismo* (adaptación del apellido del patriota francés Nicolas Chauvin, un personaje histórico condecorado en las guerras napoleónicas), también conocido coloquialmente como **patrioterismo**, es la creencia narcisista, próxima a la paranoia y la mitomanía, de que lo propio del país o región al que uno pertenece es lo mejor en cualquier aspecto. El nombre proviene de la comedia *La cocarde tricolore* (*La Escarapela Tricolor*, 1831) de los hermanos Cogniard, en donde un actor con el nombre de Chauvin, personifica un patriotismo exagerado.

El chovinismo resulta un razonamiento falso o paralógico, una falacia de tipo etnocéntrico o de *ídola fori*. En retórica, constituye uno de los argumentos falsos que sirven para persuadir a la población (o a un grupo determinado de personas) mediante la utilización de sentimientos, muchos de ellos exacerbados, en vez de promover la razón y la racionalidad. Se utiliza generalmente por parte de políticos, medios de comunicación y empresarios para condicionar la formación de expectativas.

El chovinismo nació con la creencia del Romanticismo en la existencia de un hipotético carácter, idiosincrasia, personalidad o temperamento nacional distinto para cada pueblo, etnia, raza, región o nación y que tendría vida propia e independiente; un *Volksgeist* o espíritu del pueblo específico que sus miembros deberían canalizar y servir; si bien los griegos ya se burlaban de quienes pretendían que la luna de Atenas era distinta (y mejor) que la de Éfeso. Psicológicamente, sin embargo, se trata de un sistema delirante que esconde un sentimiento neurótico de inferioridad en forma paranoica (en su manifestación de delirio de grandeza).

Tras la Segunda Guerra Mundial, y sobre todo con la creciente globalización, el chovinismo ha quedado reducido a una práctica moralmente reprochable, expresión del pensamiento nacionalista que suele ir acompañado de manías persecutorias consistentes en culpar de los males propios a otros países, regiones, pueblos o razas.

Erich Fromm y Léon Poliakov han estudiado las manifestaciones más perversas y peligrosas del chovinismo, que pueden estar asociadas a ideologías totalitarias, xenófobas, racistas y sexistas».

Hablar catalán puede producir y produce en muchas personas chovinismo, narcisismo, vanidad, egocentrismo, etnocentrismo, sociocentrismo, egoísmo...

¿Les parece raro? Es raro pero es real, igual que es raro y real lo que ocurre en Cataluña; para algo que parece raro es normal que la explicación real pueda parecer rara, pero en realidad no es raro, es lo más normal del mundo, siendo los humanos como somos y teniendo los mismos defectos y errores que siempre hemos tenido y que ya se conocen desde hace miles de años; siempre han sido los mismos: la vanidad está aquí desde el principio de los tiempos y siempre dio problemas. ¿No aprendemos? Es evidente que no aprendemos, o al menos no lo suficiente, o al menos no los suficientes; pensemos en cómo está el mundo. Sobre ciertos temas importantes, sabemos quizá menos de lo que sabían por ejemplo los griegos, y también otros, hace dos mil quinientos años.

Hay miles de formas de explicar esto mismo, pero no debiera ser complicado comprender lo evidente; claro, que para que se haga bieeen evidente hay que hablar bien catalán, para poder sentirlo en uno mismo, pero no es difícil imaginar que esto pueda tener sentido y que realmente el narcisismo esté detrás del separatismo catalán.

No es inevitable sentir vanidad al hablar catalán y no lo es al hablar francés, y no es inevitable sentirse muy macho si eres vasco, cariñoso si eres galleguiño, gracioso si eres de Cai, chulo si eres de Madrid o un *cowboy* de Texas, y no es inevitable sentir lo que sea que algunas personas sienten hablando y comportándose como sea; pero sí que hay formas de hablar y de comportarse que te predisponen a sentirte de una determinada manera y no todas las personas son lo suficientemente conscientes de sus actitudes y de sus defectos como para poder controlárselos a sí mismos; si te comportas y hablas muy sofisticadamente, no te vas a sentir nada choni, sino más bien lo contrario, y fácilmente sentirás rechazo por lo choni; y al revés, si eres muy choni, no te sentirás muy pijo. Si con una varita mágica hiciese que de repente los catalanes hablasen vasco, su idiosincrasia cambiaría automáticamente y todas las circunstancias de lo que se vive en Cataluña cambiarían; ¿habría independentismo igualmente?; sí, el que hay en el País Vasco, con los motivos y el estilo del País Vasco, ¿y si los pongo a hablar andalú?; se acaba el independentismo; imagínense al Pujol o al Mas andaluces… Quillo, ¡sabei qué!, vamo a hasé unos fino y ahí lo solucionamo tó. Si los pongo a hablar castellano, también se acaba el independentismo, por eso los separatistas no quieren ni siquiera tocar un poquito el tema de la *immersió lingüística.* Se puede dudar de todo lo demás, pero no de que la medida N1 para frenar el avance del porcentaje de independentismo, debe ser acabar con el sistema de inmersión lingüística y hacer que los alumnos en Cataluña hablen desde que son pequeños las dos lenguas con igualdad en los colegios, ¿hay alguna medida más efectiva para frenar el aumento del independentismo?, ¿quizás el federalismo? ☺ ☺ ; enseguida hablaremos de ese tema. Hacer que los niños hablen desde pequeños castellano con normalidad es básico para que se puedan sentir también españoles, y esto demuestra que la lengua es la causa N1 que está haciendo aumentar sin parar el porcentaje de independentismo. Sobre por qué ocurre exactamente; sobre por qué el *català* consigue crear con esa facilidad separatistas, tengo la respuesta que les he dado, yo que vivo aquí desde siempre y que hablo *català* con un perfecto acento del *centre;* respuesta sobre la que voy a dar todos los detalles en el libro para que se comprenda por qué digo que es así. Quien después de leer mi explicación no esté de acuerdo, creo que sí lo estará en que la lengua es un tema principal en el problema independentista, y tendrá una explicación concreta de cuál es la forma en que la *llengua* influye en las personas para volverlos separatistas.

Es lógico que si una forma de hablar o de actuar es más densa, más concentrada en su tipo de estilo, te dispondrá más a acusar el tipo de efectos que produce ese estilo de ser o de funcionar, que otra forma de actuar más diluida, menos intensa en ese su propio estilo; y también acusarás menos los efectos de un estilo que ya por sí mismo es diluido, con características o caracteres poco marcados. La llengua catalana tiene un estilo y unos matices muy marcados y sofisticados, y está mal visto no hacerlos correctamente; todo el mundo se esfuerza en pronunciar muy bien el català y si de repente se escucha a alguien haciendo mal las ss sonoras se sobresaltan ☺.

Capítulo 2: ¿De dónde y de cuándo viene todo?

Los desacuerdos entre Cataluña y los gobiernos centrales de las Españas se remontan a hace más de trescientos años y los franceses tuvieron mucho protagonismo en sus inicios; quizá, sin su inestimable colaboración, nunca hubiesen existido, o al menos no a ese nivel, o al menos no de ese estilo. Estaría bien que alguien investigase si el chovinismo catalán viene directamente del *chauvinismo* francés.

Pero el tipo de independentismo ha ido variando a lo largo de los tiempos con las diferentes circunstancias coyunturales, y para comprender el tipo de independentismo actual, que es el que nos afecta en este momento, hay que ligarlo inevitablemente a la inmigración que recibió Cataluña a partir de los años 50, del resto de España, cuando empezaron a llegar cientos de miles de personas, la mayoría del sur, pobres económicamente y que habían tenido poco acceso a la educación. En ese momento, el chovinismo catalán entró en *shock*, y empezaron a hacer el lalllalalallla con más intensidad o con más consciencia, porque les producía mayor autoidentificación, y para desmarcarse de esos pobres, incultos analfabetos, de costumbres y, de forma de ser y de hablar, desagradables. Nosaltres no som espanyols, som catalllans, fora els charnegos asquerossos de la nostra terra, visca Catalunya lliure; fundemus Terra Lliure y possemos bombes; y cuando es disuelva Terra Lliure, todos a ingresar en Esquerra Republicana para acabar igualment con los charnegos o al menos con su lengua; parlllar catalllà es molto mijor, som molllto més guapos i elllegants, dónde va a parà!

Capítulo 3: ¿Qué errores no debemos cometer?

No debemos cometer el error fatal de tomar medidas que les permitan aumentar el porcentaje de independentismo y no debemos cometer el error fatal de dejar las cosas como están, lo que hará que el porcentaje no deje de aumentar.

Su sistema es infalible. Con ese truco tan bueno, su campaña electoral, de más de treinta años de duración, es la más efectiva del mundo; tocan un punto muy sensible en las personas, que es la vanidad, el ego malsano, clasismo, etnocentrismo, sociocentrismo, racismo…; con ese truco consiguen un comportamiento de tipo sectario en la gente: todos repiten las mismas cosas, todos actúan igual; y no se identifica con algo anormal, porque el ego y la vanidad es algo muy habitual en los humanos, y lo que pasa es que no es que seamos vanidosos ni tengamos el ego *català* subido, sino que realmente nosotros somos mejores y nuestra *llengua* es más bonita que la de esos españoles, que a algunos ni ce le entiende y que zon vulgares, analfabeto, incurtos, que hasen muxo ruido cuando hablan y que ademá son feos y morenitos. La diferencia con los que parlamos *català* es abismal.

No podemos cometer errores que los aíslen más del resto de España, para que se sientan a sus anchas, para seguir induciendo en los niños españoles, tanto en los hijos de los inmigrantes como en los de abuelos catalanes, su error mental chovinista, clasista, etnocentrista, sociocentrista …ista, …ista, …ista. Errores como sería separar España en estados federales, más separados aún de lo que ya estamos. Otros países se lo pueden permitir porque son un bloque indestructible, educan en patriotismo y son todos patriotas de su país a pesar de los conflictos y diferencias que tengan, cosa que ocurre en todas partes; en todo el mundo, las regiones tienen sus singularidades particulares y en muchos países son mucho más acusadas que en el nuestro. Pero aquí nuestras singularidades particulares nos hacen pensar que somos países diferentes y se repite mucho lo de España es plurinacional, como si en el resto del mundo no ocurriese lo mismo. Si me fabrico una isla aquí al lado y me llevo a unos cuantos para que vivamos ahí, en cuatro días tendríamos nuestras singularidades particulares. España necesita más unión porque no sabemos o no queremos educar en patriotismo, cosa que hacen todos los países del mundo menos nosotros, y el resultado de esa falta de educación patriótica no está siendo beneficiosa para los individuos, sino que está ocurriendo lo contrario, les está volviendo egoístas y les hace pensar solo en ellos y ver a los demás como unos extranjeros que no les interesan para nada; ni ellos, ni sus costumbres, ni sus problemas.

Tampoco debemos cometer el error que se está cometiendo mucho ya de pensar que si mi primo se va a vivir a otro lugar del país, él mismo o sus hijos podrán decidir si se quedan esa parte del país para ellos solos, porque tienen el derecho, ya que viven ahí, y cuanto más se repite, más lógico les parece: «¿Cómo es posible que no nos dejen votar si nos quedamos con el territorio? Si esa es la democracia: votar». Si se les permite votar sobre si se lo quedan para ellos solos o no, yo voy a escoger el trozo de España que más me guste, voy a ir a adoctrinar a los que viven por allí, que al ser català he aprendido muy bien cómo se hace, y cuando los tenga a todos a punto, voy a exigir «el derecho a decidir». De paso me voy a hacer el generalísimo del nuevo país.

Que voten solo el millón, si llega, de catalanes con mínimo cincuenta generaciones con todos los antepasados catalanes; noo, de esos no quedan un millón, quizás queda uno; bueno, lo reducimos a diez generaciones y así quizás hay cien mil; bueno, pues que voten estos para que se entretengan un rato, pero nuestros primos no tienen derecho a votar para quitarnos el territorio que nuestros abuelos y tatatarabuelos nos dejaron en herencia a todos, y por el que cientos de miles de ellos murieron por defender y por mantener Hispania unida.

Capítulo 4: ¿Cuál es la solución al independentismo?

La solución es sencilla y lo normal en todo el mundo menos aquí, y es hacer que los niños crezcan sintiéndose españoles; es no permitir que nadie en los colegios, ni en los públicos ni en los privados, inculque en los niños ideas separatistas del resto de sus compatriotas; para introducirlas tan rápidamente y de forma tan efectiva, se utiliza el sistema de «immersió sectaria», perjudican la psicología de los niños y les hacen crecer con valores inmorales, egoístas, separatistas, de otras personas que viven en su misma escalera, pero que hablan en castellano y que son más feos; les inculcan desprecio, odio…, sentimientos  perjudiciales para ellos mismos. Ya se empieza a ver cómo van por ahí pegando e insultando: «espanyools espanyooools», ¡buff, qué insulto!, y ya veremos qué pasará más adelante. Estos niños lo ven claro desde pequeñitos, porque su buen criterio se forma espontáneamente desde que se hacen conscientes de que son catalans, no es por la influencia que reciben, no son como los demás niños, estos son superdotados y al ser catalans, adquieren muy tempranamente el criterio acertado de la vida ☺.

La solución pasa por no dejarnos engañar con los miles de argumentos que fabrican para hacer creer que todo esto es normal. «Si estemos a Catalunya, es parla català»; tú no solo les estás haciendo parlar català, tú has aprovechado que los demás hemos sido buenos y hemos aceptado que a nuestros hijos los eduques solo en catalán, cosa ya de por sí perjudicial para ellos y que les hace dominar menos esa lengua de tan poco interés en el mundo, como es la castellana; dominarla mejor aumentaría sus posibilidades; de esta forma, pasa lo contrario, para ir fabricándote poco a poco la independencia, a fuerza de sustituirles el castellano y lo español por el catalán y lo catalán, no haciéndoles totalmente y con igualdad bilingües, que es lo que deberías haber hecho, e inculcándoles ideas clasistas y dime tú si también racistas y dañinas de todo tipo. Además, con el otro truco para tapar tu inmoralidad, de los muchos trucos que utilizas, de decir que todos hablan castellano y sacan buenas notas en la asignatura de lengua castellana, que es la única en la que se habla castellano (aunque les parezca increible hay profesores que hablan en catalán también en la asignatura de castellano), y que garantiza que muchos de ellos van a salir unos Cervantes por lo mucho que aprenden en sus dos horas a la semana.

La solución es no permitir que nadie nos cuele nada que vaya en contra de los intereses de todos y del país, por mucho que intente buscar triquiñuelas para introducírnoslo sin que se note su intención egoísta.

El federalismo, por ejemplo, es una solución pensada para solucionar los problemas internos que tiene cierto partido al tener él mismo un sistema federal. Es una solución que calma a sus estados federales del partido, que tienden al separatismo; ¿cómo tienen la cara dura de decir que lo han pensado para el bien de España si tuvieron que buscar rápidamente esa solución para que no se rompiese su partido? No paran de bajar en las encuestas, pero no abandonan su brillante solución federalista, que me gustaría saber a quién de ellos se le ocurrió; no la abandonan y siguen tozudamente defendiendo algo de tanta trascendencia, que precisamente por eso no cala en la gente, sería un cambio grande, España nunca ha sido federal; no la abandonan y siguen tozudamente a pesar de que inevitablemente se habrán planteado que les está influyendo en su larga progresiva bajada, porque llevan tanto tiempo defendiéndola que no pueden ya reconocer que es un error; habrá que ver si con el 5 % de intención de voto la abandonan por fin, pero es posible que no porque su otro gran motivo les impide abandonarla, ¿cómo contentarán, si no, en su propio sistema federal, a sus propios estados con tendencias separatistas? El día que abandonen su táctica del federalismo tendrán una revolución interna y su estado catalán declarará su independencia.

¿Cómo es posible que permitamos tan mansamente y durante tanto tiempo que intenten colarnos sus egoístas cosas; no tenemos cabeza para pensar o qué nos pasa...?

No, lo que pasa es que vivimos muy relajados y si no nos ponemos las pilas, nos va a salir muy caro y después pagaremos las consecuencias; los expertos nos están advirtiendo de que la independencia de Cataluña provocaría una crisis mayor de la que hemos vivido o estamos viviendo, en Cataluña y en el resto de España. Muchos viven relajados porque piensan que es imposible que ocurra, y yo quiero hacerles pensar en qué pasará cuando hayan conseguido elevar el porcentaje de independentismo al 70 u 80 %, que elevarlo como hormiguitas es lo que llevan más de treinta años haciendo; y seguro que si no hacemos nada, o nos equivocamos en nuestra respuesta, con su fantástico sistema, conseguirán llegar a esos porcentajes.

Desde el principio del libro digo que el culpable o el motivo de tanto independentismo es un virus informático que tienen en la mente los separatistas, con nombre propio, que diré al final; ahora ustedes ya saben más o menos cuál es ese nombre y cuando lean «virus», sabrán ya más o menos a qué error o defecto me refiero; pero saberlo desde ya no quita interés a la lectura, lo sé porque yo también conozco el nombre del virus desde el principio, y seguramente es al revés, le da un mayor interés, porque permite ir encajando mejor las piezas desde el mismo principio, lo que lo hace más interesante y permite conseguir ver todo más claramente.

Este resumen en capítulos no estaba previsto, se ha escrito al final y, por tanto, apunta cosas que se dicen en el libro; enseguida hay un apartado que ya estaba antes y habla precisamente de federalismo, no voy a cambiar nada por haber hecho un resumen; reincidir en un problema como el que tenemos solo puede ser beneficioso, porque debemos ponernos a pensar bien las cosas, por ejemplo el recurrente tema federalista en la política actual, y también en este libro, es suficientemente importante para analizarlo hasta el último detalle. Como digo, es necesario ponernos en marcha y ponernos a pensar las cosas en profundidad; además de que este ejercicio podría librarnos de consecuencias muy negativas para todos en el futuro cercano, nos enriquece y nos ayuda a mejorar como personas.

# REFLEXIONES PREVIAS

Voy a decir unas palabrotas en estas reflexiones, pero no piensen que va a ser así en todo el libro, no se preocupen, es solo en estas primeras reflexiones y alguna que otra suelta por ahí ☺.

A menudo suelo juzgarme, declararme culpable y condenarme, porque suelo equivocarme al opinar en cosas o al afirmar cuál es el camino acertado en las diferentes encrucijadas. Después de haberme juzgado y declarado culpable muchas veces en mi vida, por equivocarme en cuál era la verdad y por posicionarme tozudamente en la que no lo era, me di cuenta de que tenía que vigilarme muy bien la boca y no hablar a la ligera, o sea, que antes de abrirla debía pensar en todas las posibilidades y analizarlas muy a fondo, porque de no hacerlo ya me había quedado claro que la cagaría a menudo. Ahora me sigo juzgando y condenando porque a veces sigo abriendo la boca demasiado rápido, antes de analizar bien todas las posibilidades y los diferentes caminos; el motivo de no analizar bien ahora suele ser la pereza, ya que cuesta un esfuerzo hacerlo porque los humanos somos limitados y nuestra capacidad y velocidad de procesamiento de la información no es la máxima del universo, y ojalá no lo sea, ya que no podemos comprender muchas cosas de él y si nosotros somos lo máximo, estamos jodidos. Nos cuesta un esfuerzo y un rato analizar bien todo y cada vez que hago ese esfuerzo me doy cuenta de lo limitado que soy y también me doy cuenta de que cuando, por pereza, no hago el esfuerzo, soy un primitivo primate y mis opiniones y mis posicionamientos son como los de los neandertales o quizá peores, ya que a ellos no los conocí y hablo solo de oídas; vamos, que cuando no analizo todo bien, la cago continuamente.

A veces ya prefiero no abrir la boca por vaguedad, porque ahora tengo muy claro que para abrirla hay que analizar primero todo muy bien y si no tienes ganas de analizar todo muy bien, mejor cállate porque en boca cerrada no entran moscas; dedícate a hablar solo del tiempo, del partido, de las llantas tuneadas que le has puesto al coche, del bolso tan bonito que te has comprado si eres mujer…, y deja los temas importantes para cuando tengas ganas de analizarlos a fondo.

Yo creo que los que son conscientes de que siempre hay que analizarlo todo muy bien, son muy humildes y se creen poco más que chimpancés, porque comprueban continuamente lo limitados que son y el esfuerzo que necesitan para acertar en las opiniones y en los caminos.

Yo me creo un chimpancé total, y cada vez que la cago, me juzgo, me condeno y me digo: «Mejor estate calladito y quietecito ya de una vez». Pero luego salgo a la calle o enciendo la tele y me encuentro con miles, con millones de chimpancés cagándola continuamente, cada vez que hacen algo y cada vez que abren la boca, y me digo: «¿Tú juzgándote continuamente, condenándote y haciéndote callar? Pero si vives en el planeta de los simios, tonto, y aquí lo que triunfa es ser el mono más arrogante, el que dice las tonterías más fuerte, gritando más, y el más listo para engañar a los demás; el que lo que sí comprende muy bien es cómo hay que hacerlo para engañar a los demás monos y que no emplea su tiempo en juzgarse y analizarse, sino que pone todo su tiempo y energía en aprender cada día mejor, como perfeccionarse en ser el mono dominante, comprendiendo las claves y los trucos de los monos y en ser el mejor haciéndolos. Por eso, para él lo importante no es cuánta verdad hay en lo que sale de su boca, sino la habilidad que ha conseguido para que los otros monos se lo traguen».

Cuando empleas todo tu tiempo en conseguir este tipo de especialización, al cabo de unos años eres un experto y eres un mono popular y apreciado, pero no tienes ni idea de cómo se profundiza en las cosas y cuáles son las auténticas verdades.

No solo no sabes cuáles son las verdades porque no has entrenado a tu lento cerebro a aprender a buscarlas, sino porque lo has entrenado mucho y lo has convertido en un cerebro rápido, en tener mucho dominio para relacionarte con los otros monos errados. Para conseguir tener ese dominio has tenido que introducir muchos programas errados en tu cerebro, porque los monos humanos y los errados funcionan con programas errados, y esos programas te dificultan enormemente ver las auténticas verdades. Esos programas son virus informáticos para los cerebros que buscan las auténticas verdades, para los que se analizan y se juzgan. Esos virus hacen mayor el esfuerzo necesario para analizar bien y acertar en el camino correcto. Esos programas errados o virus son todos los que conocemos como defectos: avaricia, celos, envidia, hipocresía, orgullo, arrogancia, ignorancia, odio, ira, rivalidades, mentiras, engaños, maldad... y a veces tienen otros nombres, ego por ejemplo, cuidadito con él; pero que aún conociendo sus nombres, no sabemos encontrarlos en nosotros mismos, y el motivo es que esos propios defectos nos nublan la mente hasta para poder ver que los tenemos. Al final, no comprendemos como siendo unos seres tan inteligentes, avanzados, cultos, sofisticados, elegantes, guapos, que vestimos tan a la última y que hablamos tan bien y tan bonito... tenemos la mierda de sociedad y de mundo que tenemos ☺.

Ahora, los que analizan a fondo, los que profundizan muchísimo están pensando: «¿Mierda de sociedad y de mundo? Pero qué tío más exagerao, pues no está tan mal» ☺.

¡Oye!, que quizás tienen razón y no está tan mal, pero esto que se suele decir de que «todo depende del color del cristal con el que se mira» no sirve como excusa para no esforzarse en analizar bien las cosas, porque se trata de no distorsionar la realidad, sino de saber verla lo mejor posible; y lo que realmente pretendió decir con su poema el poeta y pensador español Ramón de Campoamor, del que surge también la ley Campoamor, que se refiere a lo mismo, y que cogió prestada de la famosa frase de Shakespeare, es que nuestra visión está condicionada por nuestra perspectiva particular y a menudo interesada, por el color del cristal con el que miramos; y esto sí me da la razón en que para poder ver la realidad con un cristal totalmente transparente, que es así como es posible ver bien la realidad, se requiere un esfuerzo de limpieza del cristal, que es nuestro cerebro, y también se requiere un esfuerzo de concentración.

A pesar de haberla cagado durante toda mi vida, voy a abrir mucho la boca en este libro, pero lo hago con la tranquilidad de llevar tantas décadas que necesito toda una mano para contarlas, analizando en profundidad lo que voy a decir en él y no permitiéndome estar influido por mis errores y defectos o al menos poniendo todo mi esfuerzo en no permitirles influir.

# MENSAJE PARA LOS FEDERALISTAS

He incluido el mensaje siguiente para los partidarios de convertir a España en federal, aprovechando que sale la segunda edición del libro justo antes de unas nuevas elecciones generales, aun sabiendo que no hay tiempo de influir en ellas —aunque lo hubiese, sería muy difícil que lo leyesen las suficientes personas y que consiguiese variar el voto de las suficientes—; igualmente sé que la lotería no me va a tocar y a veces compro. En este caso, no se trata de dinero, esta edición va a salir al mínimo precio posible, se trata de la unidad de España, que muchos consideramos también muy valiosa. En mi opinión, es así para todos los españoles «conscientes». No soy de ningún partido, pero nunca voy a votar al que se equivoque tanto que ponga en riesgo la unidad.

En el libro se habla mucho y de diferentes formas de este tema; sin pensar que el mensaje puede ser reiterativo, lo pongo en el principio para, ¡quién sabe!, todo es posible y el voto de cien personas decanta la balanza y conseguimos que gobierne alguien que comprenda el problema y su urgencia. Si no es así, ¡quién sabe!, en la vida todo es posible y lo leen los políticos confundidos y se dan cuenta de su error.

Si todos ponemos nuestro granito de arena, España y el mundo harían el cambio que necesitamos; este es el granito que se me ha ocurrido a mí, y más bien el que me he sentido en la obligación de poner al conocer el mundo independentista desde dentro y a fondo, por haber nacido y vivido siempre aquí, por saber muy bien qué tienen en su cabeza mis paisanos y por tener la seguridad de ver el problema claro, cristalino.

Un sentimiento de unión no se forma automáticamente porque políticamente unos territorios estén unidos. Para que alguien sienta que es español, los de su alrededor le tiene que decir que es así y, si al contrario, lo que le han dicho desde pequeño es que en su península hay varios países y que él pertenece solo a uno de ellos, él siempre va a creer y sentir lo que le digan desde pequeño, señores federalistas, más aún si en su país le llenan de orgullo patriótico y le educan sintiendo en sí mismo lo bonito que es ser de su país y lo feos que son los del país de al lado, siempre para el resto de su vida rechazará formar parte de un solo país con los feos. La solución no es decirle: «No te preocupes, que ahora vamos a ser un solo país, pero federal», porque, en el mejor de los casos, él te dirá que sí sonriendo y en cuanto pueda le meterá una patada a los feos y se irá corriendo con los de su país, a estar solos y felices por sentirse los más guapos del mundo.

Puedo buscar mil formas de explicar algo que es tan obvio, pero no hace falta y no es necesario que se crea en mis palabras; apliquemos una lógica sencilla o un sentido común nada complicado, sencillo: a los niños se les está diciendo que pertenecen al país Cataluña y nadie les está diciendo que pertenecen al país España; además, se les está haciendo sentir mucho orgullo por pertenecer al país Cataluña y por su lengua, y rechazo por el país vecino, España, y por su lengua. Nunca van a querer pertenecer a España, ya que lo están haciendo tan bien que están consiguiendo, incluso, que muchos adultos hayan cambiado su sentimiento anterior de españoles por el de solo catalanes. Si no se corrige concretamente esto, no servirá solucionar otras cosas. No tiene sentido querer solucionar el problema independentista buscando soluciones para otro problema que no es el que provoca el independentismo.

Puedo seguir buscando formas de explicarlo, son infinitas, pero como no sé cuál es el problema que hace que algo tan sencillo no se comprenda, no sé qué forma de explicarlo es la idónea; me imagino que dependerá del tipo de cerrazón mental que tengan las diferentes personas que no ven algo tan simple. Lo que sí comprendo es que no se esté viendo el truco que están utilizando los independentistas para tener tanto éxito, es un éxito explosivo, fantástico, fulgurante, parece imparable, porque el truco que se utiliza, la técnica que se utiliza, el sistema, la clave para el éxito, el punto sutil y certero donde tocan a las personas, donde atacan, el que utilizan, el punto débil… es el/la adecuado/a; es perfecto para poder conseguir un éxito fácil, rápido, indeleble, imborrable, grabado a fuego en el cerebro, tan fuerte como el de una religión, una secta, un fanatismo, un patriotismo muy fuerte, fanático…, hay mil formas de describir la potencia del convencimiento que se consigue utilizando esa técnica, ese sistema, ese truco…

Buscaré las formas necesarias de explicarlo para que se asimile esto, que es más sutil, pero muy evidente también en realidad, solo no hay que permitirse a uno mismo cerrarse a la realidad que tienes delante de ti, en tus narices; a lo obvio, lo evidente; la verdad pura, clara, cristalina, la que es tan sencilla de ver. Cuesta igualmente comprender los motivos que hacen que las personas se cierren a ver esas verdades tan fáciles, sencillas, a la pura lógica, la que tienes justo delante. Pero en realidad sí son evidentes también los motivos de las cerrazones mentales, aplicando el mismo sistema de permitirse ver la verdad, el sistema de apartarse los velos mentales que se nos van introduciendo en el cerebro desde pequeños y que al final no nos dejan ver lo obvio y sencillo de ver. Los velos o errores mentales son siempre la causa de los problemas en el mundo de los humanos, de por qué son a menudo injustos, egoístas, orgullosos, incompasivos, malvados…; son la explicación del porqué de ese caos en el planeta. Son los sencillos errores mentales, ya conocidos desde hace mucho, ya catalogados, siempre los mismos, pero que nublan la mente hasta para no permitirte ver en ti mismo que los tienes. Por fin, llegados al momento actual, en el que las comunicaciones en el mundo son tan veloces y continúa avanzando su rapidez, hay muchísimas personas, por todos los países, hablando de nuestros errores de siempre; en todas las épocas hubo personas que los percibieron y comprendieron que eran los culpables, pero ahora mucho más, ahora hay una explosión de comprensión. Gracias a la facilidad de comunicarnos los unos con los otros hay ya muchas personas gritando: «¡Despertaad, despertaaad!». Hablemos de ello también, colaboremos también nosotros con los mensajeros del despertar, ya que igualmente los errores de siempre son la causa de nuestros problemas separatistas.

# INTRODUCCIÓN

Los acontecimientos con relación al proceso separatista en Cataluña, «el procés», se están sucediendo a máxima velocidad. Cualquier relato de acontecimientos queda incompleto de un día para el otro. El objetivo de este libro no es narrar lo que ha ido sucediendo; los objetivos son dos: explicar por qué existe el problema, que es un motivo sencillo y concreto del que nadie habla, y decir cuál es la solución, que es muy exacta, ya que el problema es concreto. Los acontecimientos que vayan ocurriendo irán haciendo variar las medidas necesarias para reconducir las situaciones que se vayan creando, para detener la hemorragia, digamos, y vamos a ver hasta qué punto de contundencia habrá que llegar; lo ideal es que sea la necesaria y no más, pero tampoco menos de la necesaria. Una vez detenida la hemorragia, la forma de curación de la enfermedad será siempre la misma, independientemente del momento del *procés*.

El problema hace mucho que es el mismo y seguirá siendo el mismo en el futuro; varía la intensidad y se adapta a los tiempos, pero es el mismo el motivo del problema y también será siempre la misma la solución; debió haberse puesto en marcha hace muuucho. Ahora la situación es muy tensa, pero aún estamos en aceptable buena posición para aplicarla porque están por debajo del 50 %, aunque es engañoso, hay muchas zonas donde la situación es ya muy mala; hay que hacerlo, no se solucionará nunca de otra manera. Debemos aplicar la medida, que es muy concreta, y mantenernos firmes; podremos hacerlo con la conciencia tranquila porque tenemos la razón y la justicia moral de nuestro lado. Los separatistas son los que han cometido un atropello, los demás solo vamos a poner las cosas en su sitio, a hacer recuperar la cordura a todo el mundo y lo haremos en son paz y con tranquilidad, porque los cuerdos tenemos el mando, pero sin necesidad de recurrir a la palabra ley, porque la solución es la justa y la moral, y es lo mejor absolutamente para todos, incluidos ellos; explicándolo bien y con tranquilidad no van a poder seguir convenciendo de que no es así, aunque siempre querrán hacerlo, pero comprendiendo cuáles son sus errores mentales y sus trampas y trucos, y haciéndoles llegar el mensaje de que ya hemos despertado, ya vemos con claridad lo que han estado haciendo, no les vamos a permitir ni van a poder seguir actuando inmoralmente y engañándonos y perjudicando a todos.

Debemos decírselo ya directamente, con muy buenas maneras y en buen tono, porque así somos y así debe ser siempre, pero debemos decírselo de forma clara: «Sabemos lo que hacéis y lo que habéis hecho todo este tiempo, con el único objetivo de la independencia; ya no más injusticias y perjuicios para las personas por una causa llena de errores inmorales».

El libro destapa todos sus trucos; son muchos y llevan mucha hipocresía y cinismo incorporado. Solo siendo de aquí, siendo uno de ellos, se puede ser completamente consciente. Yo soy un traidor, soy uno de ellos y sé toda la verdad, y voy a explicar todos sus feos secretos.

Es broma, nada de traidor. Soy alguien que ha conseguido mantener la cordura a pesar de estar rodeado de locos contagiosos; en todas las epidemias suele haber algunos inmunes.

La aceptable buena situación para poner la solución en marcha está pasando muy rápidamente. Hay que aplicarla ya o pasará del todo y los separatistas tendrán más fuerza y complicarán la puesta en marcha; siempre se podrá, pero cuanto menos forzado sea mejor.

Se complica día a día y los separatistas ya no van a dar tregua; de no hacer nada irá continuamente a peor. Hay que tener la habilidad de calmar las aguas todo lo que sea posible, aunque muy calmadas ya no va a poder ser, eso hubiese sido antes, pero hay que buscar el mejor momento de la riada y ahí tomar la medida lógica que contrarresta el embate camuflado de normalidad que llevamos más de treinta años sufriendo.

Cuál es el embate o el ataque, está muy claro para los que vivimos aquí y no nos han conseguido cegar, y teniendo claro cuál ha sido la clave de su éxito, la medida que lo solucionará todo es evidente y es UNA: la vacuna debe ser específica para el virus en concreto.

De los siglos que llevamos con el problema, el momento ideal para aplicar la solución fue hace algo más treinta años, justo antes del comienzo de esta última campaña intensiva de catalanización general, ya que en ese momento vivía en Cataluña el mayor número de españolistas que ha existido.

Esta sencilla y concreta solución, bien aplicada, acabará con el problema independentista para siempre. Después, podrá quedar como una enfermedad crónica de poca gravedad y de moderados síntomas, al igual que ocurre en otras regiones y se podría ir eliminando con el buen ejemplo y haciendo «conscientes» a las personas.

# ¿ALGUIEN QUIERE SABER POR FIN EL MOTIVO REAL DE TANTO INDEPENDENTISMO EN CATALUÑA?

Por un español catalán

Esta frase de un catalán debería quedar como una cita si no fuese porque es demasiado larga: «Si no supiese el motivo, a veces tendría la tentación de apoyarles en su separatismo porque hay políticos y gente de todo tipo que provocan ganas de separarse de ellos, el problema es que aquí no se quedan cortos. Hay cierta gente que me provocaría ganas de separarme de ellos aunque yo fuese canario, gallego, andaluz, riojano o de la comunidad que fuera, o francés, americano o ruso. Realmente, a veces tengo ganas de separarme del mundo. Pero la solución no puede ser separarte porque, además de que muchos de los malos quedarían dentro de tu trozo, no es de seres avanzados, es egoísta, viene motivado por conclusiones equivocadas y trabas mentales personales, es en realidad muy perjudicial y, en muchos sentidos, y un retroceso para las dos partes. La solución consciente, de mentes de verdad avanzadas, mentes que comprenden en profundidad, es liderar la limpieza mental general, y al conocer el auténtico motivo de su deseo de independencia te das cuenta de que la limpieza debe comenzar aquí urgentemente».

Esta otra frase, de otro catalán, Salvador Dalí, sí es una frase célebre para la posteridad: **«El payaso no soy yo, sino esa sociedad tan monstruosamente cínica e inconscientemente ingenua que interpreta un papel de seria para disfrazar su locura».**

Vamos a tener ocasión de aplicar el significado de esta frase en la explicación de lo que ocurre realmente en Cataluña.

Antes de meternos de lleno en el asunto català, hay otra frase importante a tener en cuenta para introducirnos en el sentido y en el estilo que le doy a la narración; tiene también relación directa con la frase de Dalí: «La sencillez y la pureza no es un punto de partida, sino una meta».

La sencillez es una meta que paradójicamente a menudo las personas no alcanzan, porque se dejan engañar y creen que lo importante es imitar el postureo arrogante y falso de las señoras y señores disfrazados de respetables y serios, como dice Dalí. Yo me aplico siempre esta frase en mi vida cotidiana; la tengo siempre muy presente y, como no podía ser de otra manera, la aplico en el libro. No podía ser de otra manera también por el tema del que trata, ya que la sencillez se hace necesaria como contraste de lo que ocurre aquí, al entender que en el postureo artificial está encerrada la explicación del «motivo» del éxito del independentismo catalán.

Este libro utiliza a menudo lenguaje coloquial, tiene para ello la motivación que acabo de decir y que acabaré de explicar al final. Huye de ambiciones literarias y sí busca ser efectivo en su cometido, que es hacernos reflexionar sobre asuntos muy importantes para todos. Pretende revelar algo de lo que NUNCA se habla y que es la CLAVE del asunto catalán; de comprenderse, podría salvaguardar la unidad de España (y evitar graves problemas de tipo social y otros).

Es importante leer hasta el final; aunque se ha hablado ya mucho de todo en relación con el independentismo en Cataluña, demasiado quizás, la visión en general no es acertada, y la clave del porqué está ocurriendo, muy pocos la tocan; a menudo me sigue costando aceptar que exista esa ceguera.

Igualmente, intenten que el tipo lenguaje de algunos pasajes, o en general la forma, no les desvíe la atención. Que un texto sea bonito o feo no hace que lo que dice sea más o menos verdad, y ante lo beneficioso que podría ser para TODOS asimilar lo que este texto quiere desvelarnos; cualquier otra consideración debe perder importancia.

Muchas veces me he sentido impotente al no poder decirle a alguien con poder de decisión que ciertos sistemas que se proponen para solucionar el problema catalán llevan consigo errores de planteamiento que pueden tener consecuencias graves.

Pongo lo siguiente en mayúsculas para intentar que cale, que sea como una impronta para los que lo lean y así les vuelva siempre a la mente cuando les hablen de los motivos del independentismo:

EL MOTIVO DEL INDEPENDENTISMO NO ES ECONÓMICO NI TIENE QUE VER CON EL TIPO DE ENCAJE DE CATALUÑA EN ESPAÑA, TAMPOCO ES PORQUE EL GOBIERNO NO LES HAYA DEJADO OTRA SALIDA Y NO ES POR ESTAR DESCONTENTOS CON NADA TIPO «ESTATUT», ETC. CUIDADO CON ALGUNAS SOLUCIONES QUE SE ESTÁN PROPONIENDO, VAN A AGRAVAR EL PROBLEMA Y VAN A CATAPULTAR A CATALUÑA HACIA LA INDEPENDENCIA.

Oriol Junqueras dijo sollozando: «Si us plau, fem-ho ja». Significa: «Por favor, hagámoslo ya».

Y yo digo: «Por favor, crean esto»: el independentismo en Cataluña viene de un sentimiento que va pasando de generación en generación, NUNCA tiene que ver con ningún desacuerdo con el gobierno de España, ni económico, de encaje, ni de ningún tipo. Las circunstancias y los desacuerdos, que a menudo son provocados premeditadamente por los separatistas, pueden aumentar la virulencia del problema, porque son aprovechados interesadamente para avivar las llamas, pero sean cuales sean las circunstancias seguirá estando ahí y solo hay un camino hacia la solución, otros pueden agravarlo.

Pueden ver en YouTube al exministro Borrell explicando errores en cálculos económicos de los separatistas, que han indignado a la sociedad catalana y que se usan como motivo de gran peso para pedir con más determinación la independencia. Es clarificador porque vemos a Borrell teniendo un diálogo de este tipo con los separatistas:

—No es así, habéis calculado mal la balanza fiscal, habéis cometido estos errores en el cálculo.

—Bueno, Sr. Borrell, pero ¿y esto otro?

—No, el cálculo del déficit es incorrecto, no habéis tenido en cuenta todas estas cosas…

—Bueno, pero ¿y esto otro?

—No, también es incorrecto, no es así por este motivo…

—Bueno, pero…

Si imaginamos la situación de que un día se descubre que ha habido un error en los cálculos y que Cataluña ha estado recibiendo siempre el doble de lo que le correspondía, los independentistas dirían:

—Bueno, pero… igualmente queremos la independencia.

No importa para su sentimiento si les falta o les sobra, todo eso son excusas que aprovechan cuando les viene bien.

Hubo un grave error de todos los gobiernos centrales al no considerar a Pujol independentista. Aquí sabíamos que era el más independentista y también el más listo de ellos. Deberá pasar a la historia por ser el que ha llevado al independentismo a cosechar estos éxitos. Él fue quien labró, sembró, regó, cuidó y lo hizo muy bien. Engañó a todos los presis, hasta a los que se creían muy listos y nos la lio por todas partes. Estos de ahora están cosechando, el trabajo importante ya lo había hecho Pujol.

A los presis no les parecía independentista porque no es tonto, no era el momento de descubrirse, ¿de qué le hubiese servido? Era momento de ponerse a fabricar muchos «catalanets». Lo ha hecho, ha fabricado muchos.

Aún sigo escuchando que Pujol no era independentista. Lo es desde que nació; bueno desde que fue consciente de que había nacido catalllà. En el resto de España, hay mucho desconocimiento de lo que ocurre aquí.

En Cataluña hay dos tipos de sentimientos independentistas: los llamaré el bueno y el malo. Quiero no confundir con esto; el bueno es muy minoritario porque lo devoró el malo hace muuuchos años. El malo es el que está provocando TODO. Pujol siempre tuvo el malo.

Ese sentimiento que es malo, porque lo origina algo malo, se lo han pasado a muchos inmigrantes del resto de España y a sus hijos. Ese sentimiento tiene mucha fuerza, es indestructible y no entiende de NINGÚN tipo de acuerdo. Lo que lo origina es malo porque es innoble y también son innobles los sistemas que han utilizado para «pasarlo».

Si consiguiésemos eliminar ese sentimiento que es innoble, porque lo que lo origina es innoble, y está basado en errores, quedarían otros sentimientos catalanistas que no son innobles, incluyendo otros sentimientos independentistas, los escasos que no han sido contagiados con el «virus» que provoca el error, sino que tienen otras lecturas con las que no estoy de acuerdo, pero es otro tema muy largo también; luego lo tocaremos. Todas las regiones en el mundo tienen sus sentimientos regionales, pero concretamente este de Cataluña y no otros sentimientos de Cataluña, sino este, es innoble y es el responsable de la magnitud que ha alcanzado todo, de la virulencia con la que se ha propagado, del fanatismo, la ira, la falta de escrúpulos, en definitiva, la falta de consciencia que están padeciendo estos independentistas, que les tiene obsesionados, que no les deja parar desde hace años y les tiene haciendo campaña continua, utilizando todo lo que está en sus manos para convencer a los niños, a los adolescentes, a los mayores, a los inmigrantes extranjeros…, utilizando cualquier método o argumento sin importarles si es moral o inmoral, cuando ellos interiormente saben que aunque España fuese tan buena como la Virgen María estarían haciendo lo mismo.

Aprovechan cualquier miguita de pan que se les dé para hacer una bola grande, cambiada y versionada hasta lo máximo creíble; cuanto más les acostumbran a tragar, más grande se la tragan; no les importa si son adultos, niños o adolescentes; no tienen ningún escrúpulo, cuando ellos saben que los motivos que hacen tragar en las bolas no importan porque nada cambiaría sus ansias independentistas.

Que digan directamente: «Queremos la independencia aunque seáis tan buenos como Jesucristo y nos lo deis todo». Esa es la verdad, pero eso no serviría para inflar de rabia a todos los que puedan. Están en permanente campaña, llevan así, ¿treinta años? No, trescientos.

Este es el sentimiento que siempre ha provocado los problemas, algunos muy graves e irreversibles y es el que ha provocado este estallido independentista actual, incomprensible para muchos o para casi todos.

Nos están ganando la partida que ellos empezaron y en la que nosotros ni siquiera nos hemos puesto a jugar. Debemos meternos en la partida YA, porque ellos no paran de jugar y, si no lo hacemos también nosotros, nos van a ganar sin habernos enterado de cuál es su juego.

Hace muchos años que los separatistas nos están ganando y nosotros no hemos descubierto cómo consiguen tener tanto éxito; pero si les descubrimos «el cómo», están perdidos. Ellos saben esto muy bien y están escondiendo «el cómo» como los lobos a sus crías.

Les entró el pánico porque quedaron en minoría; ahora mismo, de los siete millones y medio, ellos son solo dos, siendo generoso, e idearon una estrategia. Los podemos ver en YouTube hablando abiertamente de esto; les entró miedo a «diluirse», utilizan esta misma palabra, y ya sabemos que alguien con miedo es peligroso. En vez de hacer las cosas correctamente y así los hubiésemos apoyado, como en realidad hemos hecho igualmente porque nosotros somos buenos y no tenemos el virus, y por eso ni siquiera nos ha ofendido su juego sucio, aunque de la otra forma nuestra ayuda hubiese sido «consciente»; pues en vez de ser correctos y actuar noblemente, se han lanzado a un ataque nervioso y rabioso y nos han adoctrinado sin piedad, sin importarles las consecuencias, a nuestros hijos, hermanos, nietos…, falseando y utilizando el virus y aquí está la clave, sin el virus, que es el que provoca el sentimiento malo, no hubiesen podido.

No es necesario tener fe en mis palabras, simplemente prestándole una mínima atención al tema se hace evidente que en lo que ocurre en Cataluña hay algo más fuerte que los motivos que nos cuentan; no se justifica una locura así, simplemente con el Estatut o por un porcentaje de diferencia en los cálculos de unos y otros. Esto recuerda a lo que ya conocemos del pasado de otros lugares. Se parece más bien a algo enfermizo.

Están todos unidos obsesivamente en la causa sin importar la procedencia, tanto catalanes de origen catalán, como de origen andaluz, extremeño, gallego, marroquí, paquistaní…, los que hay de estos últimos son comprados ☺.

Pero ¿quién de ustedes es capaz de explicarme por qué los hijos de los inmigrantes españoles se convierten en unos ultras convencidos, con esa facilidad y esa obsesión?, ¿cuál es la magia? Es llegar al colegio a los tres años y cambiar la lengua automáticamente y de ahí inmediatamente a tener la bandera estelada hasta en la cabecera de la cama.

Esto les pasa a todos menos a unos cuantos inmunes que siempre hay en todas las enfermedades contagiosas, y menos a los del área metropolitana de Barcelona; ¿por qué debe ser que a estos no les pasa o les pasa menos?

Todos los otros debieron leer personalmente el Estatut de principio a fin y se enfadaron mucho porque no les podían dar todo lo que pedían ☺. Menos los del área metropolitana de Barcelona, ¿que quizás no lo leyeron?, ¿a estos no les importa que España les robe? o ¿están menos informados porque son de Barcelona?, ¿o quizás es porque tienen menos exposición al virus? Va a ser esto último; en las ciudades pequeñas y en los pueblos ya no se puede vivir hablando castellano y menos siendo un adolescente, la presión en estos lugares siempre ha sido mayor, pero ahora ya, si no pasas por el aro, es como salir a pelearte con todo el mundo, en sentido figurado, o sea, que te ponen mala cara y te dan de lado.

Al comprender bien ese «sentimiento», todo encaja.

Voy a describirles ese sentimiento, les voy a decir de dónde surge y les adelanto que no puede estar en una mente sana y libre de errores, les voy a explicar por qué es innoble y por qué no atiende a razones y les voy a decir cuál es la ÚNICA solución, pero segura al 100 % para acabar con este problema en Cataluña.

Llamaremos «los originales» a los catalanes separatistas que vienen de varias generaciones de catalanes, para distinguirlos de los hijos o nietos… de personas procedentes del resto de España.

Pues «los originales», desde que nacen o desde que son conscientes de que nacen catalans, quieren la independencia; en ningún momento de su vida se plantearán la posibilidad de quedarse en España para siempre, sean cuales sean las circunstancias o con el mejor Estatut del mundo, en ninguna etapa de su vida pueden concebir esa posibilidad. Siempre se me ocurren nuevas formas de explicarlo. Tienen ustedes que imaginar cómo lo ven ellos, con la información que ya tienen desde siempre y con la que vayan conociendo; tienen que intentar introducirse en su mente y verlo como ellos lo ven. Ellos ya son un país independiente en su mente desde que de pequeños les hacen conscientes del concepto Cataluña; es como si ahora a los españoles nos dijesen que obligatoriamente tenemos que ser marroquís, nunca lo aceptaríamos, si nos dijesen franceses aquí saldrían unos cuantos voluntarios, pero marroquí nadie quiere serlo ni en el resto de España ni aquí. Pues este es el ejemplo que sirve para comprenderlo; en la mente de los catalanes separatistas, els castellans, como ellos dicen, han sido como los moros para los españoles. Esta fue su visión dels castellans después de la llegada de la inmigración española y originó el tipo de independentismo que ha existido en los últimos 60 o 70 años, no es el tipo de independentismo anterior y no es ya el actual de los jóvenes, pero sí el que mamaron de sus padres. Els castellans subieron un escalón con la llegada de la inmigración extranjera y está desapareciendo muy rápidamente lo marroquí; también está ayudando el paso del tiempo que va mezclando más a las personas y para los más jóvenes els castellans siempre han estado ahí, y no los visualizan tanto como unos desagradables invitados forzosos, como sí era la forma de sentirlos de sus padres, los de entre la edad de Mas o un poco más, y los de treinta años o un poco menos, aproximadamente. Este sector de la población de originals es el que conserva más la visión marroquí dels castellans; ellos portan la mayor carga vírica, se les está notando que están fuera de onda cada vez con más intensidad, pasados de moda total, pero morirán así, ya no cambiarán. Para los más viejos y para los más jóvenes la visión es diferente; ha habido un cambio rápido y sigue a buena velocidad y un castellà puede ser admirado por sus méritos con normalidad, ya no le pesa lo castellà como antes, aunque el proceso va mucho más lento en las ciudades pequeñas. Me planteo si el virus podría desaparecer por sí solo, pero sin duda sería muy arriesgado probar a no hacer nada activamente para eliminarlo; mutaría —ya ha mutado, de hecho—, pero desaparecer no lo veo posible continuando las cosas como ahora; y con más distancia tipo federalismo, instaurado en el momento actual, provocaría un avivamiento del fuego independentista, sería como llevarles en volandas hasta las puertas de la independencia. El distanciamiento federal de los estados, en Cataluña provocaría una revifalla, dicho en català, un avivamiento de sentimiento independentista en los sectores con menor carga vírica en este momento, que haría superar el umbral crítico de independentismo y sería imparable; ¿cuál es el porcentaje de separatistas que supera el umbral crítico, a partir del cual tendríamos una revuelta popular? Pues hay que tomar medidas que les impida seguir comiendo el coco a los niños hasta conseguir llegar hasta ese umbral; NO podemos tomar medidas que lo favorezcan. Su intención es clara porque todos los días miran el porcentaje para ver cómo va; en cuanto lo tengan, los tendremos a todos en la calle, todos los días serán 11 de setembre, que es su «día nacional» y salen a la calle con una energía que parece que ese mismo día se independizan. Por este motivo, ver la cara de interesante e inteligente que pone este chico socialista, diciendo que la solución es federalismo, me da risa y también me viene como sentido del ridículo ajeno. Ese chico ya no es un niño, ya está crecidito y debería empezar a tener más madurez, pero parece que aún no superó la etapa adolescente de necesitar sentirse guapo, simpático, enrollado y guay, con su mochila, su sonrisa, su simpatía y su actitud de chico interesante, tolerante y progre, porque se mueve en el mundo socialista y es lo que se lleva ahí; y le aparecería un trauma si se siente un día rechazado porque le hayan dejado de ver guay; esto es lo que ocupa su mente y le tiene obsesionado con ser presidente; imagínate el orgullo de los papás si ven al niño presidente; pues él, como ve la posibilidad, está que no duerme por las noches y quiere ser presidente a toda costa. Todo esto le tiene demasiado ocupado como para pensar en qué pasará después del federalismo —eso ya lo veremos luego—, pero suena muy guay porque seremos todos unos estados camaradas y con un ambiente muy guay porque yo seré el presidente.

Que no soy de derechas, ¡home!, ahora estoy hablando yo, el que escribe, y yo era comunista y ahora soy comunista solo ideológico o platónico, al menos por este siglo, a la espera de que el nivel de consciencia aumente y estén todos los psicópatas bien identificados y bajo control; lo digo para que se entienda que aquí no hay ideología política, y las ideologías pasarán a la historia cuando demos un salto en evolución mental y sepamos simplemente ver qué opción es la mejor en cada momento. La situación aquí es la que es y no la que la imaginación fantástica de cada uno le hace pensar que es. Esto no es un juego de niños, esto es serio, y los problemas y los traumas de cada uno no deben influir. Además, Zapa es para mí el N1, para que ya no quede duda. Es posible que el chico tenga buenas intenciones, o al menos eso se diga a sí mismo, ya que los socialistas tienen esa característica de juzgarse a sí mismos y va implícito ser socialista con tener que tener buenas intenciones. Lo que se lleva en los contrarios no es eso, los otros lo que tienen en su mente es que tienen que ser ricos e importantes, lo de ser buenos no es la intención preponderante, como sí es lo preponderante en la izquierda; pero la intención no es suficiente, ojalá las buenas intenciones fuesen suficientes, pero sin acertar no sirven de nada en un caso de esta importancia. Si eres muy buen chico, pero te dejas tomar el pelo, no te dicen qué bueno eres, sino que te dicen que eres tonto, la gente es cruel, ¡eh!, pero es cierto que lo eres, porque las dos cosas a la vez son verdad; eres bueno, pero no te enteras, Contreras. El regalo del federalismo, para los de mayor carga vírica, que no lo quieren porque lo quieren todo ¡ya!, les produciría una sensación de alivio y de relax porque les concedería automáticamente más tiempo y más facilidad para la consecución del objetivo, ya que ahora mismo tienen miedo de que el virus, efectivamente, pudiese desaparecer o mutar a uno sin la suficiente virulencia, y son conscientes de que es ahora o quizás ya nunca más podrá ser; por eso a causa de la virulencia del viru*f*s que porta este sector población, que es el sector que lleva el procés adelante y el que lo inició, van a hacer un esprint final con todas sus energías hasta quedar exhaustos y van a ser como pitbulls adiestrados para la lucha, guardando la immersió lingüística en los colegios (cuando se les toca la immersió, se transforman). Pero lo van a hacer escondiendo el virus hasta el punto de que muchos pensarán que no está, es una de las características más curiosas de esa cepa del virus que porta ese sector de población más afectada. Este es un síntoma de la enfermedad muy interesante para ser estudiado, porque hace que el portador se entrene toda la vida para aparentar normalidad y les hace tener apariencia de personas razonables y por eso los presis españoles creyeron que les podían convencer; pero bajo esa apariencia de persona que quiere aparentar que valora todas las posibilidades, que es una apariencia consciente, estudiada y premeditada, se esconde alguien totalmente irracional para este asunto, impedido por completo para plantearse la mínima posibilidad de considerarse español nunca en toda su vida. El Mas es muy buen ejemplo de portador de esta cepa del virus; bajo su calma de persona de apariencia razonable, que podemos ver en sus entrevistas tranquilas e íntimas de televisión, donde despliega todo su encanto y belleza seductora, de guapo, de persona encantadora, tranquila, inteligente, dialogante…, hay un catalanista ultra, fanático independentista y nunca en su vida dejará de serlo. Muchos pensarán que tiene derecho a serlo, pero estos no se plantean, porque no lo saben, cuáles son los mecanismos psicológicos que le han llevado a ese pensamiento único e invariable por completo por el resto de su vida y que no escogió tener, lo adquirió desde que tiene consciencia. Los que le ven con el derecho a sentirlo así tampoco conocen las características de ese pensamiento patriótico, y este es un punto profundo importante; un sentimiento patriótico también puede estar originado y mantenido dentro de ti por mecanismos psicológicos inmorales, innobles. Los nazis eran muy patriotas, muchísimo, pero ¿qué tipo de planteamientos les llevaban a ese tipo de patriotismo tan potente? Es un ejemplo, no comparo nada en este momento, solo busco alguna forma de que se comprenda, y sí digo que el patriotismo de los separatistas en Cataluña, está sustentado por pensamientos, que si fuésemos telepáticos y pudiésemos tenerlos en nuestra mente, veríamos que tienen un amplio componente inmoral, innoble. Ellos no se quieren separar porque crean que son diferentes, sino porque piensan que son diferentes y mejores, con lo que conlleva lo de «mejores». Adquirieron la creencia de ser mejores desde que recuerdan, desde que eran muy pequeños, y crecer creyéndote mejor que otros que tienes al lado, por tu forma de hablar y demás, tiene unas consecuencias, y de esas consecuencias es de lo que estamos hablando. «Somos los mejores; soy mejor que estos charnegos vecinos de mi escalera y me encanta cómo hablo, y desde que aprendí a hablar estoy diciendo: "Fora, charnegos de merda"». ☺

El Jordi por su edad debería tener otra variante del virus y es así en los de su edad, pero no del todo en su caso concreto, pero tampoco es igual al de Mas. La nueva cepa posterior a la generación del Jordi, la cepa de Mas, apareció entre sus dos fechas de nacimiento. La nueva y más virulenta cepa apareció con la llegada de la inmigración y contagió a los que en aquel momento tenían menos de veinte años; lógicamente, de los anteriores, que son los más mayores, van quedando menos y ya todos los que mandan tienen la cepa más virulenta. ¿Les parece raro o exagerado? NO, esa es la realidad, intento describirla lo más fielmente posible. Esto no es una película, esto es real. Piensen y verán que coincide con lo que ha ocurrido y con lo que ocurre. Aunque aún no saben qué virus es concretamente, pronto van a saber su nombre, piensen en cómo es el comportamiento de las diferentes generaciones de catalanes. La mutación de la cepa más virulenta, que ahora es la intermedia cronológicamente, ocurrió a causa de la llegada de la inmigración; sin esta, el virus no hubiese mutado en esas características concretas, y los síntomas y el comportamiento de los afectados sería otro, no sé si mejor o peor, pero otro sin duda; no descarto la posibilidad de que una mutación del virus sin que hubiese existido la inmigración, hubiese podido crear una cepa incluso más virulenta, por los grandes cambios coyunturales que ha habido, pero no sé si peor o mejor, lo que sería sin duda es diferente. Diferentes circunstancias crean diferentes virus o, lo que es lo mismo, diferentes errores mentales.

Si su comportamiento fuese normal no se podría decir que tienen un virus metal o errores mentales, y su patriotismo y su independentismo no podrían recibir este tipo de críticas, pero no es normal.

Para los que les parezca extraño que esté hablando de cepas virales mentales, que piensen que hemos de ser conscientes de que hablamos de un patriotismo independentista de una región, surgido dentro de un país donde es el único caso, si no contamos el caso de la otra región que es un caso con menos intensidad donde no hay planteado ningún proceso de secesión; entonces, hay un motivo no tan banal para ello, siempre hay un motivo, o varios motivos si quieren y este no debe ser tan superficial. De las diecisiete comunidades, ellos son los únicos, ¿se dan cuenta?, de diecisiete solo una. ¿Cuál o cuáles son los motivos? Busco la respuesta al fondo de todo; no busco la respuesta de la pregunta que surge después de cada respuesta, lo que busco es la última respuesta, de la que ya no surge ninguna duda.

Esta es la respuesta que ofrezco, la que inmediatamente te abre los ojos y te hace consciente por fin de la auténtica verdad, con la que no surgen más preguntas ni necesitas más respuestas y a partir de la cual todos sus argumentos y excusas se convierten en el acto en absurdas en tu mente, porque ya puedes ver claramente la auténtica verdad, y les dices: «¡Te pillé! No más excusas».

Más adelante les envío también un mensajito a estos más que progres, que no son catalanes, y que apoyan que se vote si España se rompe en trozos o no. Estos chicos aún más jovencitos, que ya se acercan más a niños, no especialmente solo por su edad, sino por estas ideas tan divertidas que tienen, no sé si comprenden que permitir votar sobre la ruptura significa romper España ya en ese momento, ya que en Escocia, por ejemplo, que es un caso que les gusta mucho als catalans separatistes, están ya pensando en la segunda votación y en el otro caso creo que llevan dos o tres, o más, porque cada vez que votan lo consideran un referéndum. Quiero hacer un inciso cortito para decir que esos casos no tienen nada que ver con lo nuestro; lo de Escocia lo comento más adelante y no tiene nada que ver con lo nuestro; lo de Canadá, hemos de saber que era territorio español, para los vascos era ya como su casa y se iban para allá de vacaciones a pescar, y en su día enviamos barcos de guerra a defenderlo; por fin, como aquí cada uno va a lo suyo se lo repartieron entre los ingleses y los franceses, y luego Canadá se fundó hace cuatro días; ¡cómo no se van a querer separar! Estos dos países siempre han tenido rivalidad y además los que hablan inglés no hablan francés y al revés; bueno, ahora ya en la parte francófona la mayoría habla inglés como está pasando en todo el mundo; pero no tienen nada que ver los unos con los otros y, aun así, ya bajó el furor separatista y no creo que se separen; pero no tiene nada que ver con lo nuestro. No hay otro caso como el nuestro en el mundo, ¿se dan cuenta de lo interesante de estudiarlo? No solo es la única de nuestras comunidades, sino que es el único caso de sus características. ¿Cuáles son sus características?, ¿qué hay detrás de ese movimiento separatista realmente? Todos los movimientos independentistas que hay abiertos hoy tienen su causa concreta y casi siempre lógica, como el Tíbet, Flandes, Quebec, Escocia o Córcega, donde los franceses erradicaron su lengua, pero ¿cuál es la causa comprensible de Cataluña?, ¿que España les roba? Esa no es la causa, esa es la mentira, la excusa, además de no ser cierto según los economistas imparciales; es solo cuestión de hacer las cuentas, ¿por qué no hacemos las cuentas para ver si es verdad y acabamos con el conflicto? Parece que no interese que los imparciales hagan las cuentas ☺. Después vamos a ver esto.

Aquí los catas tienen el asunto tan bien atado en los colegios, en la tele cata y en todas partes, que a la segunda votación sería la vencida, seguro, porque lo que ha pasado es que se han precipitado solo unos pocos años, pero ellos tienen el mejor truco para hacer crecer el porcentaje de separatistas de todos los movimientos independentistas del mundo, es un truco infalible que hacen muy bien, te quedas mirando y no lo ves, a no ser que seas de aquí y se lo hayas visto hacer tantas veces que ya lo ves sin mirar. Con ese truco, su independentismo solo puede crecer y en el segundo referéndum serían independientes con el 80 % de los votos.

Después de la primera ruptura, la pieza queda con debilidad estructural y es cuestión de tiempo que se siga rompiendo.

El único caso del mundo en el que hay una movilización a ese nivel, en un país con esa antigüedad y sin saber cuál es el motivo, ¿es porque España nos roba o porque somos un pueblo milenario? Lo de España nos roba ya hemos visto que lo podemos solucionar, que unos expertos imparciales, con expertos también de las dos partes, hagan los cálculos y se asume el resultado: si a Cata le corresponde más, se le da.

Pueblo milenario no lo es más que otra región de España. Hay una anécdota muy divertida que protagonizaron en el Senado dos grandes amigos entre sí y dos espectaculares personas: Pascual Maragall hablando en el estrado dice textualmente: «Cuando se nos dice el nombre Cataluña, nuestra reacción en la epidermis, física, la misma reacción que pueden sentir la mayoría de los españoles cuando se les menciona el nombre de España», y después le responde Miguel Ángel Revilla, también desde el estrado: «A mí oír la palabra Cantabria me pone, o sea, me pone»; en ese momento, Pascual Maragall se parte de la risa y aplaude, y se ríe todo el mundo, Zapatero incluido, que era el presidente, y Miguel Ángel Revilla continúa hablando: «pero también me pone oír la palabra España, me ponen las dos cosas, y por ser cántabro soy español». En primer lugar: «Revilla, presidente de España», y si todos fuesen como estos dos señores, seríamos el país más unido del mundo y yo nunca hubiese escrito este libro tan… sarcástico, NO; irónico, SÍ; bueno, sarcástico, ahora que lo dices, un poquito, ¡síí! ☺

Con este episodio en el Senado de estos dos maestros, se comprenden muchas cosas: una es la confusión que hay en Cataluña, incluso en los catalanes nobles con alta moralidad como Maragall, de pensar que ellos sienten más su tierra que cualquier otro español la suya (aunque no es así en el caso de Maragall y dijo eso porque le tocaba decirlo), esto está motivado por una descomunicación total de los catalanes con el resto de españoles; desconocen al resto de españoles por su aislamiento voluntario, motivado por la comedura de coco que se hacen a ellos mismos y mutuamente y que aquí es la moda. Algunos no ven otra cosa que no sea TV3, «i quan s'acaba lo de TV3 a dormí»; esa tele hace un gran daño psicológico, son hipnotizadores, encargados de tener bien abducidos a los miembros de la secta.

Otra cosa que se comprende con esta anécdota, que pasará a la historia de España y que muchos escribiríamos con letras de oro, para quien vea bien, o sea, que no sea tuerto, es completamente TODO lo demás; pero me refiero a uno que vea bien de aquí, de Cataluña, porque también el resto de españoles desconocen lo català; lógicamente, la puerta cerrada aísla las dos habitaciones que separa esa puerta. En la habitación de los catalanes con la puerta cerrada, los españoles han sido todo este tiempo la inmigración del sur que les llegó a partir de los años 50 y les han llamado siempre els castellans, nunca han hecho más diferencias entre españoles, por lo que no saben qué siente un cántabro, un gallego o un murciano, son todos castellans y punto, todos lo mismo, los únicos diferentes son ellos; esto también lo refleja bien esa anécdota del Senado; mucho después, en un programa en la tele, Revilla se lo recordaba a Maragall, paseando por Barcelona, y le decía: «Cuando tú dijiste lo que sentías al escuchar la palabra Cataluña, yo me dije: "¿Pero qué sabrá Pascual de lo que yo siento al escuchar la palabra Cantabria?"». Con todo esto y con lo que el resto de españoles saben, debería ser suficiente para intuir lo demás. Si también ayudamos con un empujoncito…; y ese empujoncito es, ¡tachánnn! ☺, que lo único que separa a los catalanes de los demás españoles son las lenguas, unas lenguas tan parecidas entre sí, pero que los catalanes quieren creer tan diferentes a causa de la barrera mental que se pusieron conscientemente con el resto de españoles, con els castellans; esa barrera mental les hizo cerrar la puerta. Un cántabro, al que igualmente se le eriza el pelo al escuchar la palabra Cantabria, se siente también español y un catalán no, y la única diferencia entre los dos es el efecto psicológico que les produce la lengua catalana a los catalanes. A un amigo asturiano, que estaba por aquí de vacaciones, le dio por preguntar si el catalán se parece más al castellano o al francés, y todos los catalanes le decían que al francés; otro de los muchos pequeños síntomas curiosos de la enfermedad; aquí nadie sabe nada de francés y no saben cómo es el francés, no lo conocen más que en cualquier otro lugar de España, pero prefieren decir que se parece más al francés que al castellano. Los dos se parecen más al italiano o al portugués; el francés es una de las dos lenguas menos parecidas al resto de las lenguas latinas; yo, cuando hablan francés, no me entero de nada. El catalán es igualito y literal al castellano; si hablas catalán con acento castellano, se parece al castellano antiguo:

**«… nostras voluntates, sic tradimus nostros solares cum sua divisa et sua era et suo orto, tres terras, duas intro ambas villas, una terra in vado Cannares…».**

Es el primer texto en castellano antiguo que he encontrado, sin buscar más. Es muy antiguo; es un texto encontrado en Castilla y parece ser un castellano latinizado o un latín castellanizado; en otra época debió de parecerse más al actual catalán e imagino que en algún momento castellano y catalán debieron ser muy parecidos, que lo digan los expertos, pero no me equivocaré mucho porque ahora mismo lo siguen siendo. Sería interesante saber en qué momento de la historia estuvieron más cerca en cuanto a parecido. A los catalanes les van a ser muy familiares estas palabras de ese texto porque son igualitas al catalán actual:

**«… nostras voluntates** (nostres voluntats)**… nostros solares** (nostres solars)**… sua era et suo orto** (seva era i seu hort), **tres terras** (tres terres), **duas intro ambas villas** (dues entre ambes viles), **una terra** (una terra)**…».**

En catalán se escribe nostres, terres, dues, pero hablado la «e» de esa terminación «-es», no suena ni «a» ni «e», se llama «vocal neutra» y tiende más bien a «a» en la mayoría de las zonas menos en Lleida y algún otro sitio, por lo que en la Cataluña central, Barcelona, etc., suena igual a como está escrito en ese castellano antiguo: **nostras, terras, duas.**

Después explico esto más, que es interesante.

Con este empujoncito, cualquier español bien de la vista puede hacerse una idea acertada de la auténtica realidad de lo que ocurre en Cataluña, esto puede permitir descubrir su truco, pero aun siendo muy evidente, si no «caes», no lo ves aunque te lo estén haciendo delante de ti. Por eso voy a dar un empujoncito total hasta lo más profundo de psicología catalana; ya que estamos, lo hacemos bien y así con una sola vez ya queda todo dicho, para no quejarnos luego de que nos hemos dejado cosas y por culpa de eso ya somos federales y con la desconexión del estado catalán tramitándose, el vasco y navarro en la puerta, el gallego haciendo cola, el canario preparándose; espera, que saco la cabeza a ver quién más hay… ☺.

El problema económico que según los expertos causaría la independencia para Cataluña y para toda España provocaría un contagio de independentismo en las otras regiones donde ya existe y probablemente también en otras en las que ahora no existe.

Sobre las partes de libro que puedan parecer sarcásticas, quiero decir que al ser consciente de la realidad del mundo y al estar atrapado en él por ser un simple humano, creo que es correcto el uso de la ironía y del sarcasmo bien controlado. Este es un tema en el que si vas entrando puedes llegar hasta lo más profundo en la comprensión de todo lo humano, por eso no vamos a meternos mucho ☺. Alguien que «comprende» al 100 % es alguien en paz total y curado de espantos, pero me imagino a mí siendo esa persona y creo que aun así sería partidario de la ironía y del sarcasmo controlado, o sea, no sarcasmo para hacer daño, sino para hacer justicia; esa es la condena para quien es culpable de maldad, recibirá el sarcasmo de los buenos hasta que deje de ser malo, y de joder, y perjudicar a los demás. Según una de sus acepciones más positivas, el sarcasmo es una burla mordaz con la que se pretende mostrar desagrado o una queja; también tiene otros usos menos justos y más hirientes, pero el que de verdad sea malo deberá recibir sarcasmo compasivo porque el cabrón no sabe lo que hace. Tenía un buen amigo que decía: «Es bona persona el cabró», un català supercachondo que ya murió; también decía en broma lo de «si el timbaler del Bruc s'hagues ficat el tambor al cul…»; luego lo explico, que es divertido. Los prepotentes, orgullosos, clasistas, separatistas, racistas, discriminadores, egocéntricos, inconscientes todos ellos, deben recibir sarcasmo porque aunque no son culpables, ya que son seres inconscientes que no saben lo que hacen y a un sabio no le perturbarían lo más mínimo, sí perjudican gravemente y perturban a los buenos y conscientes que no somos tan sabios, por lo que hay que pararles, y para eso hay que denunciar su actitud, y el sarcasmo controlado de las buenas personas es una forma de denuncia que hace comprender el daño porque expresa el dolor y además pretende hacerlo de forma divertida, reconociendo lo absurdo en realidad del Matrix, pero que no puede evitar que le afecte y tiene que pararlo. Al adjudicar calificativos que pueden parecer duros, cuesta imaginar a ciertas personas que no dan esa apariencia, pero luego, a darme cuenta de que yo no concibo en mí la actitud y la forma de pensar que ellos tienen, y comprendiendo su error y lo grave e inaceptable de esa mentalidad y de sus acciones, comprendo que son los calificativos que les corresponden; igualmente me inspiro en los peores de ellos, que son los que están tirando en cabeza, en términos ciclistas, y no les llamo asesinos, ni ladrones, ni violadores, ni delincuentes, en ningún momento, solo les digo lo que son realmente, ni más ni menos. Ante cosas que son graves no hay que quedarse corto por bondad o por cobardía o por excesiva prudencia y se ha de denunciar poniéndole el nombre que exactamente corresponde. Siendo plenamente consciente de lo que los de mayor carga vírica llevan dentro, que no muestran abiertamente, sino que esconden, que es el desprecio y el odio hacia el resto de los españoles, sin motivo, que no hay que ser ingenuos y entender que es así y que explica todo lo que ocurre, esos calificativos fluyen por sí solos. Igualmente, no hay que confundir la dureza de unos calificativos merecidos con tener resentimiento; solo el que se expresa sabe si es el resentimiento lo que le mueve, más aún si existe un motivo claro y unas personas perjudicadas, ya que siendo así, no hablar con claridad, con el tono y con las palabras que describan adecuadamente y sin quedarse corto el daño que se produce, es una falta de consciencia y de empatía con las personas perjudicadas. Minusvalorar el dolor de otros es también algo habitual en las personas y muchos solo consiguen comprender cuando es a ellos a quienes les aprieta el zapato.

Soy consciente de que no debo implicar resentimientos y, sinceramente, no creo que los tenga, pero sí tengo menos seguridad y más preocupación por no llegar a calificar con la suficiente carga de culpabilidad a estas personas que obran de forma baja, innoble, inmoral…, los puntos suspensivos están porque no me sale poner un punto final, ya que, como digo, no quiero quedarme corto.

También valen la ironía y el sarcasmo para los que, sin saberlo, porque no «comprenden», igualmente te perjudican o te pueden perjudicar gravemente y les tienes que decir con sarcasmo: «Despertad, tíos, que estáis acarajataos».

Estaba ahora mismo pensando en los federalistas y en estos chicos jovencitos nuevos que han aparecido ahora y que quieren que en Cataluña se vote si se separa de España o no.

Es acojonante, con todo lo que llevamos a nuestras espaldas en la historia; que se echó a los moros, la Reconquista, conflictos entre las coronas, los franceses, todo lo sufrido por los tatarabuelitos, todo el lío del Felipe, la Isabel, el Fernando, el Bonaparte, Austrias, Borbones, Olivares, Richelieu, el Pau, el Luis, otro Felipe, Carlos, el otro y el otro Felipe… Bueno, me dejo muchísimo porque no sé de historia, pero es larga de cohones; que venga Felipe, que creo que sí sabe mucho, porque es muy patriota como su padre, su abuelo, bisabuelo… y nos cuente, y no es que me caigan bien o me dejen de caer bien unos y otros, porque no los conocí —bueno, al último Felipe sí y me cae bien y el anterior, y por supuesto los tatarabuelitos—, y lo que digo es que parece de película de humor que después de todos los líos que se montaron entre todos estos y toda la energía utilizada, llegan dos chicos jovencitos y pueden acabar con todo en un momentito, porque ellos son muy inteligentes y muy progres y lo ven todo muy claro, y por eso están decidiendo por los demás diciendo que si está en sus manos harán que los catalanes tengan su referéndum sobre la independencia.

¡Lo que es la vida! Después de dar tantas vueltas, llegan estos dos chavales, que encima dicen que quieren a España unida, y como el señor Rompetechos del tebeo se lo pueden cargar todo en un periquete, y los demás nos podemos quedar como petrificaos, como soñando con la boca abierta, y diciendo: «¿Qué ha pasaoo?» ☺.

¡DICEN QUE QUIEREN A ESPAÑA UNIDA! Esto no es real, ¿no? Estoy soñando con el planeta de los simios, ¿verdad? Espera, que me pellizco… ¡Uyy, qué doloor!, parece real…, ¡chicos, chicos!, escuchadme solo un momentito… ¿No veis que lo de pedir el referéndum y llevar tanto tiempo mentalizándonos de que es natural —lo normal en democracia, que voten ellos solos, ¡cómo es posible que no nos dejen votar…!— es un truco que nos están haciendo y saben bien que si les decimos SÍ al referéndum, ya podrán ir a la font de Canaletes, a las Ramblas, donde celebran las victorias del Barça y demás, a celebrar la independencia? Hablo que suena de cachondeo, pero es que me sale así, porque estoy tartamudeando, porque estoy confundío, no me lo creo, no es posible que no os deis cuenta de nada… Conseguir el primer referéndum implica que tendrán el segundo, y ellos saben que tienen su truco imparable que vosotros no conocéis. ¡Aaah, ahora lo comprendo! No sabéis que tienen ese truco imparable, ¡claaaro!, perdonad porque no me daba cuenta, chicos, mirad que os lo explico: Si les permitimos hacer su magia, con ese truco conseguirán la independencia con total seguridad, y es un truco inmoral, ¿comprendéis? ¿Cómo creéis que consiguen ese éxito tan grande? Uno o dos millones de personas en la calle manifestándose, los hijos de los inmigrantes y los propios inmigrantes con la estelada y pidiendo la independencia fanáticamente; si lo preferís, con mucho entusiasmo. ¿Es porque España les roba? ¿Creéis que es por eso por lo que se manifiesta tanta gente? ¿Los catalanes de origen catalán se manifiestan por eso y si España no les robara no se manifestarían? ¿Vosotros creéis que es cierto? Pero eso tiene otras soluciones, ¿no?, ¿por qué apoyáis la solución más drástica si hay otras? Si gobernáis vosotros, podéis solucionar eso, y para conseguir el referéndum tenéis que gobernar vosotros igualmente, ¿por qué no proponéis solucionar los desacuerdos económicos cuando gobernéis en vez de apoyar el referéndum?

Chicos; tienen un truco magistral inmoral con el que consiguen que se reniegue de España y del castellano y que las personas se vuelvan fanáticas independentistas, es parecido al efecto Gran Hermano, el del libro; los mismos vecinos, los compañeros de trabajo, los amigos y todos en general son los guardianes del catalanisme y se vigilan unos a otros, es un truco muy viejo que se utiliza y se ha utilizado en muchos sitios y muchas veces; seguid leyendo, que lo comprenderéis todo, comprenderéis cuál es la sutil clave que hace que toda la organización sea muy consistente. Si les permitimos seguir haciendo el truco, conseguirán la independencia sin necesidad de referéndum. Vosotros decís que sois muy morales, pues abrid los ojos, que lo que parece es que lo que no sois es muy listos y os están engañando, y estáis defendiendo a los inmorales pasando por encima de vuestros buenos compatriotas. Han usado una estrategia que ya conocía Julio César antes de Cristo, mira si nos cuesta aprender; pasan los siglos, los milenios y ni cambiamos ni aprendemos, él decía: «Divide et impera», divide y gobierna; a los mismos que llevan años diciéndoles: «Iros, charnegos de mierda», es que idos charnegos de mierda no me gusta, ya es demasiada falta de respeto ☺, y además ellos dicen «iros» porque con dos horas a la semana de castellano no llegan a ese nivel; pues a los charnegos de mierda les han hecho su truco infalible, le han dado la vuelta al asunto y ahora los están utilizando, han conseguido que se pongan en contra de sus familiares del resto del país.

—Charnegos, ahora todos a hablar en català, y que sepáis que vuestros primos os están robando, todos a la calle con la estelada a pedir el referéndum, porque votar es lo normal en todo el mundo.

—Sí, sí, mis primos me roban, me lo creo sin mirar, ¿pero veridad que yo tambén seré catalllà? ☺

La misma estrategia la usaron con ellos los franceses hace más de trescientos años:

—Catalllons, vuestros primos os roban, aliaros con nosotros, que somos más guapos, más finos y parlllamos más bonito; además siendo fangseses no podemos sopogtag que los españoles tengan más podeg en el mundo que nosotgos.

—We we yo tambén quiero parlllar bonito con la ellle, lllo hago tre bien?

¿Será que la ellle viene del tema de hace trescientos años con los franceses? A ver, para salir de dudas escuchemos grabaciones de antes de que los franceses viniesen a joder ☺ (Parlar es como se dice hablar en català).

Cuando lleguemos al final del libro, creo que nos habrá quedado todo claro con detalle, al menos ese es el objetivo, y creo que se consigue porque ya no soy yo el que escribe; como lo que está ocurriendo y algunas cosas que se están diciendo claman al cielo, pues ha habido respuesta y ha habido intervención divina. Supongo que por la gravedad de lo que ocurre y de las cosas locas y diabólicas que se dicen y se hacen, el guionista y director de la película ha decidido intervenir, cosa que no suele hacer porque, extrañamente también, es un director muy atípico, ya que suele dejar que la película se haga sola; que haya decidido intervenir es porque debe haber oído cosas que claman al cielo de forma acojonantemente seria, dicho sin ningún humor. O sea, que no escribo yo, sino que estoy poseído por el espíritu y he podido sentir lo alarmado que está del mundo y de los españoles, que, según él dice, muchos están involucionando en dirección al chimpancé y se está notando por sus formas, con profundidad de charco de patio de colegio, con las que se están planteando algunos asuntos, por lo que ha decidido profundizar él directamente hasta lo más hondo, al tratarse de asuntos de la máxima importancia, que dice, no se pueden dejar en manos de unos niños, y les dice que aunque sus papás les hayan dicho que han aprendido a hablar muy bonito, no se crean ya demasiado listos y que no cometan cagadas de las que cuando sean más mayores se arrepentirán, como siempre les pasa a los niños, y que no se metan en asuntos tan serios porque aún no están maduros para no volver a cambiar de opinión sobre ellos durante su vida y podrían ocasionar daños irreversibles que afectarían a todos, y ellos pasarían a la historia como los niños que después de siglos llegaron un día con su irracionalidad infantil a joderlo todo, y a partir de ese momento los españoles las pasaron putas como nunca; y les dice también que aunque les guste mucho el protagonismo, esa no es una buena forma de pasar a la historia y sobre todo no tienen el derecho de perjudicar a nadie y que todos los españoles deben poder opinar sobre su propia vida, no solo unos cuantos sobre la vida de todos, porque todos han puesto su parte de esfuerzo por todo el país y que ningún trozo de él es exclusivo de nadie; que ellos crean ahora que sí no debe ser suficiente y deben plantearse que un día podrían cambiar de opinión, ya que por su edad van a cambiar de opinión con seguridad en muchas cosas en los cincuenta años de vida que les quedan por delante, como nos pasa a todos a su edad, y que ahora la vida les ha puesto en una situación en la que podrían ser decisivos y los verdugos de muchos de nosotros; que sean responsables ya que tienen ese poder y entiendan que tienen que pararse ¡ya! y preguntar a TODOS.

Como digo, llegaremos al fondo, que es desde donde nos tenemos que plantear cuestiones de este nivel de importancia, que provocan que en algunos lugares, de aquí de Europa sin ir más lejos, haya personas en guerra y matándose en este mismo momento por esas mismas cuestiones, y explicaré muchas cosas que desde fuera no se comprenden bien sobre Cataluña, y a esos chicos les aseguro que su visión de Cataluña y de los catalanes es parcial y, como no son de aquí, deben escuchar primero a los que sí lo somos, y no solo a algunos de aquí a los que sí los están escuchando; a los que estos chicos nos han gritado: «No os dejéis callaaaar», también deben escucharnos y parece que quieren que hablemos, ya que nos repitieron reiteradamente eso en un mitin, cuando vinieron aquí a visitarnos; pues entonces que nos escuchen.

Sentir orgullo de ser catalán no es criticable en el mundo de los monos desnudos, igual que no es criticable sentirse orgulloso de ser francés, estadounidense, español, gallego, asturiano, barcelonés o parisino, pero en primer lugar se ha de comprender muy bien la palabra orgullo para que no se trate de ego malsano y después los motivos de ese sentimiento de orgullo no deben ser ninguno de los que convierten a la persona en alguien de moral más baja o, como a mí me gusta expresarlo, en alguien errado mentalmente. Es muy débil y es muy fácil de pasar para los humanos, la frontera que divide el llamado orgullo sano del orgullo defectuoso, inmoral; ese es un orgullo no poco noble, sino directamente innoble. La persona que se sienta orgulloso de ser de un lugar por motivos narcisistas porta un serio error mental que le va a ser difícil encontrar en sí mismo, porque el hecho de que tenga ese error interno sin darse cuenta significa que no comprende que esa posibilidad existe en él, y para poder vérselo primero tendrá que ponerse a analizar cómo son y de qué forma afectan los errores humanos, cosa que no habrá hecho con la suficiente profundidad, y como tampoco comprende la importancia de hacer esto, fácilmente puede pasar toda su vida sin enterarse de su error y estando orgulloso de él. Esto es justamente lo que les está ocurriendo a los independentistas catalanes a causa de lo que llamo virus, que ha hecho un contagio muy extenso gracias a un mosquito que vuela rápido llamado moda.

Lógicamente, los que crean el problema no son los catalanes no contagiados, los conscientes, nobles, los que comprenden bien lo importante, los de mente avanzada; estos están simplemente observando la locura y algunos intentando pararla.

A estos catalanes los admiro por demostrar su gran cordura, al no perderla a pesar de tener a los innobles presionando tan fuerte desde hace tanto tiempo. Solo son los errados mentalmente los que están creando esta situación cada vez más explosiva, son los que se dejan llevar por las suciedades mentales que les hace inflarse cada vez con más ira, odio, desprecio, orgullo, vanidad, ego, egoísmo. Les está venciendo la ignorancia de lo más importante de aprender y comprender, gracias a que su vez les están venciendo sus fanatismos, que es una de las causas importantes que impiden ver los errores.

La pregunta del título puede parecer prepotente por cómo está formulada y por las mayúsculas «POR FIN», pero es premeditado, no por prepotencia, sino porque quiere reflejar un hartazgo y un toque de atención que a estas alturas ya toca; no hay margen para esperar más. Parece increíble que nadie, al menos de los responsables, nunca entre en el auténtico tema. Parece demasiado evidente para no verlo…, pero por otro lado creo que el virus no se ve tan claramente. Alguien tiene que hacértelo ver si no eres de aquí, porque está dentro de la idiosincrasia; una vez que te lo explican, todas las piezas encajan como en un puzle y se entiende de dónde salen todos los síntomas.

Creo que llegados a este momento tan límite, los que tienen la responsabilidad y están en situación de parar el atropello, por fin se han dado cuenta de que ni Estatut, ni economía, ni federalismo, ni caramelos… es para reírse porque, sí… ¿aún no?; sí, ahora ya sí creo que lo veis, ¡POR FIN!, y creo que están siendo precavidos y buscarán el momento adecuado, al menos eso espero. Pero no estoy seguro de que sepan qué es lo mejor que se puede hacer. Y luego están los otros que parece que todavía no se han dado cuenta y dicen y proponen tonterías; son tonterías porque no pueden acabar con el independentismo, muy al contrario van a agravarlo. Lo de estos es porque no están pensando en el independentismo catalán, sino en salvarse ellos. Estos son otros que cogieron miedo de diluirse y el miedo es peligroso, se les ocurrió la brillante idea del federalismo y no quieren soltarla ni a tiros, aunque los independentistas les griten en la misma oreja: «QUE NO ME INTERESA TU SOLUCIÓ-ÓÓÓÓN»; todo esto da un poco de risa.

Señores, en otros países se pueden permitir ser federalistas o cualquiera de los -istas de formas de organización que se les ocurran, porque desde siempre han trabajado el patriotismo, desde siempre han educado en patriotismo y son muy patriotas en todos los países, pero aquí, en España, no. Sería interesante hablar del porqué y luego lo vamos a tratar un poco, pero en España no se ha educado en patriotismo, o no se ha hecho bien, y hemos de tener mucho cuidado y ya lo ha demostrado la historia suficientemente. ¿O es que ustedes no estudian historia? ¿O es que el español es el único animal que tropieza cuarenta veces con la misma piedra?

Si no fuese por esto, yo sería republicano, pero no lo soy porque hasta que no corrijamos nuestros errores, la historia ha demostrado que con una república en cuatro días estaríamos partidos en unos cuantos trozos, calculen ustedes cuántos; sin pensar mucho a mí me salen mínimo cuatro o cinco.

Ustedes dicen que están por la unidad de España, entonces solo se me ocurre que o no han estudiado historia o se les han ocurrido esas cosas para parecer muy interesantes y para solucionar los líos que les provoca el federalismo en su partido. Esos mismos líos pero más agravados son los que el federalismo provocaría en España. Piénsenlo bien…, pero por el bien de España, no pensando en ustedes.

Bajo el título he añadido que está escrito por un catalán, es también premeditado buscando hacérselo notar, porque si yo fuese del Congo lo tendría difícil para saber lo que ocurre, si fuese de Melilla también, y de Zaragoza también, y de Girona menos difícil, pero lo ideal es ser de Barcelona, porque aquí el virus tiene poca virulencia y lo puedes ver ahí actuando, pero no te contagia, es como ser un portador, pero no tener la enfermedad; has cogido anticuerpos. Lo ideal es haber estado expuesto al virus en una de estas ciudades pequeñas o medianas de Cataluña que se alejan ya del área metropolitana de Barcelona, estar expuesto, pero luego irte, porque si no estás perdido. En esas ciudades, la virulencia es terrible, es llegar ahí, respirar y contagiarte, y empezar a hacer lalalalalala... y ves a todo el mundo lalalalala lalalala y si tú solo haces la, ves un montón de cabezas girándose hacia ti y mirándote con cara de asco. Te sientes un poco como en The Walking Dead, tal cual, explicado de forma divertida pero tal cual; aunque también El planeta de los simios va a ser siempre el ejemplo perfecto. Lo digo totalmente en serio porque esa es la sensación; unos simios dirigidos por un líder que les ha inoculado un virus que produce estupidez y adoctrinamiento. El líder no se trataría en este caso de una persona, sino de un grupo «los originales».

Si después de pasar un tiempo ahí consigues salir con vida neuronal, es que la enfermedad no te está atacando, tu cerebro ha reaccionado bien, lo que significa que tienes una buena naturaleza, porque se está viendo que la mayoría no lo consigue.

El virus ha estado en tu mente, pero has generado anticuerpos; enhorabuena, de ti puede salir la vacuna para otras personas; ya vimos esto mismo con el ébola. Al decir ébola he retirado el humor, ahora ya estoy hablando seriamente; lo que he dicho es metafórico, pero rigurosamente cierto, y eso que estoy llamando enfermedad es una actitud errónea, más aún, es perversa; y lo que llamo virus que provoca la enfermedad es un error mental y es un pecado incluso, es un problema psicológico, y en ese sentido, lo que produce sí es una enfermedad de la mente.

Ustedes mismos lo van a poder ir viendo con claridad, a medida que les introduzca en la idiosincrasia de la sociedad catalana, describiéndoles lo que no puede verse ni sentirse por la tele; van a ir metiéndose más en la mente catalana e irán viendo cómo todo lo que han oído y visto del tema de Cataluña hasta ahora, va encajando a la perfección. Van a ver que los síntomas son compatibles con el virus Nrso. Van a comprobar que es justamente este virus y no otro el que está provocando la enfermedad. Lo van a ver por el microscopio actuando.

En Cataluña, este virus de nombre abreviado Nrso, que provoca ese tipo de catalllanismo separatista, está en el aire de forma muy evidente, pero pasa algo muy curioso que puede parecer extraño hasta que se encajan todas las piezas del puzle; en ese momento, se vuelve lógico. Lo que ocurre con esto es que entre todos y especialmente promocionado por els catalllans independentistes, se consigue que sea un tabú ni siquiera tocar un poquito cualquier asunto relacionado con el virus, está prohibidísimo, por lo que se acaba haciendo una negación inconsciente de que haya algo de lo que hablar. Se siente, es un ambiente enrarecido evidente, pero entre todos se hace una autonegación de que hay algo anormal, por lo que viven en la locura sin enterarse; es más, el virus está de moda, su efecto te acaba gustando mucho sin siquiera ser consciente de su existencia. Es un efecto del propio virus provocar su negación y la locura se vuelve no solo lo normal, sino además lo deseable.

De los catalanes que lean esto, unos se cagarán en la pm y lo negarán, y a otros les sorprenderá que alguien entre de lleno al tema, porque nunca se hace, pero estos lo tienen presente. Hace pocos días escuché a un catalán de origen hablando del virus en un lugar público; no es nada habitual y menos en un catalán de origen. Este señor estaba hablando con otro señor en catalán y hablaban de la diferencia entre los catalans y los castellans. Entonces él dijo: «els catalans som més» e hizo ese gesto dándose golpecitos hacia arriba, con el dedo, en la punta de la nariz, que ustedes saben que significa más o menos arrogancia, o llevar aires de superioridad…

Ese autorreconocimiento de este señor catalán es muy poco o nada habitual. Esto es como estar encerrado en un manicomio con muuuchos locos; cuando te encuentras cuerdos, es reconfortante.

Y es que como les digo, prácticamente nadie en ningún lugar está hablando del auténtico motivo, de la explicación real del porqué de tanto independentismo y de por qué está siendo tan incontrolable. Ni los políticos, ni los medios de comunicación, ni la sociedad, ni en Cataluña, ni en el resto de España, nadie habla de la auténtica verdad.

A estas alturas sigo escuchando la pregunta: «¿Pero qué les ocurre a los catalanes?». La pregunta de «¿qué les ocurre?» se sigue haciendo porque nunca acaba de encajar del todo que sean simplemente desacuerdos económicos y demás… y tampoco ellos permiten nunca que encaje, porque de ser así se podría solucionar. Esa actitud de los catalanes tan obstinada, tan fanática, tan complicada de solucionar, parece que esté motivada por algo más. Los españoles no saben ya dónde buscar, pero siempre les siguen preguntando: «¿Qué os pasa?, ¿qué queréis?, vamos a solucionarlo». Ya destaparon sus cartas, por fin nos han dicho que lo único que quieren es la independencia. No les sirve, ni les calma sus ansias independentistas ninguna otra cosa, y siempre ha sido así.

Durante muchos años le daban vueltas a los asuntos para conseguir más del gobierno central, y cuando conseguían más volvían a pedir más; y llevando más de treinta años consiguiendo más y más, pidieron más Estatut y se les dijo: «Eso es mucho», y no aceptaron el no; no sé si les correspondía, pero sí sé que si se les hubiese dado, hubiesen pedido más, porque en realidad su objetivo desde el principio era conseguirlo todo, y liaron el asunto convirtiéndolo en algo tan complicado que da la impresión de que no estaban interesados en solucionarlo. Fíense de la impresión, es correcta, nunca estuvieron interesados, solo les servía y les sirve la independencia. Si se les hubiese dado su Estatut simplemente estarían más cerca de su independencia ¿O hay algún ingenuo que crea que con su Estatut hubiesen cambiado su rumbo hacia la independencia? Ni siquiera hubiesen frenado un poco en su camino, al contrario, hubiesen acelerado porque lo hubiesen visto más cerca.

Si la negociación se hubiese roto por esos motivos que ellos dicen, sería solucionable, y no es solucionable porque nunca fueron esos motivos. Ahora dicen que por culpa del asunto del Estatut ya no vuelven atrás. Es increíble su cinismo, tanto es así que a los lúcidos debe producirles risa. A los sanos mentalmente que vivimos aquí de siempre y sabemos desde siempre que no se sienten ni quieren ser españoles, y que todo lo que hacen es buscando la independencia, nos parece igual que la torpeza con la que mienten los niños pequeños, se les nota mucho. Yo particularmente me parto de la risa, me lo produce la estupefacción; me digo: «No puede ser que los adultos sean como los niños», y claro, alguna reacción produce esta estupefacción, y para mí es la risa; es la reacción lógica, porque la tristeza no lo sería, ya que hay que asumir la realidad. Por supuesto hay que decirlo, hay que gritarlo para que todo el mundo sepa que mienten con el estilo que lo hacen los niños, y es lo que estoy haciendo.

A los independentistas les interesa que se dé vueltas a esos motivos falsos que ellos buscan, juegan a aumentar la confusión, les interesa mantener abierto el conflicto diciendo: «¿Veis?, como fuisteis malos, ahora nos vamos y estamos tan enfadados que ya no os ajuntamos aunque os pongáis de rodillas», pero mieeenten, son como las excusas falsas de los niños. Con esto consiguen que nadie hable del «motivo real». Si en algún momento alguien se acerca al «motivo», automáticamente lo hunden con frases lapidarias. Parece que haga efecto, porque rara vez alguien se mete en el tema.

Sin haber vivido muchos años en Cataluña y haber convivido con los catalanes ya me queda claro que es difícil intuirlo, veo que nadie lo intuye. Parece que es algo que no puede estar en la mente del resto de españoles porque no tienen «eso» dentro y por lo tanto no saben ni que existe. El motivo está dentro de la idiosincrasia catalana; por eso, si no lo explica alguien de aquí, los de fuera no lo van a encontrar.

Tengo una experiencia catalana desde que nací hace variasssss décadas, he visto todo el proceso desde la dictadura hasta ahora. Cuando les diga lo que hay de fondo haremos la prueba del algodón; aplicaremos imaginariamente la solución correspondiente a la verdadera causa y verán como el problema desaparece.

Para hacerse consciente de qué les ocurre en la mente, es también preferible haber nacido en Cataluña, pero tener padres de fuera, este es mi caso. Así tienes más posibilidades de tener la mente despejada, porque el etnocentrismo les ciega y la mayoría no se dan ni cuenta de por qué tienen tanto fanatismo.

Actualmente, el tema está presente de forma continua en la sociedad catalana. Llevamos años con todas las fachadas plagadas de banderas independentistas y hablando y hablando sin parar de lo mismo.

Los independentistas cabecillas hablan y hablan premeditadamente buscando que no decaiga el furor.

Al no parar nunca de hablar, se ha hablado tanto y las mentes tienen tantas informaciones y tantos argumentos que todo el mundo ha perdido de vista lo que ocurre de verdad. Los independentistas originales están felices porque se ha conseguido alejar la posibilidad de que se hable del auténtico tema.

Igualmente, hay muchos chicos con padres de fuera de Cataluña que son unos fanáticos independentistas. Si les preguntas el porqué de esa convicción, te sueltan todo el rollo que planeadamente les han metido los «originales» en el cerebro y se quedan tan anchos. Han perdido de vista totalmente el motivo real que les ha llevado a tener ese fanatismo.

El lavado de cerebro se ha completado porque han eliminado incluso de la mente el sistema utilizado para lavarlo. Los hijos de los inmigrantes sienten sobre ellos la presión catalanista de los «originales», pero si se dejan llevar por la corriente, viven pseudofelices con sus banderas esteladas en la ventana, en la moto y en la camiseta.

Para ver claramente que el virus es la causa real, hay que desmontar todo lo que lo está escondiendo voluntaria e involuntariamente y por eso, como digo, es necesario hablar primero de todo ello. El esfuerzo es por nuestro país y por nuestros hijos.

El resumen es que continuamente se desvía la atención de la causa real hablando de muchas otras cosas, proponiendo soluciones que no funcionarían porque no aciertan en el origen del problema. Muchos de los que hablan y proponen soluciones han venido a Cataluña solo de paso. Prácticamente nadie ha hablado ni habla del origen del problema, ni en el pasado ni en el presente. Para los de aquí se ha convertido en algo tan normal que tienen el error delante de sus narices y no se dan cuenta; y cuando a alguien le viene una intuición y se le ocurre decir: «¿pero esto es normal?», hay una consigna sabida por todos sin ni siquiera tener que hablar de ella, es una consigna sagrada que prohíbe tocar los temas clave, y automáticamente activa el consciente y el subconsciente de los catalanistas guardianes del error que hace que rápidamente desvíen la atención con intención de confundir, es una habilidad premeditada y trabajada para evitarles el pánico y el dolor que les produce tocar ni siquiera un poco sus temas sagrados, y estos son precisamente los temas clave del asunto. Ustedes podrán ver en cualquier debate de televisión que estén ellos cómo cambian de tema, cómo desvían la atención rápidamente, en cuanto se toca el tema de la lengua o de la inmersión lingüística; fíjense que nunca sacarán ellos el tema y, si lo hacen otros, no van a avanzar ni a profundizar en él ni lo más mínimo. Entender el porqué de ese miedo es sencillo; es porque ahí está el secreto del éxito de su independentismo. Y entender a fondo el porqué de su dolor a tocar sus temas sagrados es necesario para comprender su psicología, además de que es un ejercicio muy interesante que nos puede servir a todos; ahí están trabajando sus errores y «el virus».

Evidentemente, sin entender las claves no puedes encontrar soluciones, y lo grave, muy preocupante y que me ha empujado a escribir por la impotencia de no poder hacer nada, es que se están proponiendo soluciones que agravarían mucho la situación y en poco tiempo podrían elevar el porcentaje de independentistas al 70 u 80 %, lo que sería imparable.

Aun así, llevamos mucho perjuicio ya, llevamos así trescientos años. Por el deseo de independencia, Cataluña lleva trescientos años perjudicándose a sí misma y perjudicando a toda España. Ya se perdió territorio por culpa de esto, ya murió mucha gente por culpa de esto, ya el Barça perdió muchas ligas (en el pasado, ¿o también ahora?) por culpa de esto ☺. Ustedes, senyors, se han indignado muchas veces por pensar que se perjudicaba al Barça, y se sorprendían, pero siempre han seguido con su actitud distante, a la vez que decían: «Pues no entendem perque caemos mal, pues si caem malament nos separem» y venga los árbitros a perjudicar al Barça (según ustedes, los del Madrí dicen lo contrario, y yo no me meto en esto, no lo sé ☺ ) y venga ustedes a indignarse y a sorprenderse; no me digan que esto no es de nuevo cosa de niños, inocencia infantil. ¿Ustedes esperan que los humanos sean diferentes a como son? No le estoy dando la razón a nadie sobre el tema del Barça, pero el refrán «tal faràs, tal trovaràs» es catalán, significa que lo que le hagas a los demás es lo que recibirás de ellos. El refrán es suyo; entonces no comprendo su sorpresa.

«Noo, es que comensaron ells». ¡Aaah! Ahora ya lo comprendo, son todos como niños, los unos y los otros.

Llevamos trescientos años así, señores catalanes, ¿cuánto tiempo más van a continuar? ¿Cuánto tiempo más van a seguir perjudicándose a sí mismos? No parece que estén actuando muy inteligentemente. Hay un sentimiento dentro de ustedes que tiene tanta fuerza que anula su razón, se pone por encima de ella y les hace ir adelante aunque sepan que saldrán perjudicados. No les digo nada nuevo, ustedes lo saben y están orgullosos de ese sentimiento. Lo que sí es nuevo para ustedes es que alguien les diga que no comprenden bien ese sentimiento, no lo conocen profundamente, sí saben que lo tienen desde pequeñitos y que les hace sentirse diferentes al resto de españoles. ¿Se han preguntado por qué al resto de españoles no les ocurre lo mismo? ¿Han adquirido el sentimiento ustedes voluntariamente? ¿Ya desde niños escogieron tener ese sentimiento separatista? ¿Por qué no hay otros españoles que escogieron tenerlo también? Bueno, sí, hay algunos vascos, ¿verdad?

Vamos a analizar bien todo esto, por si a ustedes se les ha escapado algo y no han llegado al fondo del asunto.

Yo les adelanto mi opinión: no han llegado al fondo. Les ocurre algo que no les ocurre a los demás y que les viene desde la misma infancia. Hay personas que estudian durante años para ayudarnos después a comprendernos, son los psicoanalistas; no se dedican solo a hacer terapia a personas deprimidas. Estudian durante tanto tiempo porque no es sencillo para las personas comprenderse, y para intentar que se comprendan los especialistas les retrotraen a la misma infancia. No den por hecho que ustedes comprenden bien ese sentimiento que les hace querer separase de los demás, que les hace pensar que ustedes son diferentes y, ¿quizá mejores?, ¿se gustan mucho en cómo son y en cómo hablan?

¿Por qué Cataluña se quiere separar y no las demás regiones de España? ¿Es porque ellos hablan todos igual? ¿Entonces el motivo es la lengua? Porque costumbres diferentes también tienen ellos entre sí y también son pueblos milenarios.

No han llegado al fondo de la comprensión de por qué les ocurre, pero muchos han profundizado lo suficiente para reconocerse a sí mismos que el motivo es que son mejores y su lengua es más bonita, o diferente, ¡va!, pero no entienden aún de qué forma o por qué mecanismo su lengua más bonita, o no, les impulsa a separarse; pueden comunicarse perfectamente con el resto porque también hablan su lengua; por esta regla de tres, China se partiría en cientos de trozos y también muchos otros países que tienen varias lenguas. No es suficiente que hablen otra lengua, además siendo muy parecidas las dos, algo más falta por comprender, no pasa lo mismo en otros lugares con esas mismas circunstancias. A los que no les gusten los psicoanalistas y sean creyentes le pueden preguntar su opinión a Jesucristo, pero su primer ministro en la Tierra ya la ha dado y dice que el asunto no le cuadra, o sea, que dice que no ve que haya un motivo justificable, no ve que lo del robo haya que solucionarlo separándose; debe pensar como yo, que es menos complicado hacer las cuentas y asumirlas. Pero yo creo que no sabe que ustedes son mejores y hablan más bonito, este papá no está bien informado y habla sin saber. Más adelante les hablo más de ello; lo sé porque esto lo he escrito después ☺.

A un extranjero le debe parecer incomprensible y poco inteligente que nos estemos perjudicando así. Para un extranjero, tanto los catalanes como el resto de españoles tenemos una imagen tercermundista ante este tema, por la forma y por el fondo, «estos sureños peleándose porque unos se creen más guapos que otros». Nosotros mismos vemos como tercermundistas a los países que siguen con conflictos de fronteras; vimos tercermundista lo que ocurrió en Yugoslavia por la barbaridad del conflicto, aunque en su caso la separación era previsible. Lo de Escocia e Inglaterra es un ejemplo que les gusta mucho a los separatistas catalanes, pero que no se vea internacionalmente como tercermundista, no nos debe crear la ilusión de que lo nuestro se considere igual, es un caso diferente; en circunstancias como las nuestras no queda nadie más. Todos los países de nuestras características tuvieron en el pasado conflictos territoriales como tenemos nosotros ahora, pero se acabaron hace mucho. Lo nuestro es ya extraño en el mundo y es tercermundista, poco avanzado, de gente con la mente poco evolucionada. No me imagino un conflicto a este nivel en Francia, Italia, Grecia, Alemania, Polonia, Hungría, Rumanía…, ninguno de Europa Occidental, y como ven he incluido a países con un pasado reciente movido, pero no tienen problemas como el nuestro; más pequeñitos sí, porque problemas hay en todas las familias, pero como el nuestro no hay otro en este momento. No duden que fuera nuestro conflicto nos está dando mala imagen a todos, aunque ellos también tengan problemas, las características y la magnitud del nuestro nos está dando imagen tercermundista. A los catalanes les está dando mala imagen. Los independentistas no son conscientes de esto, pero es que los demás no saben que los catalanes son mejores y hablan más bonito, y piensan que se quieren separar por dinero, y claro, piensan: «Y estos sureños no saben encontrar otra solución?». Los catalanes se están esforzando en que sepan que es porque Catalonia is different y hacen castellets y bailan sardanas para demostrarlo, pero miras los periodicos extranjeros y siempre dicen que es por dinero.

Lo de los castellets es un tema muy curioso y no estoy seguro que dé buena imagen; hablemos también de esto después, que es interesante.

Ellos tienen delirio por sentirse y que les vean inteligentes, guapos y elegantes. Si solo intuyeran que realmente tienen mala imagen en este momento en otros países, se sentirían como niños avergonzados. Además, para que no les llamen sureños despectivamente, si pudiesen, cortarían el territorio y se lo llevarían más arriba de Suecia. La imagen que tengan de ellos en los países que creen los importantes, tiene una importancia vital; si hablan bien de ellos, pueden llegar a sentir mucho placer, algunos quizás llegan al orgasmo. Lo que piensen en los países que no consideran importantes les da igual por su clasismo hiperdesarrollado. Pero la imagen que tengan en los «importantes», se parece a la importancia que le da a su imagen una niña de dieciséis años anoréxica, es igualmente una enfermedad y tiene similitudes: si se enteran de que tienen mala imagen, se deprimen igual. En la niña, el problema lo produce la presión social que ella hiperboliza y a los catalanes se lo produce «el virus», «la causa», la respuesta del porqué de la pregunta del título.

Uno de los motivos importantes de querer separarse es que creen que España tiene mala imagen. Esto ellos no pueden soportarlo, están dispuestos a dejar de comer hasta quedarse en los huesos por no tener mala imagen. Por lo tanto, quieren irse ya, «nosaltres no som Espanya, som catalllllans». Para esto buscan el apoyo internacional y les explican que ellos no son españoles, que son catalans y son diferents; ¿diferentes cómo?, diferentes mejores que esa gentuza española; diferentes más guapos, más elegantes, hablamos más bonito y diferente… y automáticamente en los otros países dicen: ¡Aaah, pero sois de Paggí, o de Roma, o cariocas o de Berkshire, porteños…!, porque ellos no saben que en todos los países tienen «catalans». Yo creo que ningún país se libra de sus catalanes, cada uno con su estilo particular; los virus no son exactamente iguales, pero todos tienen la base en común. El virus de los nuestros ¡tiene tela! Piensan que por decir que ellos son catalans, en el mundo ya van a comprender que se quieran separar. El virus les hace pensar que al decir catalans, los demás van a tener en la mente lo mismo que ellos, y sí lo comprenden, pero no como ellos piensan, lo que hacen los demás es compararles automáticamente con sus propios catalans y de esta manera consiguen lo contrario de lo que buscan, o sea, consiguen antipatía.

Lo mismo les pasa cuando hablan català, creen que los que nunca han escuchado el català, automáticamente al escucharlo perciben toda su belleza y lo sofisticados que son ellos al hablar de esa forma, que los separatistas exageran aún más. Están incluso orgullosos del acento que tienen al hablar castellano y los que tienen más carga vírica lo exageran más premeditadamente también al hablar castellano. Una cosa buena que sí ha pasado al haber conseguido, con su gran sistema, popularizar el català es que ahora puedes ver, por ejemplo, a un niño marroquí diciendo: «Jamalajata ata la jaca a la reja» y hacer un cambio de tipo esquizofrénico, como dice Albert Boadella que le gustaba cuando esto pasaba con el castellano, y de repente el niño marroquí dice: «Escollltam una cossa, yo soc català tambèn», o sea, que ya no es como lo que pasaba cuando salieron los móviles y todos los que tenían uno procuraban que los demás les viesen hablar con él; ahora ya todo el mundo parla català y los niños con bon accent, porque antes pasaba como con los móviles, todos procuraban que les escuchasen parlar català. Pero lo digo porque es divertido y es así de verdad en los jovencitos, pero no en los antiguos y en los no tan antiguos, digamos que solo en los de menos de veinticinco años más o menos, estos dominan perfectamente todo lo que es actual, los demás no están en la onda y ya no lo estarán nunca porque son mayores y se van a quedar para siempre con su moda antigua, pues estos, lo siguen haciendo, siguen procurando que les oigan su fantástico català; lo pueden hacer por diferentes motivos: para no tener la desgracia de que alguien los confunda con charnegos, como un código de colegueo —hollla, qué talll, soi de los vostros—, para diferenciarse en un grupo cuando a su vez están en un grupo mixto catalans-charnegos… hay múltiples usos. Está este otro uso que me ha venido a la mente, por si alguien lo vio: la mujer representante de los separatistas que había en TV1 la noche de las elecciones autonómicas catalanas; este uso es un claro ejemplo de a lo que me refiero. Quien no lo viva todos los días y, por tanto, no lo conozca bien, no puede comprender lo que digo, porque es algo que no está en su mente. Yo que lo veo todos los días y tengo anticuerpos detecto la carga vírica inmediatamente sin necesidad de una analítica. Esa mujer me producía ganas de sexo, por lo guapa que era y por lo guapa que se hacía a ella misma, pero sexo fuerte; «asere le hubiese dao bien duro»; además, estoy seguro de que es como a ella le guta. Tenía una carga vírica importante, se encantaba a ella misma con su look y con su asento català no tan habitual por lo exagerado, porque premeditadamente lo hacía tender a guiri, y ella se encantaba y lo exageraba más aún. Ella era diferente, «una guiri» y mejor que los españoles, se lo estaba diciendo a toda España en directo por TV1; todos allí hablando un castellano normal y ella hablando su castellano premeditadamente especial catalano-guiri.

Son cosas que ellos tienen en la mente que el resto de españoles no tiene; deben decírtelo para que sepas que eso está ahí; aun así, no se puede comprender bien si no eres català; para entender lo que les pasa concretamente a ellos en su mente, hay que «parlar català ben parlat», si no es algo que no ha estado en ti y mientras no experimentes tú mismo ese «placer de parlar», lo entiendes, pero no puedes comprender lo que ellos sienten. Puedes observar su ego creciendo en vivo y en directo mientras están hablando y más si creen que un no català les está escuchando. Esto no es exageración, esto es REAL.

Hay absurdidades humanas que es más cómodo no decirlas, ¡para qué meterse en polémicas!, es más cómodo no meterse y seguir eternamente siendo absurdos. A mí la verdad es que me da pereza, pero debería haber alguien encargado de decirnos las realidades que nosotros nos escondemos a nosotros mismos, aunque nos dé pena porque al desvelarlas quede al descubierto que esto está lleno de locos ¿Es triste la realidad? Sí, a menudo lo es, ¿pero entonces mejor la escondemos?; ¿y nos autoelogiamos diciéndonos que somos unos seres muy avanzados, que nuestras ideas y forma de organizarnos en sociedad es ya de unos seres superiores, a la altura de lo mejor que pueda haber en el universo? Cuando sin duda, la realidad es que si hay alguien avanzado de verdad en el universo, a los catalanes, a los españoles y a todos los países, nos ven más o menos como nosotros vemos a los chimpancés. Me gustaría poder decírselo al señor Mas, para que reflexionara sobre su seguridad en sus planteamientos. Mire, señor Mas, si hay alguien inteligente y avanzado de verdad, a usted y a sus amigos les ven como a unos chimpancés, y se divierten al observarles como nosotros nos divertimos con un chimpancé del zoo de Barcelona que cree que su «uu uu» suena más bonito que el «uu uu» de los otros chimpancés.

Pero es broma, Mas, porque los chimpancés no tienen ese

tipo suciedades mentales que sí tenemos los humanos.

Los extranjeros que escuchan por primera vez el català no aprecian esa belleza que les hace sentir tanto als catalans y que les hace amar tanto la llengua; a algunos les suena un poco extraño por sus sonidos peculiares, algunos dicen que les suena como una lengua antigua; esto tiene sentido, creo que el català se ha conservado muy bien. Y si les preguntas qué idioma les suena más bonito de los dos que escuchan en Cataluya, siempre me han dicho que el castellano. Hablo de mi experiencia, es solo cuestión de preguntar, que nadie se sienta dolido. Uyyy, esto le puede doler mucho a un català. Yo he hecho esa pregunta a extranjeros porque mi opinión no sirve, ya que mi oído está acostumbrado y no es imparcial, y quería saber qué opinaban, al ser consciente desde siempre de ese delirio de los catalanes por el sonido del català.

Lo que piensen los demás, para ellos tiene una importancia más allá de lo normal, es así ya individualmente, y como catalanes les pasa lo mismo. Lo que piensen de ellos, aquellos a los que admiran, porque son unos idólatras de los N1, se arrodillan ante los americanos por ejemplo; pues lo que piensen estos de ellos, está en el primer puesto entre sus necesidades psicológicas. Se arrodillan ante los americanos y hacen lo contrario ante los que creen inferiores, como los españoles; crecen con el clasismo en sus mentes. Esa mujer del debate de TV1 era un ejemplo; dijo con su asento impresionante: «YO estaba allí al lado de no sé quién, el más importante, el día de Escocia…», es im presionante (en dos palabras que antes me había equivocao ☺), y mirándolo del lado adecuado, muy divertido. Para mí, que lo conozco tan bien, es muy divertido porque sé exactamente lo que ella sentía con esa doble autosatisfacción de decir eso con ese asento, ¡qué subidón de ego, demasio pal cuerpo!

El resto de españoles ya nos hemos acostumbrado y sabemos de siempre que son «catalans». Ellos a veces utilizan la frase de «si no nos quieren, nos vamos»; dicen que caen mal a los españoles. Esto es cierto, pero no como ellos lo ven, porque «els espanyols», como ellos dicen, no tienen el asunto en la cabeza tanto como ellos, que lo tienen todo el día desde hace ya tiempo. Lo que no hacen es plantearse por qué pueden caer antipáticos, no piensan que estas cosas no vienen solo de una parte y no se dan cuenta en absoluto de su actitud, para ellos es normal; es más, cuanto más acentuado tengan ese estil catalllà, más valorados son en Catalunya.

Hace poco iba en un tren hacia el sur; íbamos por la Comunidad Valenciana y me puse a observar la forma de comportarse de unas señoras y señores ya mayores que hablaban en catalán; observaba sus claves sociales de comportamiento, cosa que ya he hecho muchas veces, pero me puse a apuntar ciertos comportamientos curiosos y me dije a mí mismo que escribiría este ejemplo. En Cataluña la gente que habla normalmente castellano y los que hablan normalmente catalán forman grupos separados que no se interrelacionan mucho. Esto algunos lo negarán y es interesante también cómo las personas a menudo niegan y se niegan a ellos mismos la realidad evidente. Observando a estos señores del tren se comprende el motivo de esa dificultad de interrelación; la forma de comportarse es diferente en unos y en otros. Los de habla catalana ponen mucha atención en la estética en general, de lo que hacen y de cómo lo hacen, de lo que dicen y de cómo lo dicen y ponen mucha atención en el sonido de cómo hablan. Su forma de humor es también diferente y les sirve para autoconvencerse de que no son unos estirados; su programa de humor *Polònia* hace una gran labor en ese sentido. Utilizan y necesitan el humor para enmascarar un poco el problema; si no, sería demasiado evidente hasta para ellos; es un humor serio, calculado, no espontáneo, del mismo estil català. Consideran a los de habla castellana menos elegantes, con menos clase, gente visceral, de estilo poco cuidado…, y es que realmente los de habla castellana no tienen esa costumbre de poner tanta atención consciente en la estética de su forma de comportarse, de su forma de hablar y de cómo suena el acento de cómo hablan, son gente natural, que no tiene dificultad para expresarse de la forma que sienten…, pero esto no es nada raro, es muy habitual en el mundo entero y mucho en los países latinos; pero no lo es en Cataluña. No es fácil explicarlo de forma espontánea, sin pensar que muchos van a rechazar que esto sea real, pero lo es, es real.

**Al contrario de ver algún problema en su actitud, las personas de habla catalana se encantan y se consideran mejores, y este es el motivo de querer separarse y siempre lo ha sido.** Buscan y buscarán mil excusas para darse a ellos mismos el porqué de querer separarse, porque no pueden admitir que el motivo sea simplemente ese y ningún otro; pero aunque todo funcionase como la seda, ellos querrían separarse. Les cuesta admitirlo hasta para dentro de sí mismos; aunque realmente somos mejores, pero el motivo es que «Espanya ens roba» ☺ .

La tentación de negar que quieran la independencia porque son mejores viene con mucha facilidad, me pasa incluso a mí: «No, no quieren la independencia porque son mejores, aunque sí creen que lo son, pero los motivos son otros, no puede ser por eso, eso no puede ser real, ¿o sí?». Je, je, sí es real.

Quizás es cierto, son mejores. Aquí en Cataluña está todo el mundo convencido de que es así; todos los que se pasan al català y olvidan el castellano lo hacen por este motivo, ser català es ser mejor. Después uno mismo interiormente se da cuenta de que es mejor, porque tu forma de hablar se vuelve más sofisticada, tus actitudes son más estudiadas, dejas de ser tan natural, tan espontáneo. Son mejores y se lo muestran continuamente unos a otros y a ellos mismos; ¡cómo van a querer formar parte del mismo país que esos… tan simples y ordinarios! No tienen nada que ver con ellos, solo hace falta escuchar hablar a unos y a otros.

Están totalmente pasados de moda, esto se llevaba mucho en el siglo XVII y en todas las épocas ha tenido su público, pero ahora ya no, ahora lo que se lleva es la naturalidad y el mundo entero se está dando cuenta; los catalanes por su error van a ser de los últimos, y los que se dan cuenta tienen la dificultad de acoplar su costumbre de antinaturalidad a la naturalidad que ya comprenden que deberían tener, tienen un conflicto interno que se aprecia en ellos perfectamente. Estos empiezan a admirar al resto de españoles al comprender también que la naturalidad forma parte de ellos, la tienen sin ningún esfuerzo.

Creerse mejores es también el motivo de por qué caen mal,

porque se les nota mucho que se lo creen y «els espanyols» perciben esa arrogancia evidente. Se le puede pedir a uno que sea bueno, pero no que sea ciego y sordo. No te puede caer bien alguien que te dice a la cara: «Yo soy mejor que tú» y encima con estilo arrogante y narcisista. Pero aun así, los españoles están tan sanos en ese sentido, tienen tal ausencia de narcisismo, que nunca se lo han tenido mucho en cuenta.

Los que ellos han llamado charnegos, han convivido siempre con ellos sin entrar prácticamente nunca en estas provocaciones; no se han rebelado en absoluto, han vivido ignorando eso como si no estuviese en su mente y esto ha sido posible porque efectivamente no lo está. «Els espanyols» hablan y se expresan de forma natural, alegre, desinhibida, sin tener vergüenza ni escucharse a sí mismos si hablan bonito o feo, o estar pendientes de ser elegantes continuamente ni mirándose al espejo todo el rato como una niña anoréxica y pensando siempre en como les están viendo y escuchando los demás. Los españoles se acostumbran desde pequeñitos a la naturalidad, tienen esa mala costumbre porque ya se sabe que como te crías es como serás de mayor, menos los españoles que se crían aquí en Cata, en estos la cosa ya cambia; todos los niños españoles deberían venir a criarse aquí a Cata porque serían més elegants y més sofisticats y hablarían més bonito ☺.

Si «els espanyols» hubiesen sido de otra manera, como me vienen a la mente otros pueblos, hubiese podido haber problemas. Suerte también que els catalans son arrogantes, pero no son nada agresivos, «aisò va en contra de la elegancia», porque si se hubiesen juntado esas dos cosas, hubiese sido una bomba.

La cuestión clave es: ¿por qué les ocurre esto a los catalanes y qué es lo que mantiene ese estilo? ¿De dónde les viene esta forma de ser y cómo consiguen que los inmigrantes y sus hijos se acaben comportando igual? ¿De qué forma influye la lengua? Creo que vemos claro que esto no ha aparecido de golpe después del Estatut; no, de siempre hemos conocido cuál era el estil catalllà, esto ya estaba ahí, lleva ahí mucho tiempo; y ya hubo otros brotes separatistas hace mucho, entonces no fue el Estatut, que nadie nos líe.

Deben entender que hablo en general, esto no vale para todos los catalanes, como cualquier característica de una idiosincrasia no vale para todos, pero sí está del todo extendido y dependiendo de la zona más. Cuesta comprender qué ocurre o de dónde surge más bien; a no ser que se conozca la respuesta del título, que ya sabemos que es por un «virus» generalizado, para llamarlo de alguna manera en forma de símil o metafóricamente, y es que realmente tiene similitudes con la forma que actúa un virus cuando entra en un cuerpo humano, empieza a producir síntomas.

Pero, ¿qué es realmente eso que estamos llamando virus; por qué lo tienen, de dónde sale? Las respuestas lo explican todo. Explica por qué están dispuestos a perjudicarse todo lo que sea necesario por conseguir la independencia. No sirve nada material que se les ofrezca, ningún cambio en la constitución, considerando a Cataluña un estado, país o lo que sea, servirá tampoco. Sabiendo el auténtico motivo por el que quieren la independencia, queda claro que lo único que les serviría es la independencia.

Pero sí tengo la solución. Para comprender que esta es la única solución que funcionará, hay que comprender cómo están funcionando sus mecanismos, sus razonamientos y su psicología. Vamos a recopilar toda la información y procesarla en su conjunto. Justamente esto es lo que deberían hacer los que proponen soluciones alegremente.

Ustedes, señores catalanes, dan mil explicaciones de por qué quieren independizarse, pero la base y lo que están utilizando como argumento principal y también para convencer a los catalanes con orígenes del resto de España es que España les roba y les perjudica. Y todos creen que se quieren separar por eso y se buscan soluciones para eso y están pensando en ofrecerles diferentes cosas para que se les pasen las ganas de separarse. Y a ustedes no se les pasan las ganas nunca. Ustedes promocionan la confusión premeditadamente para que a nadie se le ocurra ir a la fábrica a pararles las máquinas, con las que están «FABRICANT CATALANETS» a toda prisa y sin compasión para los niños, porque ustedes ni se plantean si les está afectando psicológicamente. Su obsesión es tan fuerte que pasan por encima de los niños sin que importen las consecuencias. Y sí les está afectando; estos niños serían diferentes si hubiesen crecido sin esa presión, estarían psicológicamente mejor, sobre todo los hijos y nietos de los inmigrantes.

Ustedes no utilizan el sentido común al tratar el tema conscientemente, porque no les interesa utilizarlo. Al contrario, juegan premeditadamente a despistar el sentido común de los demás, utilizando TRUCOS.

Voy a desvelar aquí muchos de sus trucos.

Yo no tengo los números de las cuentas, de los déficits, de las balanzas…, pero no hacen falta para analizar el asunto con lógica. A mí no pueden despistarme el sentido común con trucos porque yo soy uno de los magos, soy uno de ustedes, o un infiltrado, como ustedes quieran.

Veamos, vamos a poner buena voluntad por las dos partes y vamos a solucionar estos problemas.

Dicen que España les roba; ya se ha hablado mucho de ese tema, yo no lo sé, por eso no voy a entrar por ahí, porque además es una trampa de la que nunca se sale; voy a analizarlo imaginándome cómo lo analizaría alguien sabio, algo muy complicado, pero lo voy a intentar ☺. Alguien sabio buscaría los errores que hay en las dos partes para solucionar los fallos de ambos, porque si solo es uno el que corrige los fallos no se soluciona el problema, quizás se agrava, ya que el que no los ha corregido se quiere hacer el listo y el otro se da cuenta, se enfada y se agrava el conflicto en vez de solucionarse.

Ahora es su turno de mirarse al ombligo y buscar sus errores y las incoherencias de sus planteamientos y de sus actitudes:

Veamos. Comprendiendo el refrán catalán que decía antes, «tal faràs, tal trovaràs» (lo que harás es lo que te encontrarás), a ustedes, señores catalanes separatistas, ya no debería sorprenderles nada más; pero siguen sorprendiéndose. Parece ser que ese refrán viene del latín y es anterior a Jesucristo; es lógica humana pura que ya se comprendía hace miles de años, ¿y ustedes no la comprenden…? No me lo creo, ustedes se hacen los locos, como se dice coloquialmente. Es evidente que si a ustedes se les está perjudicando en algo desde el resto de España, ustedes no están eligiendo el camino más adecuado para evitarlo; «tal faràs, tal trovaràs». Pero ustedes no están dispuestos a renunciar a sus caminos, están dispuestos a asumir los perjuicios, aunque no están dispuestos a dejar de sorprenderse.

Aun así, según dice Borrell, no se les está perjudicando en las cuentas de la forma que ustedes dicen.

Yo no sé si los cuentos los cuenta Borrell en su libro o los cuentan ustedes; sin poder evitarlo me inclino a creer a Borrell, me parece que él tiene una credibilidad fuera de dudas. Pero me ha interesado enfocar el asunto de lo mucho que ustedes se sorprenden de la respuesta que reciben de los demás, porque tengo unas curiosidades sobre lo que harían ustedes en una situación similar y sobre lo que opinan de lo que harían otros:

Me gustaría saber qué harían ustedes en un caso igual. ¿Ustedes le darían muchos recursos y facilidades, sin ninguna preocupación, al «Principat de Girona» si un día tuviese la intención de independizarse de Cataluña, sabiendo que iba a utilizar esos recursos para ponerlos en contra de ustedes, y en perjudicarles (a ustedes y a los unionistas catalanes de Girona), y en avanzar hacia la independencia? ¿Les darían el derecho a decidir? ¿Creen que en otros países sería diferente? ¿Creen que si Cataluña perteneciese por ejemplo a Francia, les concederían el derecho a decidir? O una petición menor, ¿permitirían la inmersión lingüística? Sobre esto pueden hacerse una idea preguntando a los catalanes del Rosselló, que son franceses gracias, señores catalanes, a sus antepasados independentistas. ¿Les hubiese gustado también a ustedes ser franceses? Quizás en este momento no estarían hablando mucho catalán, igual que les ocurre a sus compatriotas del Rosselló, ¿no creen?

¿Conocen algún país que dé el derecho a decidir a sus regiones, si se independizan o no? Me van a querer despistar diciendo lo de siempre, sabiendo como saben perfectamente que no es nada normal en el mundo. Y si no lo es, será por algo y ese algo no será siempre imposición, que ya estamos en el XXI y estamos actuando de forma un poquito más justa.

El mundo no ve normal el derecho a decidir y los países no

lo permiten porque con esto están decidiendo que no es justo.

No es difícil entender por qué los países no lo ven justo. Que una persona viva en una región u otra de un país no le da derecho a quedarse con ese territorio, porque todos han contribuido a formar el país. Cualquier persona del país podría estar viviendo en esa región y los que están en esa región, por circunstancias de la vida de sus antepasados, podrían haber nacido y estar viviendo en otra región. Ese país se formó y consiguió mantener toda su extensión gracias a la sangre derramada de personas de todo el país. Hemos de darles las gracias a todos nuestros antepasados, de los que muchos murieron luchando, porque son los que nos entregaron nuestro país.

Los catalanes de padres, abuelos, bisabuelos, tatarabuelos… catalanes, pueden tener alguna confusión sobre esto y les aclararé luego que están confundidos, pero no pueden tener confusión los que acaban de nacer en Cataluña, que son descendientes de abuelos de otras regiones y que están queriendo quitarles el territorio a sus primos, traicionando, así de claro, ¡traicionando! a sus antepasados que murieron por defender ese territorio y por entregárselo a TODOS sus descendientes ENTERITO. ¿Qué derecho tienen estos primos a quitárselo a sus otros primos? Son unos inmorales, ladrones y unos EGOÍSTAS, así en mayúsculas, a ver quién defiende que no lo son. «Es que si me quedo la Catalunya, yo seré ric». Pues reparte esa riqueza que no es tuya con tus primos, cabró ☺. No os ofendáis, chicos independentistas, las mayúsculas y las palabritas malsonantes son solo para darle un poco de energía al tema.

La confusión de los catalanes de origen catalán debe disiparse al comprender que si vas hacia atrás, vas a encontrar un antepasado común con todas las demás regiones. Porque según ustedes, ¿a partir de qué año hay que contar, cuando surgió la palabra Catalunya?, ¿y por qué no diez o veinte o cien o mil o dos mil años antes? Tienen la mala suerte ustedes y la verdad es la que es, no se puede cambiar, que cuando surgió la palabra Cataluya, hacía muuuchos siglos, milenios, que estaba dentro del territorio que ya se llamaba Hispania; e Hispania tuvo que defender ese territorio, en muuuchas ocasiones, incluso cuando ya se llamaba España. Aunque murieron muchos antepasados de todos, incluidos de ustedes, por mantenerlo dentro de Hispania, ahora se lo pueden quedar ustedes sin problemas y sin esfuerzo, ¡eh! Nuestros antepasados lo han traído hasta aquí, que ahora ya nadie invade nada, bien cuidadito y ahora se lo regalamos gratis para que puedan estar felices y tranquilos ya para siempre. Mi tatarabuelo, al que mataron en la guerra del francés, me escribió una carta después de morir diciéndome que les diera el territorio a ustedes, incluso si quieren un poco más no hay problema, sírvanse ustedes mismos ☺ .

Y es que también pueden mirárselo desde este lado. Los países se formaron y su integridad territorial tuvo que defenderse durante mucho tiempo. España llegó a tener más territorio del que tiene, y en los últimos de esos tiempos de tener que defender los territorios, España perdió algunos. Estuvo a punto de perder Cataluña también, pero no ocurrió. Yo apuesto que, de haberla perdido, Cataluña no se hubiese mantenido independiente, eso hubiese sido imposible en aquellos tiempos; España no la estaba perdiendo ante la nada, sino ante los franceses; de hecho, estaban ya los franceses dirigiéndolo todo en Catalunya. Los franceses eran los que mandaban hasta que llegó nuestro ejército español con muchos miles de soldados españoles, entrando por el sur, expulsándolos hacia el norte. Ocuparon territorio en varias ocasiones y en todas los expulsamos; nos queda la pena del Rosselló sobre todo, por ser ahora la frontera, pero en la historia se perdió mucho más territorio por falta de la suficiente unión. No sé cuántas veces les voy a decir esto a lo largo del libro y si serán suficientes; apuesto a que ustedes no hablarían su amadísima lengua en este momento si Catalunya perteneciese a Francia. Pero «doesn't matter», que hay que ser ya internacional, no importa, porque a ustedes no les sirven razonamientos a causa del virus, aunque no está de más que los escuchen.

Ningún país en todo el mundo cree justo que las gentes de una sola región decidan sobre la integridad territorial del país y es porque realmente no es justo. Hoy en día ya, la tendencia cada vez más general es dirigirse hacia la cordura y tener a los locos controlados, que en todos los países los hay. Los que no hacen esto bien van mal, porque los locos son muy malos y peligrosos para todos, sean del país que sean, y no porque se reproduzcan rápido son menos locos, sino que es precisamente el efecto que se produce cuando hay una gran locura, o una locura de las grandes. Lo hemos visto otras veces en la historia.

Cada caso tiene sus propias circunstancias y para que ustedes me convenzan de que su caso es justo, van a tener que tener en cuenta TODO, cosa que no están haciendo porque se hacen los listos y no están siendo limpios, utilizan trucos y sistemas inmorales y «els espanyols» no son tontos.

La facilidad con la que consiguen convencer de que el «dret a decidir» es lógico, como si fuese lo habitual en todos los países democráticos, es un truco que hacen con una habilidad tan fantástica que me deja con la boca abierta. Parece como si tuviesen la capacidad de vaciarle la cabeza a la gente para no permitirles pensar con lógica, esto a veces parece un sitio de locos; ustedes lo repiten y lo repiten como un mantra y muchos dicen «claro, claro», queda como algo muy lógico. Pero es un truco que ustedes utilizan conscientes de que es un truco. Y le dan vueltas al derecho a decidir con diferentes argumentos y hablando con seguridad de que es normal, y ya está, ya es normal. «Però aisò es la democrasia, votar». Les interesa que penetre en las mentes como algo normal, le dan vueltas conscientemente buscando que no quede la menor duda de que es normal, se les nota mucho esa intención, y lo consiguen; para muchos ya no existe en su mente la mínima posibilidad de que no sea lo justo y han conseguido que ni siquiera se lo hayan planteado nunca con una mínima profundidad.

Después incluso la gente se escandaliza, «¡pero cómo es posible que no nos dejen votar!», ya que en todo el mundo las regiones votan todos los años si se quedan en sus países o no ☺, y se alteran y se indignan… Mientras tanto, la máquina «dels catalanets» no para. Cuanta más gente convenzamos, más lógico será. ¡Tramposos! Lo que yo me pregunto es si esto en otros países no es un delito… me parece rarísimo que no lo sea, porque con este sistema la independencia es segura tarde o temprano. Y más sabiendo la respuesta del título.

Dentro de un poquito ampliamos esto.

A ustedes el virus les tiene cometiendo errores hace ya demasiado tiempo, el virus es muy peligroso para ustedes mismos, se pueden perjudicar mucho a causa de él, de hecho está ocurriendo mucho, no solo a nivel regional, sino también mucho a nivel individual, que cuando uno está errado las cosas personales empiezan a descuadrase, porque se confunden prioridades y se yerra en coger los caminos correctos.

Fíjense bien que voy a decir una barbaridad: me pregunto si una de las muchas consecuencias que pagamos todos de su ya antiguo error, de su virus, es haber tenido una dictadura recientemente que duró cuarenta años. Su lema era «Una, Grande y Libre». Este lema suena como a que su integridad territorial estuviese amenazada. ¿Alguien amenazaba la integridad territorial de España en el siglo XX?, ¡qué raro! Franco no tenía miedo de Hitler y en el siglo XX no había nadie más que invadiese países, al menos en Europa Occidental. España desde luego ya no corría riesgo de invasión de Francia. ¿Quizás Franco pensaba en Marruecos cuando puso ese lema? Yo creo que pensaba mucho más en los separatistas catalanes. Gracias a estos, él se sintió legitimado para poner ese lema y quizás fue uno de los motivos principales que le empujó a empezar su aventura. No será casualidad que en el lema puso eso y no otra cosa. UNA significa una sola, no había muchos más, aparte de los separatistas catalanes que amenazasen lo de UNA. De hecho, quizás su mayor atención la puso en Catalunya y en sus separatistas, eso lo notaron ustedes, ¿verdad?

Es solo una posibilidad a plantearse, ¡eh! Si esto fuese así, es una prueba de que los locos son peligrosos para todos. En locos incluyo a muchos, en este momento a los protagonistas, Franco y los separatistas catalanes. Va a ser que los separatistas se quejan todos los días aún de Franco y nos echan la culpa a los demás españoles, cuando quizás son ellos los más responsables entre todos nosotros, de haberle empujado a empezar el lío y a sentirse legitimado a hacer lo que hizo. O sea, que ellos se quejan todos los días y le echan la culpa de su represión a los españoles como si todos fuesen Francos y quizás por su culpa compartida con otros, tuvimos que sufrir los demás una dictadura de cuarenta años. Los demás que no nos quejamos, escuchando todos los días las quejas de los locos que nos jodieron bien a nosotros. Díganles a sus antepasados separatistas que para obtener ese resultado tan bueno se podían haber estado calladitos y haber calculado mejor, y si les salió mal el cálculo y provocaron a su enemigo y luego venció, no nos culpen a los demás de su desgracia, ya que todos los españoles sufrimos una dictadura, no solo ustedes y cada uno tendrá que asumir su parte de culpa, pero por supuesto ustedes no tienen ninguna y las regiones que eran más neutrales y que no provocaron nada ni a nadie son las culpables de su desgracia en realidad, pero no se preocupen que lo pagaron caro con cuarenta años de dictadura.

Los locos son muy peligrosos porque te joden y ni siquiera reconocerán nunca sus errores, por lo que te volverán a joder en cualquier momento.

Esto me recuerda de nuevo a los niños, o a muy jóvenes, que te pueden hacer un daño tremendo sin ni siquiera darse cuenta, por su inconsciencia, que no les permite aún tener la suficiente empatía con los demás, son egoístas y no se ponen en el lugar de los otros por su todavía incapacidad cerebral. Es habitual que los adultos, a causa de sus suciedades mentales, sean incapaces también de llegar a tener la suficiente consciencia para comprender el daño que causan; por lo que hay que ir con cuidado porque hay daños que no se pueden recuperar, ellos no lo comprenden y nunca lo reconocerán y muy habitualmente son asuntos no reclamables por la ley.

Pero lo de Franco es solo un ejemplo a estudiar. La historia hubiese sido radicalmente diferente si los catalanes hubiesen sido siempre españolistas, quizás ni se hubiese escuchado nunca el nombre de Franco. La culpabilidad en la pérdida de su propio Rosselló es clara, y que los historiadores me expliquen cuánta responsabilidad tienen de que Portugal no siga siendo Hispania, como siempre fue, que creo sí tienen responsabilidad, y también de otros territorios que se perdieron; que me expliquen los historiadores la inestimable colaboración de los catalanes en estos asuntos de tan poca importancia. Toda la historia después del 1700 y unos años antes, hubiese sido muy diferente sin la colaboración de los separatistas. Creo que el virus les fue contagiado por los franceses; ellos son los que nos desestabilizaron el país y nos dejaron el regalito cuando se fueron, un regalo tan grande que todavía nos dura. A partir de ese momento, los separatistas fueron «una pedra a la sabata (zapato)» para todos los reinos y gobiernos en Hispania, sin disculpar tampoco a ningún bárbaro ni ninguna barbaridad de las se hacían en aquellas épocas, y que no tiene nada que ver, afortunadamente con lo de hoy; aun así, el posicionamiento actual de los separatistas es más de lo mismo que ha ido ocurriendo periódicamente después de la expulsión de los franceses, que aunque estuvieron pocos años, contagiaron un mal bicho que no hemos conseguido erradicar. Los franceses sí han sabido erradicar todo lo que han querido, pero no sigamos su ejemplo, como lo cierto es que nunca hemos hecho; por supuesto, consigamos también acabar con los comportamientos que nos perjudican a todos, pero nosotros actuando como seres con alta consciencia.

No podremos saber nunca qué retraso llevamos con respecto al nivel que tendríamos en este momento, sin la inestimable colaboración de nuestros milenarios queridísimos compatriotas separatistas catalanes.

Por todo esto, podría ser indignante estar soportando sus cosas y sus trucos. Pero alguien sabio no pierde el tiempo en indignarse, lo que hace es actuar. Yo lo sé porque un sabio me lo dijo. Por eso quiero desvelar sus trucos, porque hay que acabar con ellos…, los trucos… El taxi… me lo paró…

Conozco todos sus trucos, como el de no querer hablar del tema lingüístico; «no, aquí no hay ningún problema, no hablemos de ello, está todo bien».

Con este truco llevan más de treinta años presionando a los niños ya en la guardería, para que no hablen la lengua de sus padres. «No, aquí no pasa nada, está todo bien, cambiemos de tema».

Que por cierto, presionarle es algo muy bueno para un niño,

los psiquiatras lo recomiendan siempre. Hacerle ver desde peque-ñito que si habla en una lengua es más guapo y mejor que si habla en otra, es muy bueno para él. Además de que lo vamos educando en clasismo, le hacemos coger complejo de sus raíces, esas feas que tiene, porque a la vez le vamos explicando que ser català es mucho mejor que ser un feo y tonto español de esos. Porque ustedes les di-cen eso, o se lo hacen entender, que es lo mismo. «Nosaltres no, no, ¡cómo dices eso, facha, cómo vamos a hacer eso!, los niños hacen todas las asignaturas en castellano. Parlemos de una altre cosa».

Cuando el niño se hace mayor, no veas lo orgulloso que esta del «seu accent catalalllla» y cómo rechaza a España y esa lengua castellana tan fea que no habla nadie y que no le va a servir de nada en la vida (esto de que no lo habla nadie no se lo dicen porque no colaría, ¡eh! Es una ironía mía ☺). Se siente orgulloso de su asento català, porque nota que así es mejor considerado y él mismo es uno más de los que ponen mala cara a los que hablan castellano. «Nooo, esto no está ocurríínn, aquí está todo bien, no hay problemas. ¡Qué vaa!».

Lo que hacen muchos padres es hablarle directamente al niño en catalán desde que nace para evitarle problemas cuando lle-gue al colegio. Escuchas a esos padres por la calle hablando a sus hijos de dos años con su asento català acharnegado, que a algunos se les nota que les cuesta, pobrecitos, «Maneeé, ven capa acá, que ten va a atropellá un cotxe».

Cuando el niño se va haciendo mayor, él mismo se encarga de catalanizar a sus padres, «ser català es molto mijor», los padres se dejan, ¡qué no harían para evitarle problemas a su niño!, y así toda la familia es independentista porque se sienten integrados y aceptados por los demás y van con su bandera estelada a las mani-festaciones independentistas, felices, «nosaltres tambiem som ca-talans!».

Este es otro truco: «No, si en Catalunya los niños saben mu-cho castellano; aunque nunca lo hablen, saben muchísimo, mira las notas que sacan en la asignatura de castellano. Es que aquí son muy listos, no necesitan hablar para saber más que los demás». Sin duda van a salir un montón de Cervantes de las últimas hornadas de «catalanets»; el dominio de la lengua es profundo sin necesidad de hablarla nunca. Y no paran de repetir que las notas son muy buenas. ¡Cínicos, deccaraos!

El truco anterior va junto con este: «Además, solo hay algún padre que protesta de vez en cuando, eso no es nada; nadie quiere que su hijo practique mucho castellà, con lo que aprenden por ahí ya tienen bastante, ¿para qué más si es una lengua que no sirve para nada?». Por si acaso, tenemos acojonados a los papás porque cuando a alguno se le ocurre decir que no está de acuerdo sale siempre en las noticias e inmediatamente convertimos a su niño en un paria entre sus compañeros del colegio. Mira, mira, qué contentos están todos los padres de que sus hijos hablen solo en català, aquí nadie protesta. Papás, mirad como si habla català el niño es más guapo y tiene más clase. Para uno que otro tonto que protesta, no vamos a hablar del tema. Sssss, todo el mundo calladito.

Que no se me olvide este truco: los independentistas empezaron a surgir hace pocos años por los desacuerdos con los gobiernos de España y sobre todo por el Estatut, antes no había independentismo. Pujol no era independentista, mira qué bien se llevaba con los presis españoles. Ellos fueron incluso los que le dieron las máquinas con las que él montó la fábrica de «catalanets» en las escuelas, con la immersió, y además le dieron vía libre para que fabricase todos los que quisiera, de la forma que quisiera y todo lo rápido que quisiera. Realmente, solo unos presis amigos muy buenos te permiten algo así. Y se lo permitieron porque él no era independentista… O quizás porque los presis eran «tons». Él sabía perfectamente lo que quería conseguir, cuando tenía esos encuentros tan amistosos, simpáticos y divertidos con los presis, busquen imágenes de aquellas afectuosas reuniones y verán. Les engañó con el mismo cinismo que están teniendo todos los jefecitos separatistas cuando hacen sus trucos. Seguramente, les decía: «Si castellà aprenden igualment, home!, es para que así sean todos iguales y más amiguitos». El Jordi es muy hábil, nos estamos enterando ahora de sus muchas habilidades. Y lo interesante sociológicamente es que funcionan los trucos.

Pero creo que los Mas, etc., sí llevan a sus hijos a escuelas que se hablan las dos lenguas. Parece que sí creen que a sus hijos les será útil dominar lo mejor posible esa lengua castellana que no habla casi nadie en el mundo.

Los andaluces, extremeños y demás que se olviden del castellano y que hablen solo catalán. Y lo consiguen, muchos hablan solo catalán, en el colegio, en casa y siempre. Ellos no tienen el más mínimo remordimiento de que esto pueda perjudicar a los cientos de miles de niños, y las puertas que se les cierren al tener menos dominio de la segunda lengua más estudiada del mundo. Incluso dicen que serán unos Cervantes en el futuro porque sacan mejores notas en la asignatura de castellano que los demás. Debe ser porque les enseñan donde van los acentos, pero no pueden tener el vocabulario de Cervantes si nunca lo hablan. Pero sus hijos que sí hablen castellano en sus escuelas privadas y que lo dominen lo mejor posible.

Se revuelven las tripas de que sean tan deccaraos, son como psicópatas que te joden y lo esconden con mentiras rebuscadas y planeadas sin ningún remordimiento. Se ponen todos de acuerdo para decir lo mismo y cada vez que sale el tema, repiten lo mismo todos exactamente igual.

Se me ocurre una forma para que les den el derecho a decidir, voy a hacer un truco. Vamos a proponerle un trato al estado español: van a permitirle ustedes al estado español que ahora sea su turno. Que como han hecho ustedes, ahora se pase treinta años inculcando patriotismo español en las escuelas de Cataluña y en TV3, y que durante treinta años haya una inmersión lingüística en castellano. Así, después de treinta años cada uno, que es lo justo, se hace la votación. Además, de esta forma sí aceptaremos que después voten los de dieciséis, como ustedes muy hábilmente están proponeniendo ahora, ¿vale? ¡Qué listos son!

¿Qué les parece mi truco? Yo soc català, home! Soy muy bueno en trucos, he aprendido mucho de los suyos, los conozco profundamente (Ja se que s'escriu jo home!, es perque m'entengui tothom). ¿Qué les parece, aceptan el trato? De aquí a treinta años se hace la votación y verán que todos los niños educados en patriotismo español votan NO a la independencia.

El derecho a decidir es lo justo, «homeee!», pero la campaña electoral tiene que durar lo mismo para los dos, no hagan trampas. Nos peleamos un tiempo para ver quién convence a más niños y luego se vota.

Era broma, el derecho a decidir no es justo si solo votan los de una región. ¿Quién es mi primo para quedarse para él solo, un trozo del terreno que nuestro abuelo nos dejó en herencia a todos, sin preguntarnos a los demás?

Al menos, si solo pudiesen votar los que llevan a partir de cincuenta generaciones en Cataluya, me lo harían plantear, eh, senyors catalans! ¡Pero quién es mi primo para decirme que me lo quita!, ¡si nasió aquí conmigo a veinte kilómetros de Badajó! Pues ahora que se venga él a cuidar a la abuela, que es tan abuela suya como mía, y el cara dura se ha desentendío totalmente, y yo me voy pallá y me la quedo yo la Catalunya, ¡vaya morro tiene el tío!, ensima de ve en cuando nos pide que le enviemo un jamón pata negra, una otia le voy a enviá.

Sean ustedes valientes, señores «catalans independentistes de origen», y digan la verdad de lo que piensan. Ustedes están utilizando a mi primo para que les libere la Catalunya que consideran suya y no de mi primo.

Voten ustedes solos, los de mínimo cincuenta generaciones y trabájenselo ustedes solos. No estén utilizando a mi primo y metiéndole ideas de diferenciación con sus familiares, que por su obsesión están ustedes dispuestos a todo. Que si ustedes no le hubiesen metido esas cosas en su cabeza, que en realidad son de ustedes, él no las hubiese adquirido por sí solo. Ahora mi primo está muy intratable, se ha vuelto egocéntrico, egoísta, tiene un comportamiento extraño y poco natural, nada espontáneo, tiene un comportamiento català independentista. Tiene mucha clase ahora, buuuf, una clase tremenda, ahora ya no habla andalú, ahora parllla catalalllà y no se le escapa ni una sss sonora, y cuando se le escapa lo esconde a toda prisa avergonzado para que no se note, y tiene una actitud señorial y elegante, está siempre muy serio y se ha vuelto un aburrío. Él no era así y ahora me parese un tío mu raro. La diferencia entre él y los que nos quedamos en Andalusía es grande. En el estilo, ya lo tienen ustedes claro, una diferencia evidente, pero hay más; mi primo catalán es como tímido, como acomplejao, está como contraído, como que no se suelta, no expresa emociones, habla poco, se ríe poco y sin ganas, tiene una forma de hablar muy estudiada, de moverse igual, de comportarse igual, parece como si estuviese preocupao de si los demás le observan. Ese chico no está tranquilo, no es natural, no es espontáneo, es todo cálculo y pose, y encima parece que crea que él es el normal y nos vea a nosotros como ignorantes, como inferiores. Piensa que él tiene mucha clase y nosotros ninguna. Pero es él el que está jodío, no es capaz de exteriorizar sentimientos, ni siente, ni disfruta la vida. Mi primo es tan diferente a nosotros que está claro que su personalidad ha sido determinada totalmente por el lugar donde ha crecido, porque si se hubiera quedado aquí sería como nosotros. Mi primo no es él mismo, es un actor concentrado en todo momento en si está haciendo bien el papel catalllà.

Esto no es en absoluto exagerado.

Si ustedes apreciasen a mi primo de verdad, no le estarían haciendo eso, por su interés etnocentrista, ególatra, egoísta, y sin importarles las consecuencias para él. Utilizan a mi primo para que sume. Que ustedes no son «set milions», ustedes son dos como mucho. Si no hubiesen ido mis tíos y mis primos para allá, serían muy poquitos y muy pequeñitos. Su PIB sería una tercera parte.

Esto es de entrada para que tengan claro que tienen que dejar tranquilo a mi primo, no meterle cosas suyas en la cabeza y dejar que hable castellano cuando quiera. Pero después les voy a explicar también, dándoles aún más argumentos válidos, no como los de ustedes que son trucados, por qué ustedes no tienen tampoco derecho a quedarse con este territorio para ustedes solos, aunque lleven muchas generaciones viviendo en él.

Ustedes se pasaron un montón de años diciendo «que se vayan estos charnegos»; como no pudieron echarnos, se hicieron listos y pensaron, «los adoctrinamos y así tenemos más fuerza», pero son ustedes los mismos de antes, igual que no les importaban mis primos antes, ahora siguen sin importarles y los utilizan sin pensar si les joden o no. Además, son sus primos también, pero «el motivo» les hace a ustedes tan malos que hace tresceintos años que reniegan de ellos y estarían felices si consiguiesen que solo supiesen hablar català, ya que es una lengua internacional, la hablan un poquito por ahí lejos, no sé dónde me dijeron, y que no hablase ni una pizca de castellano, «total, ¿para qué?, si no les va a servir de nada y ser catalllà es lo millor del mon».

La independencia o no de una región de un país no se puede basar en quien tiene más habilidad para convencer a los niños. Que no tienen ustedes escrúpulos y me los traumatizan por conseguirla, ¡senyors!

Tampoco se puede basar en quién tiene más habilidad de convencer a los adultos, sobre todo si se hacen trampas. Solo ustedes están haciendo campaña, todos los días, año tras año, década tras década. Y deben ser ustedes muy malos convenciendo porque aun así no tienen ni el 50 %, pero claro, que si no paran nunca, lo tienen que conseguir algún día, homeee!

A ustedes se les da la mano y se cogen el brazo. Los españoles son gente buena, razonable, les permiten lo que no permitiría ningún país (díganme uno, ¿Francia quizás?), y ustedes lo utilizan para convencer a los niños, para introducirles ideas inmorales en su mente, dañinas, y en treinta años tienen miles de españoles, de padres españoles, renegando de España y con un pensamiento único: «Som catalans, visca Cataluya lliure».

Esos niños tienen tal madurez mental, tanta experiencia en la vida, que tienen claro que no se equivocan y defienden el catalanismo a muerte, irían incluso a la guerra contra sus primos.

Miren, senyors, si se sabe hacer y coges un niño desde pequeñito, a los veinte años es un ultra de lo que quieras y ustedes han sabido hacerlo muy bien. Pero lo que diga un chico de veinte años no cuenta para algo así, aunque ya pueda votar, porque a ese chico a los cuarenta le habrá cambiado la opinión de mil cosas en la vida y a los cincuenta más cosas, porque a los cuarenta aún se es un niño. Y no duden de que está más en lo cierto el de cincuenta que el de veinte. Si quieren analizamos esto también, pero pregúnteles por ejemplo, y no tiene nada que ver, pero sí lo hace comprender bien; pregúntenles a los exetarras que hoy en día tienen cincuenta o sesenta años y están muy arrepentidos de lo locos que estaban y del daño que causaron a los veintipico o treinta y pico, y que están pidiendo perdón, diciendo que comprenden que las víctimas no puedan perdonarles. Con la edad, es lo habitual y lo deseable, que adquieras consciencia de cosas que cuando eres joven tienes, se es mucho más inconsciente en la juventud. Y quien sea muy consciente en la juventud, lo será más aún cuando tenga más edad.

Por eso la votación que piden sobre el derecho a decidir es un truco. No necesitan hacer la votación porque ya tienen mil referencias y siempre saben cómo van las encuestas. ¡Está ajustada la cosa, eh! Esperen, que vamos a hacer una lucha a ver quién convence a más niños para ver quién consigue decantar las encuestas. Hace treinta años hubiésemos ganado de calle los del NO, estarán de acuerdo en eso, las encuestas estaban muy claras. La explicación del cambio según ustedes es el Estatut. Son unos magos haciendo trucos si lo decimos eufemísticamente, porque si lo decimos con las palabras que se ajustan a la realidad, son unos tramposos inmorales que ocultan la realidad y embaucan a las personas.

El Estatut fue la excusa, el pistoletazo de salida que estaban esperando hacía mucho (lástima que llegó demasiado pronto, con un 70 % hubiese estado mejor), para lanzarse ya abiertamente a la campaña intensiva que ya no ha parado, y que llevaba incubándose más de treinta años.

Sí, senyors, cuando lo del Estatut ya hacía treinta años que estaban preparando el salto, fabricando patriotas catalanes e inflando a todo el mundo en contra de España. Sean sinceros con los pobres españoles, no les engañen de esa manera que muchos se sienten mal y se arrepienten de no haberles dado el Estatut, díganles la verdad, que es que con Estatut o sin él estarían haciendo lo mismo.

Este es el motivo de la variación de las encuestas, sus trampas. Solo un bando haciendo campaña, una campaña intensiva que utiliza trucos inmorales y que no le importa utilizarlos con niños. Esta es la realidad, pero no busco convencerles, solo que lo oigan. Cualquier psiquiatra sabe que a un loco que está muy loco y que solo ve su propia realidad, no lo va a curar solo con palabras.

Vamos a hacer la competición, con el objetivo al final de hacer la votación, pero ya no estará permitido que jueguen con ventaja. A pesar de la ventaja en años que nos llevan, vamos a ser buenos y lo haremos en igualdad de condiciones; nos tenemos que repartir las escuelas, la mitad para ustedes, la mitad para nosotros. Así en iguales condiciones cogemos a los niños, los adoctrinamos cada uno con su rollito, sin importar las consecuencias para ellos, que hasta ahora es lo que han hecho y solo lo han hecho ustedes, y a ver quién gana. Oiga, que ser español también está bien, eh, tiene muchas cosas chulas. Ustedes como están obsesionados con «el seu catalanisme» y su «llengua» tan bonita, que tanto disfrutan pronunciando cada «so», sonido pa quien no entienda, que alguno disfruta tanto que parece que en cualquier momento vaya a tener un orgasmo; como están tan metidos en lo suyo, digo, no ven que ser español es de pm y tenemos una imagen en el mundo de pm, de simpáticos, alegres, naturales, no prepotentes, de buena gente, de gente agradable, tratable, caemos bien, pregunten por ahí, ya verán. Además, nuestra historia es apasionante y hemos sido protagonistas en la formación del mundo que tenemos hoy. De nuestro idioma castellano, ¡qué les voy a contar! ¿Cómo pueden renegar ustedes de eso? Todos los demás españoles estamos muy orgullosos de serlo y somos muy patriotas españoles y nos emocionamos al escuchar el himno español y ese nombre, que es el nombre común para todos, que no nos fue impuesto, hace miles de años que existe Hispania. No elimina los otros nombres, todos estamos orgullosos de nuestra comunidad y de nuestra España a la vez. Solo estando muy equivocado se puede ver de otra manera. Viajen y cuando digan que son españoles van a ver una sonrisa de simpatía en las personas de otros países. Que ustedes se han comido el coco a ustedes mismos y creen que no es así. Vayan con el pensamiento recorriendo países y verán que todos tienen defectos, que tampoco nos lo ponen tan complicado para dar buena imagen. Todos en el mundo están bastante locos, si no es por una cosa es por otra, incluidos nosotros por supuesto.

O sea, que los españolistas tenemos muchas cosas que ofrecer a los niños, cosas reales y moralmente de altura. No tengo duda de que les ganaremos en la competición, nuestra historia es probablemente la más apasionante de todos los países del mundo y nuestro nivel moral y de consciencia hoy en día está a la vanguardia.

«Sí, nivel moral, como los toros».

A ustedes siempre se les ocurre algo que decir, ¡eh! Así es como lo hacen con los niños, ¿verdad? Hagan una encuesta en España y verán como sale una mayoría aplastante en contra de los toros. Aún seguimos siendo todos unos bárbaros, incluidos ustedes, que las cosas han ido muy despacio hasta hace poco en ese sentido, pero la velocidad ya ha cambiado, esto va a ir muy deprisa ahora, los jóvenes verán cambios radicales hacia una moral y una consciencia superior a la que tenemos, la facilidad y velocidad de las comunicaciones ya están consiguiendo esto, no es casualidad que el cuestionamiento a los toros esté ocurriendo recientemente.

Ahora, cualquier actitud chirriante moralmente queda en evidencia rápidamente en el mundo entero. Por ejemplo, la actitud que están teniendo ustedes ahora tiene una imagen tercermundista de cara al exterior, están adquiriendo una imagen antipática, pero ustedes de esto no se dan cuenta ni se lo creen, y es predicar en el desierto. Oriol le decía a Margallo en su debate, cuando este buscaba antecedentes para saber cómo les había ido a lugares donde había habido procesos de separación, y hablaba de países africanos, URSS, Yugoslavia… Oriol le decía alterado: «¿Pero por qué pones ejemplos de estos países? Me ofendes» y el otro decía: «Bueno, Oriol, hijito, tranquilo, no te pongas tan nervioso, cariño; te pongo el ejemplo de Texas, ¿te gusta el de Texas? Bueno, pues Texas en el mil ochocientos y pico…» ☺.

Oriol se ofendía, pero es lo que hay, no hay más, no hay otros. Luego les explico hacia dónde va el mundo a ver si alguno de ustedes, que sea solo tuerto y no ciego, como la mayoría de separatistas, intuya al menos la realidad actual y que se están quedando a la cola del tren en cuanto a «comprensión», pero, tranquilos, que no están solos, ¡aún quedan!; quedan muchos clasistas, xenófobos, racistas, etnocentristas, separatistas, egoístas. Todos convencidos de lo suyo y con mil argumentos para darle a los demás. Es imposible hacerles ver alguna luz, tendrían que volver a nacer, por lo que la esperanza está en sus hijos, no en ellos. Si Cataluña se separa de España, en no muchos años, se volverá a juntar en una unión aún mayor. Esto llega muy tarde, señores, hace cien años no chirriaba tanto plantearlo, pero ahora ustedes están en la cola acompañados con todos los demás intolerantes. ISIS va en el vagón de atrás también, cuidado con ellos que son peligrosos.

Pero de momento, hasta que les explique hacia dónde va el mundo, les digo que además de los toros miren también su ombligo en cuanto a barbaridades, que son las cosas que hacen los bárbaros, que se creen ustedes superiores a la especie humana, sobre todo a la especie española, y es que están ustedes subiendo a niños a alturas de edificios de ¡cuatro o cinco pisos!, que no es un torero adulto, o sea, que no lo hace voluntariamente, sino que les hacen subir ustedes a la fuerza o adiestrándoles, que es lo mismo, y no es tampoco un animal. ¿Cómo lo deben hacer ustedes para que suban a esas alturas niñas y niños de cinco años que están temblando de miedo? Porque son niños muy pequeñitos y no tienen todavía el carácter ni el entendimiento para revolverse a la presión que ustedes les meten para conseguir hacerles subir ahí y a esa locura, si lo tuvieran, con el miedo lógico que pasan, les dirían que suban ustedes. A mí mismo me gustaría ser uno de esos niños y decirle al gordo de abajo que suba él. Muchos llegan arriba temblando, levantan el brazo décimas de segundo y bajan a toda prisa aliviados. Abajo están los papás muy nacionalistas metiéndoles presión para que lo hagan, ¿qué tipo de papá es ese? Me imagino yo siendo niño, porque aún me acuerdo, y haciendo algo como eso, siempre con miedo, ¡qué tortura!, algunos tienen que acabar traumatizados. Hay vídeos hechos por cámaras que llevan los niños, donde se puede ver la altura impresionante y a veces, cuando están entrenando, la poca base de personas que hay abajo, que da la impresión de que si caen puedan ir directos al asfalto, parece que no ocurre porque caen en vertical, aunque me da la impresión de que de vez en cuando tienen que rodar hasta el suelo; la visión que tiene el niño desde esa altura es espeluznante, he visto vídeos que me producen vértigo, acrofobia. No podrían nunca convencerme de que hacer subir a un niño de cinco, o seis, o siete, o doce… años a una altura así es normal, tampoco que ha sido idea suya hacerlo. Tampoco entiendo por qué no está prohibido, yo lo prohibiría sin dudarlo un momento. Un niño no es alguien en plenitud de facultades de entendimiento, le protegería de sus padres locos. He visto niños y niñas llorando porque se acaban de caer y les hacen volver a repetirlo, y a algunos dando excusas de que lloran por otros motivos, porque les tienen presionados y no se atreven a reconocer su miedo. La única explicación para que alguien le haga hacer eso a un niño es una obsesión muy grande, enfermiza, por creer que es una parte importante de la cultura y hay que mantenerlo; démonos cuenta de que son los padres los que les hacen subir. Pregúntense los que lean esto si permitirían que su hijo de cinco años subiese a una torre humana de quince metros, que la mitad de las veces se cae cuando el niño está arriba; las más altas se caen todas las veces, porque lo intentan y lo intentan y no consiguen que el niño baje antes de que se caiga la torre.

Miren su ombligo, señores, ya sé que ustedes lo suyo lo ven normal y les digo sinceramente que no comprendo cómo pueden ver algo así normal. Pero miento, sí sé por qué es, es «el virus». Les recuerdo que solo hace cuatro días que les han puesto casco y solo a los de arriba. Después de muchos traumatismos de niños, murió por fin Mariona. Tuvo que ser un médico con apellido más típico español aún que Pujol, quien les aconsejara que les pusiesen casco en las competiciones y una empresa murciana se los fabricó.

Si no hubiese ocurrido, probablemente seguirían sin ponerles casco; ustedes con lo preocupados que están por su imagen en el mundo, son tan bárbaros como los demás o más incluso; no se daban cuenta de la imagen bárbara que veían en todo el mundo los cuerdos, de NIÑOS subiendo a esas alturas sin ninguna protección.

Los catalanes hacen «human towers» «oh, fantastic people», son igual que los indios que también las hacen.

Ya sabrán ustedes que no son los únicos, en la India también se hacen. Ahí están ustedes codeándose con los países importantes, la India es una superpotencia, ha hecho incluso pruebas nucleares. Ustedes no han llegado a esto, pero por otro lado les han superado porque ya no tienen parias abiertamente como tienen ellos, ustedes ahora les dan la oportunidad a los que quieran dejar de ser parias, de que hablen català, se traduzcan al catalán el nombre en el DNI y así ustedes a cambio hasta les dejan de poner mala cara. Aunque no van a ser nunca igual que ustedes, es mucho más de lo que hacen los indios, que no dan ninguna concesión a sus parias.

O sea, que, señores «trabucaires», hagan ustedes su parte a la vez que le miran el ombligo a los demás. Hagan conocer al mundo la sardana, que es muy divertida y refleja bien la idiosincrasia catalana, por lo divertida y también por lo pacífica que es y dejen de ser bárbaros subiendo a niños a esas alturas y dejen de seguir metiendo en la cabeza de los niños ideas dañinas, separatista, clasistas, etnocentristas, egocentristas, egoístas ¡QUE SON NIÑOS ESPAÑOLES!, con raíces hispanas milenarias, que tienen mil motivos para estar orgullosos de ello, no les hagan renegar de algo tan grande; eso solo les va a perjudicar y de mil maneras, que solo cuando tengan cincuenta años podrán empezar a comprender y empezar a sanarse la mente.

Y es que nosotros a ustedes sí les comprendimos, «sí, sí, es cierto que Franco limitó mucho el catalán y en las escuelas no se hablaba nada…, vale, vale, pobrecitos, eduquen en catalán…» y ustedes van y hacen lo mismo que Franco.

No sé cómo lo habrán hecho ustedes, señores bárbaros, no sé qué les habrán contao, que los niños ahora no quieren hablar castellano y hablan fatal de España. ¿Cómo un chico jovencito se hace una idea tan clara de las cosas, con esa seguridad y radicalidad?

Ahora, los niños con orígenes andaluces y adiestrados en las escuelas catalanas les dicen a sus primos de Andalucía: «Catalunya me lalalllla quedo jo, nen! Que are soc més guapo y més elelllegant, mira mira com parlllllo». Y los otros contestan: «¿Y ezo po qué, quillo, quién ta comío er coco, po qué te quiere queda pa ti zolo la Cataluña, ¿qué ta olvidao de la familia, pixa?».

Y tienen razón en preguntar los primos andaluces, que bendito sea su acento y que no muera nunca, porque es un antídoto para la falta de naturalidad de la que otros adolecen, junto con otros problemas importantes.

No se pongan a hablar «fino» pofavó, que lo que tendríamo que hasé lo demá e hablá como utede, al menos de ves en cuando para haser terapia. Ya etá buena la tontería, ¡hombreee!!!

El señó Mas dijo eso de que a algunos epañole no se le entiende, yo pa mí que se refería a ustede; pero sí porque parese que le guta desirlo y lo dise de ves en cuando, disiendo directamente que a lo del sur no se le entiende; ete chico no se entera de que va la vida, está mu ocupao en ser molto elegant y ensima se lo tiene creío.

Que no tas enterao, Ma, que lo que pasa e que el andalú e una lengua igual que el catalán y está muy bien como etá, no me la quiera cambiá.

Mira, señor Mas, aquí todos entendemos perfectamente cualquier acento con el que se hable español (seguro que no tienes inconveniente con que lo llame así) en todo el mundo, y es fantástico que haya tantos y sería deseable que nunca desaparezca ninguno. Y algunos, señor Mas, como el acento andaluz o el extremeño, son síntoma de la salud mental que tienen en aspectos importantes esas regiones, aspectos que usted no ve ni comprende porque es un problema del que usted adolece.

¿Usted cree que lo normal para un ser humano es ser como usted? ¡Si va tieso como un palo, señó! ¿Dónde está su espontaneidad, su naturalidad? E uté mu serio, ¿que no e uté felí, seño Ma? Esa timidé le viene de algún fallo interno de uté. Lo que pasa e que uté sa consentrao toa la vida en ser muy elegante y mu sofisticao, que parese que vaya tol día estudiándose y no se pue vivir así, seño Ma. Sueltese un poquillo, hombree, ríase un poco, seño Ma, que disen que e güeno.

Oiga y no crea que no sé ecribí, e que me guta ecribí así.

Uté no comprende que lo que nesesita e una cura psicológica, solo sabe ser catalán, no sabe salirse de ahí, todo lo demá e ajeno a uté, parese como de otro planeta y que todo lo demá le extrañe y no comprenda na ma.

¿Uté ha ecuchao esta frase?: «Nada de lo humano me es ajeno». A uté eso le suena a chino, ¿no?

Esa farta de naturalidá, seño Ma, esa seriedad, esa postura y forma de hablar elegante y sofisticá, pretende dar imagen casi de un dios, o de alguien muy sabio; poco menos que eso es lo que busca el que la adopta; y esto ya no para un sabio, sino para alguien mínimamente cuerdo, lo que hace es hacer evidente la locura de esa persona a causa de su ignorancia de lo más importante. ¿Cómo tiene usted la cabeza para decir que a las personas de una cierta región no se les entiende y seguidamente adoptar una postura contraria a la naturalidad que muestran esas personas? O sea, una seriedad y sofisticación en la actitud y en la forma de hablar buscadas, por creer que eso sí es lo deseable? Eso es pura locura, señó Ma.

Todo esto lo digo sin ánimo de ofender, sino con ánimo de despertar; de intentar lo imposible para mí, ya que ni Dalí lo consiguió, que es no solo hacer entender su certera y contundente frase, sino conseguir que **«esa sociedad tan monstruosamente cínica e inconscientemente ingenua que interpreta un papel de seria para disfrazar su locura»** deje de interpretar ese papel por haberse hecho por fin «consciente» y por lo tanto cuerda.

Es un intento de describir una actitud que está ahí, que es real en el mundo entero, sin duda Dalí se refería al mundo entero; y con esa frase yo tampoco pensaba solo en ustedes, señó Ma, pero digo no «solo», y afirmo que influye en la respuesta del título.

Lo que no dice esto todavía es cómo se origina esa actitud. Pero como he explicado, para comprender mejor lo que hay en sus mentes es bueno repasar sus particularidades.

Las personas de todas las regiones de España se relacionan

con normalidad y empatía y simpatía, con las personas de las demás regiones. Podemos ver a Melendi cantando con acento andaluz, y no es que Asturias y Andalucía no sean diferentes. Podemos ver a los vascos, incluso a los independentistas, integrados perfectamente en el rollito español, en el sentido de que aunque tienen su propio estilo e idiosincrasia, como tiene cada una de las regiones en España y en el mundo, se nota que «nada de lo humano les es ajeno» y se interrelacionan con total normalidad, igual con un catalán que con un andaluz. No parecen como peces fuera del agua como les ocurre a otros.

Insisto en el ejemplo de los vascos porque son ustedes amigos por la causa en común que tienen. Los vascos son gente natural, espontánea, sencilla, alegre, gente normal. El motivo por el que ellos quieren la independencia, de dónde surge su deseo, va a ser diferente al de los catalanes. Otro error de planteamiento con su propia causa concreta, de un estilo muy diferente, porque su estilo y su idiosincrasia es claramente diferente a la de ustedes.

Los vascos también tienen errores, hasta el papa tiene, nadie se salva en este planeta. Como yo nunca he vivido allí, le dejo el análisis de los errores de los vascos a alguien que sea de allí.

Yo conozco mucho los errores de los catalanes, tienen también muchas cualidades que también conozco, otro día hablaremos de sus cualidades, pero hoy toca hablar de los defectos, que son graves y peligrosos para todos; los de usted, señor Mas. A usted como que no le veo integrado en nada que no sea catalán, le veo como distante, lejano, monofacético, a usted le veo solo catalán, no creo que fuese capaz de vivir en otra región de España. Tiene una actitud solo catalana, inadaptable para otro lugar de España, y del mundo solo en los sitios que sean muy serios, donde les vaya la representación y el teatro, no la espontaneidad y la naturalidad. Ahí usted no sabría cómo actuar. Esto está comprobado.

¿Uté desprogramó lo canale del paí, señó Ma, se quedó solo con TV3? ¿O es que se fue a viví con los esquimale y ha vuelto hase poco? ¿Qué le ocurre, de dónde le sale esa actitú? Es que todo lo demá epañole no son así en absoluto, son gente mu natural y espontánea. Veo gente de otros paíse con más capasidad de compenetrasión. E uté como tímido, seño Ma. Si le pongo una peluca, paresería que está uté interpretando el papel de un personaje del barroco francés, to tieso y elegante siempre. Creo que el tiempo que convivieron con ellos les hizo un gran daño. ¿Uté cree que eso es lo natural, señó Ma? ¡Pero si es que no creo que pueda uté vivir tranquilo!, pensando tol día si cada movimiento y cada palabra etá quedando bien o no.

Yo pa mí que eto e una de las cosas que le separa del resto de lo epañole. Pero es un pensamiento de usted, no de los españoles, o sea, que es usted el que se cree diferente a ellos, no ellos de usted. Tampoco es una cualidad, y le diré má, señó Ma, es un error mental que se puede eliminar. No es necesario que exista, para mantener intacta la parte real y lo bueno de la idiosincrasia catalana. Esto es evidente porque no les ocurre a todos los catalanes. Y ¡curiosamente! no les ocurre a los que no son independentistas.

Lo interesante, porque es digno de estudio, pero afirmo que es así, es que creen que esa actitud indica alguna superioridad con respecto a otros.

Es justo al revés, indica una involución con respecto a otros y con respecto la normalidad psicológica. No es algo a admirar, sino a tratar, pero curiosamente pasa por una actitud que admiran muchas personas en Cataluña y que imitan, son molto elegants i sofisticats.

Esto tiene relación directa con el título. Y desvelaremos dónde se origina este estilo. El estilo catalán con virus.

Para que lo veas claro, Mas, te voy a poner un ejemplo de un extremo. De un extremo solo por lo escaso, aunque de estos tiempos en adelante lo irá siendo menos y ojalá sea así.

Imagínate a las personas que han sido ejemplo para la humanidad, actuando como el tópico de un burgués; comportándose y hablando de forma narcisista, con una actitud señorial, fría, distante. Haz este ejercicio; imagínate a Gandhi actuando así, a Mandela, al catalán Vicente Ferrer, Martin Luther King, Madre Teresa de Calcuta, Jesucristo.

Imposible imaginárselos con una actitud parecida, ¿verdad?

¿Tú crees que las personas no deben ser como ellos? Que son solo ejemplos a admirar, pero que deben ser solo unos pocos, la mayoría deben ser como usted.

No hay que ser un santo para tener una actitud «normal», solo hay que «comprender», y también funciona al revés; no actuar así indica que no se «comprende». Entonces, ¿qué hace usted siendo un presidente, señor Mas?

Lo que ocurre es que usted es inconsciente de su propia actitud, no se reconoce a sí mismo en la descripción que le he hecho. Usted siempre ha creído, al contrario, que esa es «la actitud», es la que debe tener alguien educado, fino, elegante, y en comparación con el resto de españoles, usted siempre se ha sentido más educado, fino y elegante. Aquí está encerrada parte de la clave de por qué usted siempre se ha sentido diferente al resto de España. Vive usted en un error, conocido ya hace muchos siglos como un pecado capital, mire si está usted anticuado y a estas alturas sigue sin haber entendido «lo importante».

Esta sensación suya de ser diferente se vio aumentada con la llegada de la inmigración, la mayor parte del sur, que es el origen mayoritario de la inmigración que recibió Cataluña, gente humilde económicamente, que había tenido poco acceso a la educación. Su rechazo fue inmediato; no me refiero al laboral, ya que vinieron muy bien y en este sentido fueron muy bien aceptados; me refiero al rechazo social. Se crearon dos bandos automáticamente, bandos por llamarlo de alguna manera, porque el rechazo solo iba en una dirección, de ustedes hacia ellos, pero es correcto, bandos, en el sentido de que no se mezclaban, la separación de las gentes que vivían en ese momento en Cataluña era total; había una separación física total, catalans con catalans, castellans con castellans; separación lingüística, de estilo, de actitud… Imagínense, los catalanes que ya eran «catalans» conviviendo con cientos de miles de andaluces y extremeños pobres económicamente y con un estilo y unas costumbres tan diferentes a ellos. Como intentar mezclar el agua con el aceite. El aceite por supuesto son la gente del sur. Entonces lo que le ocurrió al agua es que hizo un rechazo inmediato al aceite. Este rechazo hizo que se le vendasen los ojos para poder apreciar ni la más mínima de las cualidades del aceite; cosa que actualmente nos está ocurriendo al contrario a las gentes que estamos «comprendiendo», cada vez las sabemos apreciar más, al hacernos conscientes cada vez más, de cuáles son los auténticos valores humanos, los más importantes, los que están primeros en la lista, los que contiene precisamente el aceite de oliva virgen. Pero en esa época, en ese justo momento, todo lo relacionado con el aceite era feo, sus costumbres, su cultura, su estilo, su forma de hablar… No se le apreciaba ni una sola cualidad. Esto provocó reacciones en cadena; una reacción conlleva una consecuencia y esa consecuencia origina otra reacción. Como consecuencia al rechazo, hubo una reacción de reafirmación catalana y del estil català; si lo catalán antes era bueno, ahora eran como dioses; si antes hacían dos lala, ahora hacían cuatro lalalala; si antes tenían un estilo elegante, ahora la elegancia diferenciaba a los animales de las personas y había que tener la actitud lo más elegante posible. El error mental, pecado capital, que surgió, o más bien que mutó y se incrementó, lo podemos seguir apreciando perfectamente en estos momentos y es el principal motivo de su fanatismo; «Yo soc catalllà i estos uns charnegos de merda»; «¡no nen no digas asó!»; se lo inculcan ellos, les meten el fanatismo y luego les dicen (solo algunos) que sean educados y que no lo digan, que solo lo piensen.

Hablar una lengua muy bonita es muy bonito, pero puede tener efectos secundarios. Una lengua sirve para comunicarse, y se puede utilizar la lengua para comunicarse de forma estética o sin prestar atención a la estética. Si escogemos utilizar la lengua para comunicarnos de forma estética, le estamos dando dos usos: uno es comunicar algo, ejemplo: «tráeme la chaqueta, por favor»; la otra persona ha comprendido perfectamente lo que quieres, la estética no influye en eso; y el otro uso es dar una imagen estética de nosotros mismos, que es algo al margen del mensaje, el mensaje no influye ni se ve afectado por la estética, ejemplo: «portam lla xxaqueta si us plllau»; he dicho lo mismo intentando escribir como suena en catalán, suena realmente muy estético y uno mismo percibe en sí mismo inmediatamente lo bonito del sonido que acaba de salir de su boca. Aquí está el peligro, el posible efecto secundario que comentaba, que es, que al ser tu lengua tan bonita, prestes tanta atención a su estética que pase a tener tanta importancia para ti o quizá más que el propio mensaje, porque entonces estás utilizando la lengua como un complemento estético, como es un bolso bonito o una corbata bonita.

Estamos hablando de personas, no de una civilización extraterrestre muy avanzada, ya sabemos hace mucho tiempo cómo somos y conocemos nuestros defectos. Si tú conduces un Ferrari rojo descapotable, estás utilizando un medio de transporte porque quieres ir a algún lugar, pero para eso no hace falta comprarse un Ferrari rojo descapotable, cualquier coche te lleva hasta el lugar, el Ferrari rojo descapotable le da además un componente estético al desplazamiento. Pero ya que tengo un Ferrari rojo descapotable, además de usarlo para desplazarme, voy a ir al centro cuando haya mucha gente, bajaré la capota y voy a dar un poquito de libertad a mi vanidad, que también necesita alimentarse de vez en cuando. ¿A ustedes les daría vergüenza pasearse con el Ferrari rojo descapotable por el lugar con más gente de la ciudad? Habrá a quien sí y a quien no, pero esta es la ventaja de la lengua bonita sobre el Ferrari bonito; pasear la meravellosssa llengua no da vergüenza, sino al contrario, produce mucho orgullo, y este orgullo hace que no sientas vergüenza en hacerla més meravellossssa aún; hay que alimentar la vanidad de vez en cuando ☺. Si tú eres muy consciente de que cuando hablas suena muy bonito, y te escuchas y a veces te concentras en lo bonito que suenas e intentas perfeccionar esa musicalidad estética aún más, lo que que estás haciendo con tu cabeza es algo muy peligroso para ti mismo; estás haciendo lo contrario de lo que aconsejan las personas sabias, que es limpiar tu mente, o sea, la estás ensuciando. Es posible pasear con un Ferrari y no sentir orgullo vanidoso, pero para eso tienes que acostumbrarte a limpiar tu mente de los errores, no lo conseguirás si dejas que los errores crezcan y tomen el mando. Un Ferrari lo llevas a veces, pero la lengua la llevas siempre; si permites que tu forma de hablar contenga un mínimo orgullo vanidoso, vas a llevar siempre contigo orgullo vanidoso y esto hace difícil que se quede en un mínimo, la tendencia si lo llevas siempre es crecer. Alguien vanidoso se compara con los demás; si tienes vecinos que hablan feo comparados contigo, según tus parámetros estéticos, y además no te gusta nada de ellos porque son muy diferentes a ti en todo, porque no tienen tu estilo, tienen uno diferente, no practican tu refinamiento estético, son pobres, de poca cultura y además consideras que han invadido tu tierra…, con todo esto, es fácil imaginar cómo y de donde surgió la bonita frase «fora charnegos de merda» y es fácil de imaginar cómo continúa la película: IN INDEE INPENDENSIÁÁÁÁ; pero no es una película, estas frases están cogidas de la realidad.

Si seguimos siendo conscientes de quiénes somos los humanos, o sea, no nos autoengañamos, vamos a reconocer que según todo esto, es fácil comprender que esas personas que gritan independencia, tengan la tentación de buscar argumentos que apoyen su deseo de independencia y sin duda se pueden encontrar muchos argumentos, usando la imaginación son inagotables, y también comprendemos que no reconocerán que es porque ellos hablan superbonito y los charnegos muy feo y no ce le entiende na; ellos son mejores, más guapos, rubios, altos, ojos azules, arios, y hay que conservar la raza pura Pujol… ¡Aiii, que me equivocao!, he hecho una mezcla con el problema mental de otros; en nuestro caso el orgullo racial no es por lo de arios, esos son otros, en nuestro caso el orgullo es el lalala.

—¿A ver cómo haces tú el lalala?
—La.
—Fora de aquí, charnego de merda; a veure tu?
—Lalalala.
—Aaaah, tú sí, un català pur original, et llamas Pujol veridad?

Debería explicarlo con seriedad porque así de cachondeo parece menos verdad, pero es que no puedo controlarlo, el impulso del cachondeo es demasiado fuerte y se me va, pero esto es real.

No es difícil imaginar que con estas circunstancias catalanas, la inmigración, la llengua, l'estilll catalllà… no es difícil imaginar que esto pueda ocurrir; estamos hablando de primates humanos, en este planeta no hay seres más avanzados, los humanos son lo máximo aquí, y todos nosotros los conocemos perfectamente, hace milenios que cometen los mismos errores y tienen los mismos defectos, no hace tanto eran monos, y desde que son humanos no han cambiado; aún se pelean, se matan, se discriminan porque unos se creen mejores que otros; se ponen guapos y con trapos bonitos y se juntan solo entre ellos y no con los que se ponen trapos feos. Como están aún a medio proceso entre el mono que fueron y mantienen todos sus instintos intactos, y la meta final, que es la comprensión y la consciencia avanzada, pues se montan unos líos en sus mentes, unos laberintos mentales, por el choque entre la fuerza de sus instintos y su relativa comprensión, que hacen unas monadas elegantes y refinadas, que desde aquí desde Ganímedes nos sirven de programa de humor y nos partimos de la risa con ellos; a la vez les controlamos por si les da por empezar a tirarse bombas atómicas los unos contra los otros y tenemos que intervenir, con estos monos nunca se sabe por dónde te van a salir, pero para sus locuras menores no intervenimos porque no hay nada que hacer con ellos, necesitan unos millones de años de evolución todavía; nos da pena que se traten así los unos a los otros, pero que vamos a hacer. Ahora hay unos que se llaman catalans que se quieren separar de otros porque hacen los sonidos primitivos, esos suyos, más bonitos que los otros; los miro siempre porque está entretenida ahora esa serie, hay episodios que me troncho, hacen con la boca una cosa así como lalalala. ☺ Polònia.

Yo no vi, porque no viví, cómo eran los catalanes antes de la llegada de la inmigración, aunque me hago una idea y seguro que no me equivoco al pensar que la base de los errores venía de antes, y no se me va la sospecha de que los franceses tuvieron que ver en esto. Pero estoy hablando en general, es evidente; hay miles y miles de catalanes a los que no incluiría en las descripciones que hago en este libro. He conocido catalanes a los que no les ha influido, ni les ha variado ni lo más mínimo su actitud, la llegada de la inmigración. Esto de las idiosincrasias es siempre algo que está en el ambiente, es lo que marca la dirección hacia donde se dirige una comunidad, pero a la cabeza del grupo solo hay algunos y muchos están a la cola, siguen al grupo solo porque no queda más remedio, están en el mismo barco y se ven arrastrados, se los llevan simplemente.

Como decía, yo no vi cómo eran antes, pero su estilo ya estaba ahí sin duda desde hacía probablemente siglos; lo podemos intuir por la historia y por la historia también nos podemos hacer una idea de la progresión de la idiosincrasia y de las claves de esta; pero después de esa reafirmación de que lo suyo era lo mejor, al compararse con los pobres inmigrantes, se acentuó probablemente más su estilo o esa parte de su idiosincrasia anterior. En lo único que pensaban es que eran un país, que no tenían nada que ver con España y que eran mejores que los españoles. No hacían diferencias entre españoles, todos eran iguales, «els castellans», y ellos diferentes y mejores. Con esa forma de verlo, el deseo de independencia es lógico, es inevitable.

Solo se contuvieron porque no se les permitió. El general los tenía contenidos. Pero el caldo estaba hirviendo a fuego lento y nunca dejó de hervir. Cuando el general se fue de vacaciones para no volver, el caldo hervía, pero el «seny català» (sentido común, prudencia catalana) contuvo el hervor e hizo que no lo notasen en el resto de España. Constitución, autonomías, traspaso de competencias y la clave del asunto, TRASPASO DE LA COMPETENCIA DE EDUCACIÓN. El seny català estaba triunfando, sabían muy bien todos en qué dirección iban desde el principio, en realidad hacía muucho que era así, antes, durante y después de la dictadura. Ya tenían todas las máquinas, se habían buscado y se habían conseguido con el objetivo muy claro en la mente desde siempre. Ahora con todas las máquinas nuevecitas, a poner la fábrica en marcha; immersió lingüística en les escoles, patriotisme català, desprestigio de lo espanyol y a fabricar catalanets sin parar.

Hace ya muchos años, cuando aún Pujol era un presi jovencito, un familiar mío indepéndent, él es mitad original mitad charnego, pero desde pequeñito recibió toda la influencia de la parte original indepéndet, de ahí le vienen sus problemas de cabeza, pobrecito, me preguntó si creía que conseguirían la independencia; ya en ese momento no me incluyó a mí, porque sabía que no estaba de acuerdo, dediqué dos segundos a pensarlo y dije que no; él respondió: «Bueno, de moment anem (vamos) fabricant catalanets». Entre ellos tenían siempre esta conversación:

—¿Tú creus que lo conseguirem?

—Segur que sí, ponguem la fábrica al maxim rendiment. No pareu de fabricar catalanets, nada més importa! Lalalalalalala.

Me ha interesado mucho siempre entender qué comportamientos y qué pensamientos de los humanos son los cuerdos, los que estarían también en una mente con un alto nivel de consciencia; y cuáles son los que yo llamo pensamientos de locos; los que a pesar de que les parezcan normales a las mentes humanas alejadas de tener una consciencia avanzada, encierran trampas, errores que esas mentes por su falta de capacidad no son capaces de ver.

No duden de que una gran parte de los pensamientos que tenemos hoy en día son de los que yo llamo de locos. Seguro que no tengo que hacer mucho esfuerzo para convencerles de esto, se paran un momento, piensan en cómo ha ido y cómo va el mundo y ya no les queda ninguna duda.

Esa lectura que hicieron los catalanes de los inmigrantes que les llevó a una reafirmación de sí mismos como diferentes y mejores, y a desear con fuerza la independencia, lectura que siguen manteniendo y traspasando a las nuevas generaciones, sin que estas sean muy conscientes de dónde procede es una lectura que encierra errores importantes, que afectan gravemente a la visión acertada, por lo que no estarían en una mente con consciencia altamente desarrollada y son lo que yo llamo pensamientos de locos, o errores mentales.

La cuestión es que es imposible quitarles esta visión errónea de la mente porque hay algo que la sigue realimentando. Si no se mata el virus que realimenta el error, no podrán librarse de él.

De una forma que ellos mismos no comprenden a causa del

virus, una forma irracional, se siguen y se seguirán sintiendo diferentes y mejores y querrán siempre ser independientes. El virus produce mucho egocentrismo.

Cualquier región que tenga una lengua diferente es propensa a sentir tendencias independentistas, y esto es un error de la mente, porque hablar diferente no te hace más diferente que los de cualquier otra región del país, aunque los otros hablen todos la misma lengua, también hablan esa misma lengua con acento diferente, y también son diferentes, y tienen costumbres diferentes en todos los sentidos, siempre pasa cuando te alejas unos kilómetros, pero irá pasando cada vez menos; todos somos diferentes y todos nos parecemos en esta península ibérica y en el mundo.

También ocurre que hablar una lengua u otra produce efectos psicológicos diferentes y siguen siendo errores de la mente, porque uno debiera ser como es, independientemente de sus circunstancias; esto es algo muy largo también; los que un día consiguen llegar a conocerse es porque consiguen ver por separado cómo les influyen en su personalidad las circunstancias de su vida y quiénes son realmente y qué hubiesen sido igualmente independientemente de las circunstancias. Si tus circunstancias marcan el 80 % de tu personalidad y forma de comportarte, de pensar, actuar, hablar…, entonces tú eres simplemente una máquina a quien se le puede meter un programa u otro y pensará de una forma u otra dependiendo del programa que lleve en su cerebro. Les doy una gran noticia, ustedes no son máquinas, ustedes pueden conseguir llegar a pensar por sí mismos sin que les influya nada en absoluto el programa que otros les han metido en la cabeza; cada vez más personas lo consiguen, no sean los últimos en lograrlo. Si los catalanes hablasen en gallego o vasco su idiosincrasia sería diferente y su independentismo también. Pero por más y raro efecto psicológico que produzca una forma de hablar, no va a hacer que quien la habla se convierta en otra cosa diferente a un Homo Sapiens del lugar que es, y el hecho de que él crea que su forma de hablar le otorga alguna superioridad o diferencia, no le da ningún derecho extra sobre el territorio que habita, eso es solo un error de su mente o una alucinación.

Por el bien de la unión de todos, siendo la unión lo mejor para todos, hemos de mantener los errores controlados y potenciar lo que nos une, lo que tenemos en común. Se dio la circunstancia histórica, y nos benefició mucho a todos, de que la lengua castellana cogió esa fuerza en el mundo y en las Españas, y ahora es la lengua de todos; si a miles de kilómetros de nuestro país la aman tanto, algo nos va mal en la cabeza si aquí sentimos lo contrario, errores feos son los que destapa esto. Por eso, hemos de cuidar las mentes, sobre todo las de los niños y protegerlas de los locos. Es bueno para todos y en todos los sentidos, que cuidemos en todas nuestras regiones la lengua que nos une.

En Cataluña existe una lengua más y como cualquier otra región es propensa, simplemente por este motivo, a tener tendencias independentistas. Pero en este caso hay un componente diferente que no tienen en otras regiones en las que se hablan otras lenguas, como el vasco o el gallego, que son de pronunciación llana, sencilla y no favorecen hacerte sentir superior por hablarlas. Psicológicamente hablar estas lenguas pueden favorecer otros aspectos, por ejemplo la forma de hablar vasco seguramente tiene relación con su forma de ser energica, etc, y siempre es a la vez también al contrario, su forma de ser enérgica afecta en su forma de hablar y la hace enérgica, se expresan como son, y es así para todos, es un círculo vicioso; y sí se sienten diferentes porque son diferentes, como todos lo somos, y sí habrá quien sienta que esa diferencia le hace mejor que otros, y habría que analizar qué es mejor y qué peor para entender si alguien es realmente mejor, y lo que ocurre también es que hay diferentes formas de sentirse mejor y algunas son dañinas para la mente y otras aciertan más en la realidad. En el caso del catalán, por sus características, cuando se utiliza erróneamente, hace que muchas personas se sientan mejores y superiores de una forma de las más dañinas porque puede favorecer con facilidad el narcisismo; es una particularidad propia del català, que no tienen otras lenguas, que a su vez tienen otras particularidades propias que producen tambien efectos, otros diferentes, relacionados siempre con sus particularidades y con todas sus características, de sonido, de forma de pronunciación, estilo, etc.

A veces cuesta dejar a un lado la diplomacia y ponerse a decir cosas como estas, y a los que las escuchan a veces les cuesta aceptarlas y aceptárselas a ellos mismos, pero si no nos quitamos el complejo de aceptar nuestros errores, aunque sean vergonzosos, nunca vamos a entender por qué en el mundo pasan cosas tan graves y vergonzosas. En el momento que consigamos liberarnos de las trabas de nuestra mente, que nos hacen mentirnos a nosotros mismos y taparnos nuestras verguenzas, no nos será difícil hacernos conscientes de por qué ocurre todo lo que ocurre, será como ver por fin la luz, y en ese momento dejará de ocurrir todo lo que no debiera ocurrir. ¿Cuántos años, siglos o milenios falta para esto? Mejor me voy a Ganímedes y ya vuelvo cuando las mentes hayan hecho esa mejora, será bueno entonces vivir en este planeta azul tan bonito ☺.

Los separatistas buscan muchas excusas para darse a sí mismos y para darle al resto de España, pero cualquiera de ellos que sea capaz de ser sincero consigo mismo, sabe que todos esos motivos no importan. Lo único que importa es que sienten que quieren tener su República Catalana, y es lo único que necesitan saber, no se exigen más. Los sinceros con ellos mismos llegan hasta una cierta profundidad que les dice, «Yo soc català i mijor, yo sé que sin España seré ric, però no es esto el que m'importa, el que m'importa es que soc català i diferent i mijor i Catalunya es la mía terra i visca Catalunya lliura». Esto es lo que piensan dentro de sí mismos, y cuando lo piensan siente mucho, porque el bicho les provoca eso, y ante ese sentimiento no hay más razonamientos que hacer. Hasta aquí llegan, si hay más profundidad están impedidos para alcanzarla, cualquier pensamiento más profundo, o cualquier posibilidad de un planteamiento diferente nunca llegará a sus mentes, «el virus» se lo impide.

Si se les dice que van a estar fuera de la comunidad, que pueden tener un corralito, etc., ya lo dudan ya, y se lo plantean; pero es tal la seguridad que adquirieron de que son mejores, seguridad reafirmada y acentuada como he explicado, que no se lo pueden creer. Tienen una seguridad indestructible, que a su vez el bicho realimenta e impide que les baje, una seguridad en sí mismos que les hace ir adelante. Seguridad que se insuflan unos a otros gracias a la fuerte unión que les produce su gran causa en común, forman un bloque compacto y homogéneo, todos igualitos, con las mismas ideas, las mismas frases, las mismas palabras, están como hipnotizados y los mensajes se distribuyen a toda velocidad y los repiten todos a la vez palabra por palabra. Parece como un eco: «els nens sacan bones notes en castellà… els nens sacan bones notes en castellàà… els nens sacan bones notes en castellààà… els nens sacan bones notes en castellàààà… els nens sacan bones notes en castellààààà… els nens sacan bones notes en castellàààààà… Llega hasta allááá, hasta la misma frontera catalanaaaaaaa.

Conozco casos en los que esa seguridad está provocando desastres, dramas humanos, fallos graves e irreversibles motivados por el ego.

Esos errores mentales y ese bicho son peligrosísimos para ellos y para los que tengan relación con ellos. O sea, para todos nosotros.

Pero para que nadie se despiste, aunque los separatistas, los que lo están dirigiendo todo, los originales, supieran seguro que se quedaban fuera de la CEE e incluso que iban a tener un corralito irían hacia delante igualmente; seguro, con la esperanza de solucionarlo más adelante, pero a quien crea esto, le queda claro que no es el dinero lo que les mueve, ni ninguna otra cosa material, ni de encaje, etc. Solo les mueve que quieren que su Catalunya sea un estado independiente, llevan deseando esto desde que recuerdan; por esta causa y por la forma en que se introduce ese deseo en el cerebro, algunos de ellos morirían por conseguirlo. No hay negociación posible, ni nunca la hubo, y si en el futuro la hay, será un truco más de los muchos que nos han colado; será una estrategia para seguir aumentando el porcentaje de independentistas con el fin de conseguirlo más adelante. Los presis deberían tener suficiente con Pujol para haber aprendido. Cada vez van consiguiendo más y como nunca están contentos, se les da más para que estén contentos, y al final ya no quedará nada más para darles.

Ahora dicen algunos que hay que darles más para que estén contentos y así se solucionará todo. De esa forma en pocos años miraremos las encuestas y tendrán un 80 %. Entonces habrá que agradecérselo a estos que tienen esta brillante idea, que defienden tanto y que no quieren soltar porque si la sueltan se rompe su partido internamente. Han tenido que buscar una forma de contentar a una facción de su propio partido federalista, de ahí les viene su solución federalista para todo el país. Alguien amenazado no está en las mejores condiciones para actuar de la mejor manera, por el bien de todos. Lo mejor que les podría ocurrir y que les haría subir en las encuestas es que se rompan de una vez y se liberen de sus propios trozos contaminados con el mismo error de los separatistas, y así podrán coger el camino acertado y moral. Se están equivocando porque los votos que tienen en Cataluña son de los inmigrantes españoles y no necesitan inventos nuevos federalistas, nunca serían independentistas, por lo que al contrario de convencerles su invento, les está haciendo desviar su voto hacia otros; yo mismo soy un ejemplo. Están totalmente confundidos con la realidad de aquí. Esos problemas federalistas que tienen ellos, pero multiplicados, son los mismos que tendría España si la convirtiesen en federal, porque el mismo error o virus que les ha atacado y les ha creado problemas a ellos en su partido, es el virus del que estamos hablando todo el rato, aunque el que portan los separatistas que no se esconden en federalismos es aún más fuerte. Si la mala fortuna hace que consigan llevar adelante su idea federal para España, habrá que darles las gracias por los pocos años que durará su solución y habrá que pedirles en ese momento que tengan otra brillante idea para salir de la situación imposible ya, que se creará. Seguramente, la solución que nos propondrán será la guerra, porque no habrá muchas otras salidas, en ese momento, con un 80 %.

A medida que vamos hablando de más y más aspectos de lo que sucede en Cataluña, se hace más evidente cuál es el error, es un virus informático del cerebro. Ya que nos hemos puesto al trabajo de comprenderlo bien, vamos a conocer ese virus a fondo, bit a bit, es importante hacerlo así, ya que tener toda la información y todas las opiniones es lo que te da la libertad de opinar realmente por ti mismo. Aunque lo tenemos ya muy analizado y en breve podremos aplicar el antivirus, la solución que propongo, para que opinen ustedes si funcionará; si creen como yo que sí funcionará, es porque parece que por fin estamos entendiendo correctamente el problema catalán y el motivo de la fuerza de su independentismo.

En definitiva, Mas, como te decía antes, no te reconoces a ti mismo en lo que te explico, lo niegas, niegas que estés errado porque tú eres un tío fantástico, muy inteligente, te encanta como hablas, te vuelve loco tu lengua y hablarla, haciendo todas las sss y la lll y las ggg y jjjj, que no suenan como en castellano, suenan diferente, es un sonido como continuado, no seco. A mí, Mas, te reconozco que también me pasa, cuando hablo catalán me siento más sofisticado. Hago casi todos los sonidos perfectos, solo «els catalans de la ceba» podrían darse cuenta de los pequeños errores y de que no es mi lengua materna; los demás, no.

Un inciso más sobre esto, Mas. Casi no se me nota y procuro que no se me note nada, pero es imposible del todo porque yo debí empezar a hablar catalán a los cinco o seis o siete años… no recuerdo, y solo esporádicamente, y si no lo hablas desde antes, no sé desde qué edad hay que hablarlo, es imposible vocalizar exactamente como vosotros, que empezasteis a los cero, porque sus combinaciones de sonidos son complicadas. Aunque solo vosotros lo notáis, ¡eh!, o los que tenemos el oído ya afinado, porque las imperfecciones son poquitas, sutiles. Aún así todos a los que se nos nota un poquito intentamos disimularlo, porque vosotros no toleráis esa pequeña diferencia, enseguida ponéis la oreja y hacéis el cálculo de si quien habla es original o no, es de los vuestros o no; si hay dudas preguntamos el apellido, ¡verdad! Por eso los que tenemos de lengua materna el castellano ponemos mucha atención a las ssss, llll, gggg, è é, à á, ò ó… porque cuando se nos nota que no somos originales, sino una copia, nos da vergüenza, ¡no sé dónde nos habrá surgido este trauma! ☺ Quizás escuchar desde pequeñitos lo de «fora charnegos» nos influyó, ¿tú qué opinas, Mas? Igualmente, por muy perfecto que hagamos los sonidos, lllla lllla, no nos podremos quitar de encima el apellido, por lo que estamos jodidos.

Estoy seguro de que ya habías notado lo de nuestro trauma, Mas, pero quiero hablarte públicamente de esto, que seguro poquitos charnegos te han exteriorizado, aunque tú siempre has sido consciente de ello. Somos conscientes también nosotros de que cuando se nos nota, todo el mundo interiormente piensa: «Mira ese es un charnego», somos conscientes de que los dos bandos siguen ahí. Lo que ocurre es que solo es uno de los bandos el que ha presionado psicológicamente al otro, haciendo creer a sus miembros desde la infancia que eran más feos. De ahí viene la vergüenza cuando se me nota, Mas. Está introducido en mí, de la manera que se introducen las cosas en la mente cuando se hace desde la infancia, cuesta mucho quitárselo de encima, quizás del todo es imposible. Es así para todos los charneguitos.

Pero te decía que entiendo perfectamente lo que sientes cuando estás hablando catalán porque también lo siento yo. Es automático y casi inevitable sentirte diferente interiormente al hablar catalán de la forma que lo habláis vosotros. Te voy a hablar de esto luego, porque es un tema interesante.

Claro, con esto que te voy explicando, Mas, comprenderás que al estar yo tan cerca de lo catalán original con accent del Empordà (acento del centro también serviría), el «bicho» se me introdujo también a mí, yo también sentí el plaser y me regodeé escuchándome. Lo que me pasó a mí, como yo digo, mi suerte fue que nací con inmunidad contra el bicho gracias a mis orígenes; me atacó, pero me curé, no todos lo consiguen, quizás poquitos. Si no lo hubiese conseguido, ahora estaría diciendo visca Catalunya lliure, fora charnegos, in indéé independenciááá, boti boti boti, espanyol qui no boti (lo van cantando mientras saltan: & boti boti botiii, espanyoool qui no botiii&; son muy graciosos y simpáticos ☺ ☺) y sintiéndome con derecho de propiedad exclusiva de la mia terra; pero, Mas, eliminé el bicho completamente y ahora no me siento con más derecho que nadie y creo que la terra es de todos y sobre todo de nuestros antepasados, que la defendieron, ¡por qué iba a ser solo mía por haber nacido en ella después de tanto tiempo!

Ahora tengo anticuerpos, es imposible, ya que el virus pueda reproducirse en mí.

Cuando eliminé el bicho, que es la causa, es «el motivo», fui capaz de bajar a más profundidad; bajé y bajé, profundicé y profundicé y llegué a un lugar donde se hizo la luz, se iluminó todo casi de repente, una luz clarísima que permite ver todo, todos los detalles. Curiosamente, esa luz está en lo más profundo. Los que tienen el bicho están impedidos para profundizar, pueden llegar a cierta profundidad, pero ahí quedan bloqueados, es un efecto inevitable si tienes el bicho. Es una consecuencia lógica y que cualquiera comprende; solo con una mente sana puedes llegar a la máxima profundidad, si tienes un bicho no puedes profundizar más de lo que él te permite.

Los que llegan allí, a lo más profundo, por fin comprenden. Es fácil para los que han llegado, reconocer a los demás que han llegado, sin que lo digan, se nota en su actitud, en sus palabras, en sus hechos, en su estilo. Solo estos deberían estar al frente. Son los ejemplos de personas que he puesto antes, y existen en el mundo más de lo que pensamos.

En cuanto a ti, Mas, ahora que lo pienso bien creo que me he equivocado, ahora te empiezo a ver a la altura de los que han llegado a «comprender», sin duda tú te sientes así, es más, si es español, tú eres incluso mejor. Tú no tienes bicho y lo demuestra que eres el mejor y tu forma de ver las cosas es la mejor. Alguien como tú que está a la altura de las personas que han sido un ejemplo para la humanidad, ¡cómo vas a formar parte de esos españoles, con la poca clase que tienen! Nada, hombre, «vull la meva terra lliure», cómo te vas a mezclar con ellos, son incultos, pobres, hablan feo y son feos.

Además, estarás de acuerdo, teniendo en cuenta esto, que de todas estas personas que han sido un ejemplo, la más comparable contigo es Gandhi; tú estás liberando a tu pueblo igual que él; tú eres Gandhi y los españoles los ingleses. La comparación es clarísima, ¡a que tú también la ves!

Lo que pasa es que luego van algunos desaprensivos y te comparan con los nazis, que tú sabes que ha ocurrido; y Mas, perdóname que me ría, pero imagínate tú también esa imagen de dos bandos, en un debate en la tele, defendiendo estas dos posturas tan distanciadas, ¿sería o no para partirse de la risa?

Pero ya que estamos, ¿quién crees que ganaría el debate?, ¿qué se acerca más a la realidad, si tienes que escoger una de las dos?

Ahora te digo mi opinión Mas, pero es que me ha venido a la cabeza el debate de Oriol con Margallo y me ha vuelto otra vez la risa. Eso de quién gana o quién pierde un debate es graciosísimo porque se puede ver de formas tan diferentes que sería increíble para alguien que no esté loco como estamos todos nosotros; un extraterrestre tendría que ser, aunque no, como he dicho aquí también hay algunos cuerdos. Bueno, pues estos cuerdos o se parten de risa con nosotros o les damos mucha pena, o las dos cosas.

Yo es que me vuelvo loco, porque los catalanes estaban contentísimos con la actuación de Oriol en ese debate, cuando lo que yo vi fue a un niño inmaduro, que es lo que es realmente, pidamos opinión a un profesional pero los síntomas son claros; a menudo habla como un niño, con actitud inmadura, si le fuerzas un poco casi sollozando; ha sido sin duda un niño traumatizado. Su catalanismo es extremo e inconsciente, porque él lo siente así pero realmente no sabe por qué; le aconsejo que investigue en sus traumas.

Como decía, vi a un niño llegando al final del debate nervioso y pataleando, que me hizo escandalizar de que fuese el representante de algo importante. Solo se calmó cuando el otro, que es un diplomático, nunca mejor dicho, le lanzó al final unos caramelos en forma de piropos a los catalanes. Oriol se tranquilizó de inmediato y le surgió una sonrisa en la cara de forma espontánea, como le pasa a un niño cuando está pataleando y le regalas un caramelo. Miren bien esa parte y díganme luego si no tengo razón.

La diferencia entre la madurez de Margallo y la de Oriol era tan grande que parecía un abuelo hablando y tranquilizando a su nieto de cinco años.

Luego decían «… Y eso que han enviado al mejor» ☺.

Margallo es una persona mayor en la que se aprecia que ha adquirido algo de consciencia y que supo mantener la compostura a pesar de la dificultad al tener enfrente a un niño pataleando por llevar la razón; pero yo no diría que Margallo es alguien de «consciencia total», porque con esa expresión describo a alguien que está más allá; o sea, que si en su lugar hubiese habido alguien al nivel de las «personas ejemplo» para todos, quizás algunos hubiesen visto por fin la luz, al hacerse totalmente evidente ya, por comparación, que tienen a unos niños locos dirigiéndoles hacia la locura.

Que se hiciese la lectura contraria, como ocurrió, de que Oriol estuvo muy bien, es inmensamente preocupante. A mí particularmente no me sorprende, «jo soc d'aquí» cómo me voy a sorprender a estas alturas, si ya lo sé… Pero preocupante es, y en casos así, que en realidad hay muchos, uno tiene la sensación desesperanzadora y deprimente de estar en el planeta de los simios. Que nadie se ofenda y se ponga nervioso porque es solo mi opinión y pensando simplemente que el simio soy yo, ya debería tranquilizarse y demostrar que él no lo es.

A los locos hay que saber cómo hablarles.

Como te prometí, Mas, te doy mi respuesta a la pregunta que te hice antes sobre quién crees que ganaría el debate de la tele; y es que tú le puedes dar la vuelta a todo y con tu habilidad, convencer «als teus seguidors» de que eres Gandhi reencarnado, pero como a mí no puedes convencerme, te digo que de Gandhi no tienes nada, créeme, y de nazi tampoco todo ¡jejeje! Y me estoy riendo de verdad en vivo al añadir esto último ☺.

Pero tengo una curiosidad sobre esto, que lo haces mucho. Esta vez sí de ti, no dirigiéndome a ti y pensando en todos los separatistas, que es lo que estoy haciendo casi todo el rato; aunque en realidad también esta vez sirve para todos, pero tú eres un especialista, y es que tengo una duda: cuando le das la vuelta a las cosas y pones la realidad a tu favor, por lo que deja de ser la realidad y pasa a ser una versión que te favorece, ¿tú te crees lo que estás diciendo o eres consciente de que estás liando a todo el mundo, argumentando sobre el asunto que sea, de forma versionada e interesada?

Es una duda real, te digo la verdad, porque a veces me parece que te lo creas. Pero pienso que no puede ser, sería demasiada locura. Tú haces versiones muy fáciles de pillar y haces el teatro de una forma tan elocuente que yo no sería capaz, sabiendo que estoy haciendo una versión cambiada del asunto a la vista de todos, o sea, mintiendo sin importarte si se nota o no.

No digo que versionar lo hayas inventado tú, lo hacemos todos y los políticos más. Pero tú abusas, lo haces siempre y no sé si es que piensas que somos tontos, o es que tú eres tonto. Fuerzas tanto el tema para que te encaje, que a veces ya no queda nada del origen de la cuestión, y lo haces sin ningún rubor y con toda tranquilidad. Los psiquiatras tienen un nombre para algunos que también son capaces de actuar así y quedarse tan panchos

Lo que creo en realidad es que no eres tonto; como dicen los cubanos, lo que pasa es que «tú lo que ere e un deccarao, xico»,

Tú eres ahora el jefe de los inventadores de trucos, heredero del Jordi, el primer inventador de trucos de la edad contemporánea, pero tú eres mu malo comparao con él. Él hizo auténtica magia, consiguió cosas nunca antes vistas en Catalunya, «l'immersió lingüística». A él se lo debéis todo, ¡y mira cómo le tratáis, home! Se merece cada euro del 3 % que dicen que se llevó a Andorra y a Suiza. Desagradecidos, ya ni le decís «El Molt Honorable», com comenci a moure les branques veure-ho! (El Jordi amenazó dede el estrado del Parlament con sacudir las ramas del árbol).

El Jordi consiguió montar todo esto sin que ni se notase y tú, Mas, has aprendido muy mal. Tú vas como desesperao y así no se consiguen las cosas. El Jordi te hubiese dicho que «encara no toca» (todavía no toca), con su estilo superior, de sobrao, que me tenía impresionado, te lo digo de verdad; yo pensaba: «Con ese físico tan poderoso de personaje de la guerra de las galaxias y la seguridad en sí mismo que lleva el tío», ¡y va y resulta que le salían los francos por las orejas! Con razón le hicieron con esa forma en la película, seguro que se diseñó él mismo el personaje, con lo sobrao que iba tenía ganas de jugar a darnos pistas; ¡es un crac el Jordi! Con esa pasta, normal que llevase esos aires de grandeza y de suficiencia. Tiene que pasar a ser un mito. Hay que devolverle los honores.

¿Mas, por qué no le preguntaste al Jordi? Si hubieses esperado, en poco tiempo hubiésemos tenido el 70 o el 80, tonto. ¿Are qué? Are toca forzar la situación y ya veremos por dónde nos sale. Muy cara seguro.

Por cierto, a ti también te veo un aura de sobradez, ¿el Jordi te traspasó los superpoderes o lo tuyo es a lo natural? O es porque tú eres guapo, ¡eh!

No enfadarse que todo esto es un guion per el programa d'humor de TV3, Polònia.

Por cierto, Mas, con todo esto intenta hacer un análisis acertado de por qué os llamaban polacos.

Me sirves de ejemplo, recuérdalo. Pienso en general, en social, no de forma individual. Las idiosincrasias existen.

Mas, tengo la solución para ti, para que te descubras a ti mismo, descubras que sí tenías fallos, los rectifiques y te conviertas en un hombre nuevo y esta vez, sí, mejor. Escucha este ofrecimiento que te hacen los tíos y los primos:

Ma, vengase uté paca pa Cai una temporá, que le meteremo en una chirigota. Ya verá como le devolvemo la naturalidá y se convierte en un hombre felí, como somo nosotro. Le aseguro que lo nesesita, seño Ma, esa terapia le haría muxo bien, le haría a uté otra persona.

Pero me da que usted no comprende de lo que le hablan, y está negando que a usted le falte naturalidad y que su actitud indique nada erróneo, pensar en esta posibilidad es algo que le viene de nuevo, porque su mente ha trabajado siempre en otro sentido, el de normalizar lo anómalo e incluso sentir orgullo de ello. Preguntémosles su opinión a las personas ejemplo, los que tienen esa actitud que hace pensar que han comprendido cosas por encima de la mayoría. Algunos ya han opinado sobre ustedes.

Mire, señor Mas, le explico su confusión en lo que dijo de

que a algunos españoles no se nos entiende: lo que pasa es que el andaluz es otra forma de hablar castellano propia del sur, y los andaluces hablan así porque, junto con otros pueblos, son guardianes de la naturalidad en el mundo, cosa que como le digo, usted no comprende, no comprende la importancia y hasta dónde se ramifican las consecuencias de tener falta de ella; pero escuche bien, señor Mas, le aseguro que es de vital importancia para el futuro de la humanidad.

No creas que te hablo de mal rollo, Mas, que no; y sin poder evitarlo, a veces se me va el tono humorístico, me guta así, o sea, que nadie se ofenda, que lo que pasa es que mi personalidad e así, me guta haserme er grasioso; es que los de Cai son mis ídolos. A mí no me sale bien porque yo no soy de Cai, ni siquiera mis papás son del sur, pero no hace falta serlo para ver que tienen un don, solo hay que tener la mente clara. Hay que ser capaz de limpiar lo suficiente la mente de los errores, para comprender «lo importante».

Hay que identificar los errores mentales que todas las sociedades humanas nos meten desde pequeñitos.

Todas tienen errores, hay que identificarlos y entenderlos bien para poder eliminarlos, o al menos poder controlarlos, para así poder acertar al poner los valores en el orden correcto. Primero los primeros. ¿Sabe usted cuáles son los primeros? «El catalanisme i la independencia per supusat».

Todos estarán de acuerdo en que los personajes que nombré antes son un ejemplo. No lo son solo por su actitud bondadosa, sino también por su actitud cercana, por el trato de igual a igual que daban a los demás. Esto es ser consciente de la realidad, ellos lo eran en todos los sentidos. Lo que se aleje de esa actitud, empezando por lo más mínimo, se va acercando a la inconsciencia, y digo más, se acerca a la locura, porque se aleja de la realidad.

Alguien que se aleje de esa actitud es alguien que se acerca a la inconsciencia y a la estupidez. Si además pretende dar lecciones o dirigir cualquier cosa, es un PELIGRO para todos.

El día que nos hagamos conscientes de esto, habremos aprendido también a escoger a nuestros dirigentes, y el mundo hará un cambio TOTAL, hacia la solución de todos los problemas y hacia un mundo de gente evolucionada.

Estar limpio de errores es imprescindible para muchas cosas, para ser feliz lo es, y lo es también para ser capaz de acertar al hacerse la idea de una situación, para ver con claridad el camino correcto y acertar en una opinión o una conclusión, si no así, solo se puede acertar de chiripa.

Estar limpio de errores también es imprescindible para ver los errores de los demás con claridad y poder corregirles de la forma más adecuada.

La forma adecuada para alguien que «comprende» nunca será el conflicto, o la ruptura de la relación. Para alguien que comprende es sencillo llegar a entendimientos con cualquiera, aunque el otro no comprenda, porque es capaz de meterse en la mente de los demás y encontrar las sendas del entendimiento.

Por lo tanto, alguien que no comprenda no debería ser ni presidente de su escalera, déjenle eso a los que comprenden, ¡no ven que ustedes nos perjudican mucho a todos! Si siempre se hubiese hecho así, esto sería el paraíso.

Como dije, también es fácil para alguien que «comprende» reconocer qué personas han «comprendido y comprenden» en este mundo.

Uno que comprende me ha dicho que ni usted, señor Mas, ni usted señor Junqueras, son unos de ellos, créanme.

Ni tampoco el Rajoy, ni el Azná, ni el Gonsales, ni el nuevo ette no me acuerdo como se llama, ni er Pujol, ni er Bus, ni er Laden, ni los ayatolás, ni los papas (ete último va mejorando), ni los judíos, ni los palestinos.

Entonse, ¿quién ha comprendio en el mundo, quillo?

Er Sapatero, er Dalai, er Jesucristo, er Mahoma, los que escribí antes y hay muchos más, no te crea. Alguno etá puesto pa que nadie se ofenda.

Lo que pasa e que los mensajes nos llegan mu distorsionaos, los traductores son mu malos.

Algunos de esos muchos más que decía, somos los charnegos de Cataluña. Gracias a serlo y a haber sentido esa diferencia que nos han hecho sentir, junto otras cosas feas, hemos adquirido consciencia de lo incorrecto. Que no hay como vivir para aprender, señor Mas. Estas cosas ustedes no las han sentido y se nota que le hubiese hecho falta.

No digo que ustedes me hayan pegao ¡eh!, pero sí me han llamado charnego y me han hecho sentir la distancia.

Le tengo que explicar, señor Mas, que un niño es un ser muy sensible, que parece que no se entera, pero es al revés, lo absorbe todo.

En mi caso, mis padres no eran exactamente emigrantes, hay varios motivos por lo que las personas van a vivir a otras regiones, pero ustedes no hacían diferencias, para ustedes había dos grupos, aquest es castellà, aquest es català.

Ahora hay un tercero para ustedes, «els Jordi Sánchez» o me quiere decir, señor Mas, o tú, Oriol, que para vosotros son iguales los Jordi Pujol que los Jordi Sánchez. ¡Va, señores, va!, que nos conocemos.

Tú, Oriol, en algún mitin pensando en las elecciones has dicho, «los abuelos de los Jordi Sánchez también son nuestros abuelos», muy bien Oriol, así sí, muy bien; pero tuviste que insistir en ello y argumentarlo, «es que parte de nuestros valores son de ellos», porque como vosotros no lo veis de esta forma, tú tuviste que insistir a los que te escuchaban y explicarlo porque se quedaron estupefactos, con cara extrañada. Lo curioso es que lo dijiste en la campaña de las elecciones autonómicas, pero no dudo que tú pienses así ☺. Pero es cierto lo que dijiste y si tú lo tuvieses claro, no te separarías de tus abuelos, no serías independentista. Pobres de tus abuelos ¡mira que dejarlos solos a su suerte! EGOÍSTA.

No lo digas con la boca pequeña Oriol, porque realmente HISPANO, SÍ, SON TUS ABUELOS, que porque tú parles con la ellllle, no cambias, sigues siendo el mismo que si hablases sin la ele. Lo que pasa es que la elllle te transtorna ellll cap (cabeza) y te hace creer que eres diferente. Por cierto, te pareces un poco al protagonista de Gladiator, que en la película era hispano. Debes plantearte un día con tranquilidad y seriamente que si tú sigues hablando catalán, quizás es gracias a los bisabuelos hispanos de tus abuelos hispanos. Creo haberte comentado ya esto.

Si te lo planteas de verdad, vas a quedar un poco confundido, y no vas a entender muy bien de dónde viene tanto sentimiento independentista. Te puedo ayudar un poco. ¿Tú te acuerdas que creciste escuchando y cantando «boti boti boti, espanyol qui no boti»? Tú creciste así, Oriol, ¿qué esperabas, salir un superpatriota español?

Si hubieses nacido y crecido en Cai, qué te podía haber ocurrido, la vida daba vueltas también para nuestros abuelos, tú, la misma persona, Oriol, hablarías andalú y te sentirías muy español. ¡Lo que es la vida, Oriol! Plantéatelo un día. Estos son los planteamientos que te pueden acercar a lo que tú pretendes ser y todavía no eres. Espera, que te lo explico con tu estilo a ver si lo entiendes mejor.

¿Veridat que tú vols ser un gran home català?

Pues fes-loo, planteatuuu.

(Ja ho se que està malament, home!).

Continuando con lo que hablaba con usted, señor Mas, les quería decir que ustedes son buena gente, hay países en los que ser emigrante es mucho más jodido, pero señor Mas, no se quede ahí y sea aún mejor, todavía le queda mucho por mejorar.

Mireu, Mas i Oriol, sinceramente y hablando en serio, tenéis un problema importante, estáis acarajataos, debéis daros cuenta, lo estoy diciendo por vosotros. Dejad aparte lo ofendidos que os sentís por cómo os hablo, id a lo profundo de vuestra consciencia y reconoced que ya lo sabíais, que algo en vuestro interior os dice que vuestro comportamiento no es del todo libre, tenéis la ligera sensación, el aroma de que es así, habéis luchado contra ello y lo habéis vencido hasta cierto punto porque siendo más jovencitos la sensación era más intensa incluso. Habéis avanzado, pero no os habéis librado de ello porque el sistema que escogisteis sirve para aliviar, pero no para erradicar el problema.

Debéis leer bien y concentraros en comprender; es el virus el que os tiene atrapados, confundidos y errados. Sé que no sabéis cómo quitaros de encima eso que os tiene contraídos, que no os deja sacar sentimientos libremente, lo sé perfectamente. Os digo también que ese acarajamiento está influyendo y determinado vuestra vida, no sois dueños y directores de ella, hay algo que os dirige que no sois vosotros.

Tenéis muchas cualidades y podéis enseñar muchas cosas. Tenéis también esos errores que os afectan determinantemente en vuestra vida, determinan vuestros pensamientos y la propia vida. No sois libres, estáis contenidos, vuestros sentimientos están atrancados, «el motivo» los tiene atrancaos.

Habéis sido muy afortunados de haber podido contar con la influencia de vuestros compatriotas españoles, porque si no estaríais peor. Os han levantado, os han movido, os han quitado parte del acarajamiento.

Escuchad bien: no sabéis cuánto os pueden ayudar en esto los españoles. Si se os abriese un pequeño hueco, que permitiese llevar un pequeño, un mínimo rayo de luz al interior de vuestra consciencia, que os hiciese ver qué personas tenéis como compatriotas, nunca en la vida os querríais separar de ellos. No sabéis lo muuucho que os pueden ayudar y lo muuucho que lo necesitáis.

También vosotros tenéis muuucho que aportar, los españoles saben eso. Se necesita más implicación en positivo de los catalanes, hace muuucho que se echa de menos. (Buscáis cosas que van mal en España para quejaros y para reíros, pero lo único que hacéis es poner palos en las ruedas, en vez de poner de vuestra parte para solucionarlas. Las energías y el tiempo que se gasta con vosotros se resta de estar dedicándolo a los otros problemas; sois una pedra a la sabata que nos impide avanzar más rápido).

Pero no sé si sois conscientes de que la libertad mental de los españoles ya os ha influido, esa alegría que tienen también ya se os ha contagiado levemente, yo he notado como os penetraba un poquito. Los españoles son fantásticos, increíbles, tienen un grado de elevación, un nivel de luz, un nivel de consciencia… de los más altos que se pueden encontrar en este planeta, tienen buen interior, son realmente buenos chicos; podrían parecer casi ingenuos por lo directos y buenos, al compararlos con muchos otros países donde practican más la doble intención. Tienen una naturalidad tan grande que aún es más difícil de encontrar en este mundo que parece un teatro. La diferencia se hace muy evidente comparando con ciertos países, donde parece que la gente crea que vive en el «Gran Hermano», y que les están mirando siempre, y tienen una actitud cuidada en exceso, porque se han olvidado de quiénes son realmente y de dónde están. La falta de naturalidad, de espontaneidad, revela un error, un problema en la mente. Por eso, no solo los españoles, también otros pueblos en el mundo, debemos darnos cuenta y valorarnos en esta limpieza que tenemos, para darle la importancia que merece que es N1, y ser conscientes de que en este sentido estamos muy bien, estamos muy limpios, y que al compararnos con los que no lo están, nuestra limpieza mental nos hace inmediatamente deslumbrantes. Debemos valorarnos y darle a esto el valor que debe tener y seguir mostrándonos, mostrando nuestra alegría y cercanía para con los demás, para que se contagien los que lo necesitan, para que el mundo se dé cuenta de lo que tiene importancia N1. Darse cuenta, «comprender» es lo que realmente le hará avanzar. Y ya se está dando cuenta.

El mundo sabe esto de los españoles, incluyendo especialmente a Europa, fijaos cuando vayáis por ahí, como dije antes, y mirad la cara que ponen en otros países cuando os pregunten de dónde sois y digáis españoles, vais a ver como les surge automáticamente una sonrisa de simpatía, lo he visto muchas veces y siento orgullo de ser como somos. Alguien en una situación complicada, en otro país, me pidió ayuda y me preguntó de dónde era, al decirle español, sonrió aliviado, como si sintiese que su problema estaba resuelto, sabía que le iba a ayudar, era un italiano.

Otros países quizás infunden respeto, y a los ciudadanos de estos países les ponen cara de respeto. Nada que ver con el valor de esa sonrisa, el significado de esa sonrisa, se acerca a la esencia de la verdad, a la clave de lo que hemos de descubrir como más importante, no en la tierra, sino en el universo.

Metiéndome un poco con los que despiertan respeto como primer efecto, y no por el hecho del respeto en sí; tienen muchas cosas buenas, mucho que aportar sin ninguna duda, pero ese respeto inmediato, como primera reacción, indica distancia, tiene un origen feo; no es esa reacción lo que debiera ir por delante, el hecho de que vaya por delante está motivado por unas cosas feas y que son problemáticas incluso para ellos, también para los demás. Que sea lo que destaca como N1 indica la existencia de errores. Hemos podido ver recientemente a alguno de estos países elegantes, que infunden respeto, destapar los feos y nocivos fallos que lleva consigo su error, que se manifiesta de muchas formas, con falta de cercanía, con una pose no natural, con actitudes equivocadas, con la visión en aspectos importantes equivocada. Hemos podido ver consecuencias perjudiciales que han tenido recientemente, noticia en todo el mundo, y que además luego han salpicado a los demás. El error de unos inevitablemente ya lo pagamos todos; si antes era así, ahora con lo interrelacionados que estamos lo es mucho más.

La humanidad debe dirigirse ya hacia los logros importantes, estamos ya preparados y hemos de empezar a avanzar hacia ahí. Todo lo que sea avanzar en otro sentido es una involución, es un retroceso. En estos tiempos a los ya que hemos llegado, gracias sobre todo a que estamos en total comunicación y no va a parar de mejorar, estamos iniciando el camino, ahora sí estamos en situación de ir hacia delante, tenemos lo necesario y la experiencia necesaria. Hay que hacer el esfuerzo de ser consciente de cuál es la dirección correcta. Por mal que estés, por confundido que estés, cuando no es la correcta se percibe, se siente, uno no está del todo cómodo, no está en paz, algo no va bien. Debemos hacer el esfuerzo de hacernos conscientes por el bien de nosotros mismos y porque podemos perturbar la marcha en el sentido correcto de los demás.

Volviendo a dirigirme directamente a ustedes, señores catalanes, por un lado digo que son buena gente y por el otro les meto caña, y parece que me contradigo. Diremos que ustedes no son mala gente; también ocurriría en muchas partes del mundo lo de hacerle sentir la distancia a un emigrante, cada uno con su estilo. Igualmente el título de buena gente deberíamos venderlo mucho más caro, aunque si voy subiendo el precio no sabría a quién dárselo; unos son buenos por unas cosas y otros por otras.

Podemos hablar mejor de salud mental, aunque también unos están sanos por unas cosas y locos por otras; pero hay ciertas cosas que son muy importantes, la naturalidad es una de ellas, porque su falta se ramifica hacia otras complicaciones.

Hay lugares donde, en su idiosincrasia, está de moda la naturalidad y la cercanía. En estos sitios, lo de sentir la distancia ocurre menos. Dicen que en Madrid, porque allí nadie es de allí, o en Andalucía, que si vas te dirán «¿Cómo etá, chiquillo?» o en Cuba, que es un paradigma de naturalidad y cercanía y te dirán sin conocerte «¿Cómo tú etá, mi hemmano?». Cuba es un buen sitio para entender ciertas cosas de las que estamos hablando, en parte seguramente por la situación especial en la que viven desde hace tantos años. Al hablar castellano de España con un cubano, uno se siente demasiao serio; yo no puedo evitar ponerme a hablar como ellos porque si no me siento frío y distante, casi como un robot hablando con un humano de verdad. Quizás son los N1 en el mundo junto con algunos otros.

Luego están también los catalanes, que en esto se parecen mucho a los cubanos, y que si te ven te dicen: «Home, com estàs? necesitas diners? toma mil euros, germano!», son pura cercanía y máxima naturalidad.

Una buena forma de hacerse una idea de cómo o de cuánto es algo, es compararlo con algo del mismo tipo, pero de un extremo; si ponemos a los cubanos junto a los catalanes parecen o especies diferentes o de planetas diferentes, no puede ser que sean lo mismo:

—Asereee que boláá, que tú haseee, cómo etá la cosa mi hemmanooo.

—Hollla, ben grasies, estic molto ben, em veu elegant? He que parlo bonitu? Y vusted qué tal está?

Yo le recomendaría a todo el mundo que tenga esta experiencia: primero, que vaya a Cataluña y busque un lugar donde haya solo originals, y que se quede un par de días observando el ambiente; seguidamente, sin tiempo intermedio, que coja un avión y se vaya a La Habana; nada más llegar, y sin hablar con nadie, le parecerá que ha aterrizado en otro planeta, pero eso no es solo por la personalidad de la gente, es sobre todo por otras cosas; luego, que se introduzca en cualquier ambiente cubano; de jóvenes, mayores, gente culta, menos culta, gente bien del partido, o los que etán comiendo miedda; se quedará como sorprendido y pensará: «Es verdad, lo veo clarísimo; de entrada esto es otro planeta, pero además está claro también que aquellos y estos no son  de la misma especie, es imposible que lo sean; pero para no asegurar cosas y luego equivocarme, digo la única otra posibilidad; si el avión no me ha traído a otro planeta, es que estoy en el futuro y estos son humanos y aquellos androides ☺ ; muy bien lograos ¡eh!, eso sí; se mueven y hablan mu fino; ¡mu lograos mu lograos!».

No, Mas, lamentablemente a los catalanes no les pondría como ejemplo de cercanía y naturalidad. Buenos, pero distantes, buenos, pero muy correctos, muy elegantes en su forma de ser. Y eso sí, tienen una forma de hablar muy bonita, que les pone por encima de los demás, sobre todo de los españoles; pero no, les pone incluso más por encima de los inmigrantes extranjeros de Cataluña; estos tienen la misma opinión de los originals, de serios y distantes, y más cosas. Pregúntales, Mas, a mí siempre me dicen lo mismo; pero lo que digan estos importa incluso menos, ¿verdad?, con estos hay que relacionarse menos aún, porque sería perder ya demasiada categoría.

Su lengua superbonita les pone a otro nivel, ellos son siempre muy conscientes de esto cuando hablan y por eso aman su lengua de esa manera; ponen mucha atención en la estética cuando hablan, lo que les eleva a un nivel superior; con sus vocales neutras, sus eses sonoras y sordas, sus vocales obertas y cerradas, sus elllles muy pronunciadas y otras geminades, su forma de hablar melodiosa, es una verdadera delicia escuchar a algunos catalanes, no a todos, no todos ponen tanta atención en la estética de como suena cuando están hablando, pero sí que está de moda, una moda permanente y ha penetrado en la idiosincrasia, va un poco implícito en las características de la llengua catalana. La llengua es aisì. Senten molt amor per la seva llengua. Después seguiremos entrando más a fondo en este tema. Tanto hablar de ello va a ser que tiene relación

☺.

Us explico: Tod esto que cuentu, es per tods vosaltres y no busco ofender-vos. Permitiu-vos plantear-vos un poc lo que vais escuchand, senyors. Aunque la vostra ment desde pequeñits hagi ido per un altre camí y sea difícil per vosaltres verlo de altres formes, planteeu-vos-ho (no sé si está bien ☺ ) que quizás se us mueve algu, se us encén un lucecita, perque en en el fonds sempre heu sabido que algu fallaba.

Los humanos no somos perfectos, señor Mas, ni siquiera en Cai, todos tenemos cualidades y defectos, los catalanes tienen muchas cualidades, pero los humanos de todo el mundo tenemos defectos, algunos son graves y provocan problemas muy graves, miremos cómo va el mundo y el conflicto que tenemos en España, plantéatelo a ver… Y no te preocupes si descubres algo, lo importante en la vida es evolucionar, corregir los errores y hacerse una persona mejor.

Como us digo, es per tods vosaltres, es tod un poc metafóric; el clic en la vostra ment podría ser sutil y profund, estem llegando a nivells del origen del univers ☺ .

Mas, cuando vengas a Cai, de paso tráete a los primos también pa aquí, pa Cai, a visitar a la familia, ¡que mira cómo se han vuelto! Se han olvidao de nosotro y ensima disen que se quedan un troso de nuestra España. ¡Pero qué es ese egoísmo, primo! ¡¡Pero quién ta comío el coco, coño, primo!! Acaso no sabes que nuestros tatatarabuelos se mataron ahí, en muchas ocasiones, por la terra. La última con los franceses, ¡que se la querían quedar, primo! Si no hubiesen ido para allí nuestros tatarabuelos, andando, a luchar con los invasores y a morir, ahí ahora solo se hablaría francés. Nuestros tatarabuelos nos dejaron en herencia el territorio a todos, primo, no solo a ti, y nosotros se lo tenemos que entregar intacto a nuestros nietos, no vamos a pasar nosotros a la historia por romperlo, cuando nuestros antepasados derramaron su sangre para que no lo rompieran los franceses, que no dudes que se hubiesen quedao, primo, y esos sí que no están con tonterías e inventos de immersió lingüística ni na, ahí se hablaría francés y punto, como en el Rosselló.

¿Ves, Mas? Los primos también dicen lo mismo que yo.

Señores catalanes separatistas, ¿por qué no se plantean cambiar de estrategia? ¿Se han planteado qué pasaría si fuesen los más españolistas? Si hubiesen cambiado a ser los más españolistas, ¿hubiesen podido gobernar España hace tiempo ya? (En este momento hay un catalán en situación de hacerlo, ustedes se han negado siempre la posibilidad a sí mismos). ¿Hubiesen podido exportar el catalán al resto de España y a Sudamérica de paso también? Y así con otra mentalidad y otra forma de planteárselo, conseguir una gran Catalunya en todos los sentidos y una llengua catalana conocida en todo el mundo, tal y como es su sueño. Que ustedes se quieren separar porque en la historia los gobiernos de España siempre les robaron y les perjudicaron; pues por eso les digo, ¿por qué no se plantean cambiar de estrategia, si llevan tantos años así, saliendo perjudicados? Eso quiere decir que esa estrategia es mala, les perjudica.

Imaginen que no consiguen la independencia; ¿cuántos años más van a seguir con esa postura separatista y siguiendo estando perjudicados? ¿Seguirán provocándose perjuicios a sí mismos indefinidamente? Parecen ustedes el niño de la clase que no se junta con los demás. ¡Sí, ya saben ustedes cómo son los niños! Los demás lo marginan, lógico. Y eso está muy mal, los niños a veces son muy crueles, pero algún problema tendrá también el niño que no se junta. ¿Y por qué no se junta? Algo le pasa, habrá que llevar al psicólogo al niño. ¿Qué pasa que es tímido o es que se cree mejor que los demás?

¿A ustedes qué les pasa, son tímidos o es que se creen mejor que los demás? ¿Usted, Mas, cree que hay mucha diferencia entre los niños y los adultos? Que no, señor Mas, que los adultos son como niños, nunca dejan de demostrar que es así, que les queda mucho por aprender, pero en España, en Catalunya y en todo el mundo. Usted como presidente debería entender de estas cosas.

Lo de no entender dónde están y no entender la realidad, es siempre un grave problema para las personas; esto es el planeta Tierra.

Ya le digo, señor Mas, si no comprende esto, no se queje de

que los árbitros sigan perjudicando al Barça ☺ ¡Si es que se siguen sorprendiendo!, ¡pero en qué mundo viven!, pero si es normal, señor Mas, usted no comprende la realidad del mundo.

Si fuese un niño, me podría decir que entonces no le gusta el mundo, y yo le diría que colabore en cambiarlo y que cuando sea mayor sea una persona justa, que no sea egoísta, que no discrimine, que no sea separatista con los demás, sino al contrario, que sea un ejemplo de cercanía y que ponga su parte para que un día en el mundo las sociedades sean unidas, justas e igualitarias.

Pero de momento no es así, y es precisamente por las personas que no actúan pensando en todos, sino solo en algunos o solo en ellos mismos, como hacen ustedes. En nuestra pelea particular de niños grandes todos deberíamos corregir nuestros errores, pero no les veo a ustedes preparados para hacerlo.

En cualquier país, con nuestras mismas circunstancias, pasaría lo mismo, y en algunos estarían pasando cosas peores. Parece mentira que con lo grande que es no comprenda esto y se siga quejando, señor Mas, a estas alturas aún no conoce usted a los niños grandes. La solución nunca será darle la razón a unos niños y quitársela a otros porque todos se peleen por el juguete, lo que debe hacer es educarles para conseguir que lo compartan como buenos hermanos, y al niño difícil y rebelde que no quiere compartir habrá que llevarlo al psicólogo porque tiene algún problema y él no se da cuenta.

Si ustedes hubiesen sido los más españolistas, todo hubiese sido diferente para todos, quizás también como le dije, lo de la dictadura que tanto les afectó. Pero no valdría con decir: «Ya me siento español», de mentira y no sentirlo, que los niños no son tontos, lo perciben todo. Siéntanse ustedes españoles, ya que siempre han estado en Hispania, y verán como al contrario que ahora, serán los hermanitos preferidos y los mejor tratados. Ustedes podrían estar manejando el cotarro, créanme.

¿Qué pasaría si se les encendiese la bombilla, cambiasen el chip y se pusiesen a ser los más patriotas españoles?

¡Uff!, les hubiese ido y les iría mucho mejor… Nos hubiese ido mucho mejor a todos. Los beneficios que veo inmediatamente para ustedes y para los demás son grandes; en la bola de cristal me salen grandes riquezas, mucha prosperidad, Barcelona capital de España… Uff, esta bola se ha desmadrao…

Pero no podremos ver esto con ustedes, porque el problema es que ustedes, señores catalans inpendentistes, no podrían ser españolistas aunque vieran mil ventajas en serlo y se pudiesen convertir en los más ricos del mundo. Imagínense a ustedes sintiéndose unos patriotas españoles, ¡esto es imposible!, ¡ni por todo el oro del mundo!, porque el motivo por el que son independentistas, «el motivo», el que voy a explicar, se lo impide. Ese motivo escapa a su propio control, domina su voluntad; no son ustedes libres para decidir, el virus se lo impide. Para que esto hubiese podido ocurrir, en España s'hauria de parlar català desde sempre, en vez de castellà, entonces sí.

Para poder ver eso, habría que impedir que sus hijos o sus nietos heredaran el error. Y serían igualment catalans i parlarían català, però tambè castellà perfecte. Cuando hablasen catalán, parecerían «catalans de la ceba» i dirían «Visca Catalunya» y cuando hablasen castellano parecerían fachas por lo bien que hablarían también de España. ¡Nada raro! En todas las regiones de España y del mundo pasa eso.

Serían totalment bilingües desde pequeñitos. Y siempre sabrían que son catalans, no us preocupeu, como todos los niños de España saben de dónde son además de españoles. Como todos los niños de Francia, Italia, Alemania, USA, Rusia, El Congo… todos están orgullosos de su región y a la vez son patriotas de su país.

Pero sé que con ustedes ya no es posible. Hay que conseguir ese mundo mejor, esa España mejor, que no se va a perjudicar a sí misma, que no se va a hacer sabotaje a sí misma y que, por lo tanto, va a avanzar mucho más rápido y mucho más alto; hay que conseguirla a través de sus nietos, porque de sus hijos no es posible ya tampoco, gracias a los presis que hemos tenido y sobre todo al Jordi, «el gran Jordi», que Dios le dé larga vida.

Cansado y a veces ya desesperado al escuchar solo soluciones que no van a funcionar, porque no tienen en cuenta la auténtica causa, he decidido tener la «prepotencia» de explicar el motivo del independentismo en Cataluña y así dar por fin una solución que sí funcionará; pero es broma lo de la prepotencia, es obligación, porque ¿quién tiene mejores circunstancias personales que los españolistas que hemos crecido aquí, para acertar en una solución?

Se ha de conocer el asunto a fondo. A alguien escuché decir esto: «Lo más importante para escribir sobre algo es conocer muy bien el tema». Pues para solucionar algo más aún. No puede conocerlo bien quien haya venido aquí un mes o dos, ni tres; o los que saben del asunto por la tele o por lo que le cuentan otros. La solución federalista es un buen ejemplo de esto. Dan una solución arriesgada, para un problema grave que no conocen personalmente, sino por lo que les han contado solo los de un bando. Y sin asegurarse de tener el problema bien analizado, van más allá; dicen que junto con el problema catalán, solucionará otros problemas nacionales.

Ellos no creen eso, solo les conviene autoconvencerse porque les va bien para sus propios problemas; pero aumentaría el independentismo porque tendrían más libertad aún para seguir convenciendo a la población y para seguir aumentando el porcentaje de independentistas, que es lo que llevan haciendo más de treinta años, inventando siempre nuevos trucos para avanzar. Sería como hacerles un regalo para que lo tengan más fácil y para que necesiten menos trucos.

—Bueno, pero depende de cómo se hiciese el federalismo y las competencias que tuviesen los estados y tal y tal…

Bueno, pues esa es la cuestión, no por ser federal ya queda solucionado ningún problema, es más, no tiene nada que ver. Ellos lo que quieren es la máxima autonomía, la independencia. Si el federalismo les dejase la misma autonomía o se la disminuyese, no estarían muy contentos aunque fuesen federales, ¡entonces para qué federalismo!, ¿qué sentido tiene y más ahora que tenemos que concentrarnos en resolver problemas importantes? No tiene ningún sentido, solo les sirve a los que lo proponen, para solucionar sus propios problemas y a los demás creo que nos tratan como si fuésemos tontos, y sinceramente me viene una duda recurrentemente: ¿creerán que lo somos? Porque si no piensan que nosotros somos tontos, siendo tan evidente que su intención es autosalvarse, la única otra posibilidad de que crean que no se les nota es que lo sean ellos.

Si no entiendes el motivo que lo crea no solucionarás el problema, ni siendo federal, ni confederal, ni autonómico, ni siquiera franquista, ya que lo agravó.

Ahora, como explicaba antes, se pasan el día echándoles en cara al resto de los españoles que ellos hayan sufrido la dictadura de Franco y que prohibiera su catalán, es una de sus justificaciones eternas para aportar legitimación a su causa, como si hubiesen sido los únicos perjudicados y no hubiesen tenido nada que ver en el asunto. Todos tenemos nuestra parte de responsabilidad; y no solo por lo que sabemos que ocurrió, sino también por sentido común; me imagino que el niño ese que no se quiere integrar, sino que se quiere separar de los demás porque se cree más guapo y más listo, y que además no es un niño que se está quietecito precisamente, sino que el niño ataca también, pues ese niño revoluciona un poco a todos los demás y entorpece concentrarse en las deficiencias y en los peligros, y se lo deja mucho más fácil a los psicópatas integrados que aprovechan nuestra falta de atención para hacer de las suyas; o sea, que el que te pone el palo en la rueda, encima te llama tonto y se ríe de ti porque te caes de la bicicleta. Esto tiene gracia porque es realmente así; es esa gracia de la sonrisa de incredulidad con la que te deja a veces la impotencia; mueves la cabeza de un lado a otro, extiendes lo brazos y dices: «¡Y qué le vamos a hacer!»; se ríen continuamente de todo lo que nos va mal en el país, corrupción, etc., es su ejercicio favorito en TV3; y a la vez no paran de dar problemas que dificultan aún más las cosas.

Esto otro de los psicópatas integrados es un tema muy importante del que los humanos deberemos hacernos conscientes; se dice que son como del 2 %; si es así, es una barbaridad. Y no todos son asesinos en serie, no, muchos están integrados entre nosotros y no lo sabemos, son muy hábiles, se pasan la vida practicando para que no se les note, y también son muy ambiciosos, o sea, que les gusta tener poder y lo consiguen. Abra los ojos, señor Mas, cuidado con toda esa gente con la que trata usted, y no aproveche ahora, ¡eh!, no s'ho faci venir bé, no se lo haga venir bien que este es un tema serio, també hi ha catalans, també.

Sobre este tema tendremos que hablar, señor Mas, es un tema que no se tiene en cuenta y es posible que ahí encontremos la explicación de muchas cosas. Si esto es como dicen, estamos en peligro, este es un tema importante que hay que investigar sin falta; apúnteselo en la agenda, a ver si vamos a arreglar el mundo entre usted y yo.

En definitiva, que si ustedes hubiesen sido unos patriotas, como siempre lo fueron antes, cuando éramos romanos, visigodos, en la Reconquista…

No sé qué bicho les picó después, uno francés quizás. Si ustedes lo hubiesen sido siempre, es difícil imaginar lo diferente que hubiese sido la historia.

No tengo ninguna duda de que hubiese sido muchisisísimo mejor para ustedes y para todos. Ahora seríamos la segunda potencia de Europa, porque a los alemanes no hay quien les gane.

Sobre lo de no sé qué bicho les picó, es una forma de hablar, porque sí sé qué bicho es y lo vamos a conocer aquí.

Quiero comparar mi prepotencia por aportar «la solución», que es la de alguien nacido, crecido, vivido siempre en Catalunya y que conoce en profundidad a los catalanes separatistas, con la prepotencia de los que dan soluciones sin haber nacido, ni vivido en Cataluña y sin conocer a fondo a los catalanes.

¿Por qué alguien así propone soluciones? Parece que estas personas son incluso más prepotentes que yo.

Estarán de acuerdo en que es cierto que no hemos conseguido que nuestro país sea un bloque tan fuerte como son casi todos los otros en el mundo; a la mínima que cometamos un error y le demos un golpecito, se nos puede partir en varios trozos; en cuanto se partiera uno habría un contagio. ¡Vaya panorama!, seríamos los yugoslavos de Europa Occidental, aunque mucho peor porque ese caso era comprensible; en realidad no hay posible comparación, pero ya veríamos si quizás les copiaríamos en el lío que se montó. No hay otros países en Europa en los que exista posibilidad de tener una situación como esa y hoy en día a nadie le parece que separarse en trozos sea algo muy avanzado, no encaja en el siglo XXI. Ustedes tienen claro que en el resto del mundo nos verían como tontos del culo, ¿verdad? Gente atrasada, egoísta, incapaces de convivir, animalitos…

Hay que aprender a aplicar bien la lógica; por algún motivo nos cuesta: si tenemos una hepatitis, pero no lo sabemos, vamos al médico, le decimos que nos sentimos cansados y él nos receta simplemente vitaminas. ¿Se nos pasará la hepatitis? No, y ese médico debería ser más responsable y asegurarse bien de sus diagnósticos porque está jugando con algo muy importante, que es nuestra salud. Igualmente, quien juegue con la salud de España debe hacérselo mirar. Los españoles debemos despertar en este sentido y no permitir que nadie por motivos egoístas, como el ventajismo electoral, o por lo que sea, juegue con España.

Si alguien no está seguro de acertar en el motivo del independentismo en Cataluña, que no proponga soluciones. Y es que yo afirmo que sin haber vivido desde pequeño en Cataluña, es difícil acertar y sobre todo comprender bien el motivo. Pero lo que no es difícil, sino que basta con aplicar el sentido común, es dudar de si un motivo puede ser el acertado, o al menos existir posibilidades de que no lo sea.

Por ejemplo: ¿El motivo del independentismo es económico?

La duda aparece inmediatamente, o sea, nadie un poco informado va a responder automáticamente sí. Habrá quien diga que es una parte de la causa, lo cual quiere decir que solo teniendo en cuenta lo económico no se solucionaría el problema.

¿Y qué es eso que hay detrás aparte del dinero? ¡Qué escondido está que nadie habla de ello!

Claro, los virus se esconden muy bien. Hay que estar horas y horas en el microscopio para descubrirlos. Quien pase por ahí solo un ratito no los va a ver y quien esté lejos, tampoco.

Yo, el prepotente, que ha nacido, vivido siempre en Cataluña y que conoce a los catalanes profundamente, digo que dándole vueltas al motivo económico, o al de encaje, perdemos tiempo y cada segundo que perdemos son diez mil nuevos catalanets («nous catalanets») ☺, ¿me he pasao?, cuidado no se crean, ahora hay muchos trabajando en la fábrica y las máquinas de fabricar catalanets no paran.

Son magos de primera línea, no nos hemos enterado de que nos hacían el truco económico. Nos han tenido hipnotizados observando la magia del truco económico muuucho tiempo.

Se les puede ofrecer todo, el IRPF completo, el IVA… incluso pagarles por que se queden, y no funcionará. Ellos solo quieren la «seva terra lliure», no es una cuestión de dinero, nada puede comprar eso, es una obsesión o una religión, o un patriotismo. Simplemente eso, un patriotismo muuuy grande, un patriotismo especial, patriotismo catalán.

—¿Qué tiene de especial o diferente a otros patriotismos?

—Nada especial y nada diferente.

—Entonces, ¿qué dices?, te estás contradiciendo.

—No, Mas, lo que quiero decir es que todos los patriotismos son especiales y diferentes, porque surgen de las características de sus propias idiosincrasias, que son especiales y diferentes en cada país y región del mundo.

En todos estos patriotismos hay unas claves que explican por qué tienen las características que tienen, pero sin ser del lugar, va a ser imposible entender de dónde surgen esas claves, porque siempre hay que ir a lo más profundo para poderlo comprender. Hay que ir al origen del origen, y solo quien sea de allí desde el nacimiento, puede conseguir eso.

Les habrá chocado a algunos que estoy hablando de patriotismo, cuando se trata de una región, no de un país. Realmente, es chocante porque no pasa en otros países del mundo. Tampoco en otros países del mundo se les permite a las regiones inculcar un patriotismo aparte del país de la forma y con el descaro que se hace en

Cataluña (bueno, suéltenme el discurso, menos en Escocia y por ahí).

En Cataluña se ha permitido siempre, esto es un hecho, no es una crítica, pero por supuesto que lo critico, porque no podría ocurrir otra cosa que lo que está ocurriendo.

¿Alguien cree que podría no haber ocurrido esto?

Era inevitable funcionando como lo hemos hecho. O sea, para que se entienda bien: NO HABÍA POSIBILIDAD DE QUE NO OCURRIERA.

Supongo que así en grande se ha entendido. En el momento que se entregó toda la competencia de educación, se permitió que los niños sintiesen el castellano como una lengua ajena a ellos, se permitió que viesen a España como un país ajeno a ellos, más todo el trabajo grandísimo de concienciación y de presión social de los separatistas, en TODAS partes, no solo en la escuela; en el momento que se permitió esto, era inevitable que pidiesen la independencia en un espacio corto de tiempo.

Era algo planeado, y aquí íbamos conociendo la buena marcha del proceso que tiene hasta nombre, «el procés». «Qué, lo conseguirem? Continuem, continuem fabricant catalanets!».

Repetían y repiten continuamente lo mismo y nadie paraba las máquinas y nadie las ha parado aún. Todas las mañanas de todos los días, en la fábrica, sigue el mismo diálogo:

—Qué, ho aconseguirem?

—Sí, sí, continuem, continuem fabricant catalanets!

A ver si se enteran los que pueden cerrar la fábrica.

La suerte es que era inevitable también, con esa presión, que explotase antes de tiempo, una masa así no se puede organizar tanto, el complot no se puede mantener en secreto con tanta gente y no se les puede organizar hasta ese punto. Con una masa tan grande, iban a explotar y a salir a la calle ya, por una cosa o por otra; un globo suficientemente hinchado explota con solo un toquecito y este era un globo hinchado año a año con unas ansias que no les permitía ser ya ser tan calculadores, «el motivo se lo impide».

Es evidente por la curva ascendente de la gráfica de independentismo que esperando más hubiesen partido de un porcentaje mayor, esperando lo suficiente quizás insalvable, ha sido muy bueno que el globo explotase cuanto antes, porque ya estoy viendo el 60 % en las votaciones a su alcance; son como unos avaros recopilando y recopilando puntos; —De dond podem sacar mes punts?

—Pues que votin els nens de diesiséis.

Alcanzarán el 60 en breve de no hacer nada o de no acertar en una solución; los jovencitos son votos suyos en su mayoría, no han tenido otra influencia y llegan con el «motivo» bien introducido. Tenemos suerte de que se trata de una idiosincrasia pacífica, su virus tiene la parte buena de que es incompatible con la agresividad; un virus más enérgico no les funcionaría, les curaría la enfermedad. Un ejemplo, y que nadie se ofenda porque todos cometemos errores, yo el primero; pues si introducimos el error o virus vasco en la idiosincrasia catalana, destruiría el virus catalán y se curarían de independentismo. Esto quizás necesita mayor explicación: el ego català es del tipo refinamiento barroco, y el ego vasco es del tipo refinamiento por cohones («Yo soy más refinado y punto, ahí va la hostia pues»). Si les introducimos a los catalanes el tipo de ego vasco, se les cae el programa. Imagínense la lucha de los dos virus en el ordenador:

—Ahí va la hostia pues, ya estoy hasta los cohones, me voy a liar a hostias.

—No, no, no, seny, seny, no se que em passa, sento com una agresivitat que no es normalll en mí; que dirà la jent si em ve aisí, mantenguem la compostura; in de pen den siaa, inde pen den siaa.

Aclaro que lo que llamo error vasco no es su energía y sus cohones, ahí va la hostia pues, que nadie se confunda, que esto es una cualidad; el error o virus empieza, como es así para todos los humanos, cuando un estilo deja de ser normal y pasa a ser más extremo, hasta que se vuelve enfermizo. Hay comunidades en las que su idiosincrasia predispone más a los individuos a salirse de la normalidad que otras, como pasa con todas las familias.

En las mismas circunstancias catalanas en otros lugares con idiosincrasias menos pacíficas, pero con las mismas ansias que les produce su deseo de independencia, que se sienten obligados a la fuerza y la autoconvicción de tipo superioridad que les produce su «virus», habría riesgo de sublevaciones más fuertes, enfrentamientos más graves, terrorismo… Ya ocurrió esto último en cataluña, con no demasiada fuerza. Hay que reconocerles su cualidad en este sentido, «el seny» es real y es en positivo para muchas cosas, es una virtud.

Pero no dejemos que se fuerce más la situación. Recordemos siempre los ejemplos cercanos en el tiempo, en los que han ocurrido cosas de máxima gravedad, guerras por estos mismos motivos. De hecho, está ocurriendo.

Hay que estar alerta, aunque hayamos tenido la suerte de que hayan «saltado» antes de tiempo. Tenemos políticos tan ciegos que quieren fabricar las circunstancias para que incluso lo tengan más fácil para seguir «fabricant catalanets» y seguir aumentando el porcentaje incluso más rápido que ahora. En este sentido, el virus los hace perversos, adoctrinan sin piedad, aunque no son conscientes de hacer un daño; es al revés, ¿no?, hacen que los niños sean superiores.

CUIDADO CON LOS POLÍTICOS CIEGOS. Con sus sistemas de acabar con el problema, quieren seguir dando concesiones para que los catalanes estén contentos y así se sientan muy españoles.

Lo que van a conseguir con esos sistemas es que sigan, quizás aún más rápido, inculcando a nuestros hijos, LOS HIJOS DE LOS ESPAÑOLES, los hijos de los Sánchez, mis hijos, que les sigan inculcando sus ideas clasistas, separatistas, ideas de que unos somos diferentes a los otros, que unos son mejores que otros, etc. Me paro, pero me quedo corto.

Les inculcan esto a los niños. Los niños creen obsesivamente que si son catalanes, son mejores. La prueba es que escogen ser catalanes y reniegan de España. ¿Alguien me discute que los niños tienen esa actitud?

¿Cómo han conseguido ustedes que los niños tengan esa radicalidad?, ¿cómo han conseguido que se envuelvan en banderas separatistas?, ¿es porque ellos tienen criterio propio?, ¿es porque tienen toda la información?, ¿a partir de qué edad tienen criterio propio?

Ustedes tendrán la cara dura y el fanatismo de decir que es por criterio propio de los niños y que no han recibido ninguna influencia.

Lo que les están haciendo debería tener pena de cárcel porque para conseguir tan buenos resultados, tan rápidamente, ustedes aprietan muy fuerte, les meten ideas dañinas para ellos mismos, les hacen un daño difícilmente reparable.

Estos niños lo tienen complicado para conseguir un día tener la mente libre de errores e imposible para ser uno de esos ejemplos para la humanidad que nombré antes.

Los niños de las otras regiones de España crecen de forma muy diferente; sin ese trabajo intensivo de hacerles creer mejor que nadie, ni que se tienen que separar de nadie, ni cogiendo rabia a nadie, ni cogiendo asco a nadie. No tienen adultos encima todos los días, mentalizándoles para que sean unos ultras de su región. Los otros niños no reciben esa presión porque en sus regiones los adultos no necesitan hacer eso.

Estoy hablando solo de los niños, pero con los adultos pasa igual, reciben presión y mentalización igual. Pero los niños deberían estar protegidos y de hecho según la ley es así; debería ser sutil y exigente aquí la ley.

Todos salimos perjudicados con esta permisividad que no tienen otros países. Salimos perjudicados los catalanes y todos los españoles. Además, muuuy perjudicados. Como hay que seguir repitiendo, muchas cosas en la historia hubiesen podido ser mejores, algunas muy graves; guerras, muertes, pérdida de territorio, el Rosselló, quién sabe si formaríamos un mismo país con Portugal, la dictadura y lo que los historiadores saben…

El patriotismo catalán es especial y diferente, como todos

los patriotismos. Estamos tratando aquí de darle respuesta a la pregunta del título: ¿Qué pasa con el patriotismo catalán? ¿Por qué tiene esas características? ¿Por qué la población catalana se comporta de esa manera y no de otra? ¿Por qué no se comportan como los vascos o como los gallegos o como los andaluces?

—Pues qué tonto eres, porque cada uno es como es.

Así es, Mas, cada uno es diferente, y no como tú dices que solo los catalanes son diferentes. En Girona son diferentes que en Barcelona, y los de mi barrio son diferentes a los del barrio de al lado.

Yo creo que los de Girona pronto pondrán pancartas «BARCELONA ENS ROBA, VISCA EL PRINCIPAT DE GIRONA LLIURE» y tendrán razón. ¡Es que todo se lo lleva Barcelona, Mas! El resto de Catalunya no existe, no entiendo cómo no se han sublevado todavía. Cuando seáis independientes, lo harán; Girona se independizará y se unirá más al Rosselló, Lleida a Huesca y Tarragona a Castellón. No necesitan para nada a Barcelona, que lo único que hace es llevarse los recursos y eclipsarles. «Tal faràs, tal trovaràs».

Aquí se les descubre nuevamente el gran truco del «dret a decidir», y es que ni ellos mismos creen que exista el derecho. No dan ese derecho a sus propios «compatriotas catalans», y en este caso son dictadores, porque sin que exista ninguna constitución votada democráticamente para su aún no constituido «estat català», imponen a todos los territorios que consideran pertenecientes a su imaginario futuro estado, la pertenencia al hipotético «estat català», sin darles el derecho a los territorios que así lo autodeterminen a seguir dentro del estado español. La provincia de Barcelona se quedaría en España seguro y Tarragona quizás y Lleida quizás, pero ellos NUNCA EN LA VIDA permitirían partir su Catalunya por mucho que lo decidiesen los habitantes democráticamente; ¿dónde está su derecho a decidir? Algunos incluso si pudieran impondrían también la pertenencia a la «República dels Països Catalans» al resto de territorios que ellos consideran que pertenecen als «Països

Catalans». Se les ve clarísimamente el truco del «dret a decidir» porque ellos no creen que los que viven en un territorio de Catalunya tengan ese derecho. Solo creen en el derecho a decidir si se vota SÍ a la independencia. Los originales, si se les permite, serán los más dictadores del mundo en este asunto y NUNCA aceptarán un NO, se camuflarían hasta inventar un truco que les devolviese al camino independentista de nuevo; en realidad para ellos solo cuentan los votos de «los originales» y de entre ellos, los votos de los que voten NO no cuentan, a estos los discriminan y los destierran; por lo tanto, la votación está trucada porque para ellos es un SÍ o SÍ.

Como digo piensan también que si en un territorio se habla algo que se parezca al català pertenece als Països Catalans; yo creo que toda España debería pertenecer als Països Catalans porque el castellano y el galego se parecen mucho al catalán, y el euskera según como lo mires también ☺, pero es que Portugal también debería pertenecer e Italia también, y Brasil, y Rumania sin duda porque tienen cientos de palabras exactamente iguales al català, y Francia también y en realidad todo lo que fue el Imperio romano debería pertenecer als Països Catalans. Ui asó se parese al català, pues es Països Catalans. Tienen un problema psicológico con su lengua, a la que le dan tratamiento de diosa, y creen que pertenecen a otra civilización que no tiene nada que ver con los que no profesen su fe en el habla catalana desde hace como mínimo mil años, rebajándolo mucho trescientos; a los que no profesen su fe desde como mínimo ese tiempo, no les dan ningún derecho a decidir nada, aunque digan que sí de mentira, y si se llaman Sanchez les dan una palmadita y les dicen: «Tú seras català si haces todo lo que te digamos y nos tienes contentos». Ellos saben muy bien quién pertenece y quién no a su sociedad secreta catalana, tiene que tener un mínimo de trescientos años de antigüedad en la secta religiosa catalana, preferiblemente mil.

Hay que aceptar la realidad, los de antigüedad de trescientos años que viven hoy nunca van a aceptar pertenecer a otro país que no sea el suyo y están dispuestos a hacer lo que sea, hasta ahora que no implique violencia para conseguirlo, pero sí manipulaciones, tergiversaciones, adoctrinamientos… y se arrodillan ante su lengua, su lengua es una religión, y le cantan a su lengua canciones religiosas, la llengua, la llengua, la llengua:

—Adoremos a la, llengua.

—La adoramos, Senyor.

—Y al territorio de la llengua.

—Lo adoramos, Senyor.

—Cantemos al territorio de la llengua arrodillados. —Cataluuunyaaaaa…

No enfadarse, esto es Polònia ☺.

Es un patriotismo muy fuerte, pero no es eso lo que me parecería raro, sino que es un patriotismo religioso, es un fanatismo, es muy fuerte realmente, y, ¿qué debe ser lo que lo hace tan fuerte? Todos los patriotismos tienen sus claves psicológicas y quien sepa llegar a ellas puede comprender la idiosincrasia de ese patriotismo. Ni siquiera los españoles más patriotas lo sienten de esa manera, esta es una forma de sentirlo diferente, las claves del patriotismo español son otras. Parece complicado llegar a entender el fondo del porqué de los patriotismos. Los catas no saben por qué les ocurre esto, de dónde procede. No saben por qué solo pueden ser catas, nunca espas, necesitarían trescientas no, tres mil horas de psicoanálisis para llegar a comprenderlo y a comprender todos los rincones de su cerebro por donde se ha ramificado el motivo. Esto es lo único que cuenta para su deseo inde: el motivo de la clave de su idiosincrasia inde. Pero lo que sí saben es que pueden pasar el motivo a otros e inventan mil trucos para poder pasarlo. Y esta es toda la verdad del asunto: no saben que portan un virus que les fue inoculado cuando eran pequeñitos y es determinante en su deseo inde.

Estamos intentando darle respuesta al título y se la vamos a dar y va a quedar muy clara. Lo que ocurre es que si tú, Mas, quieres saber el porqué de tus problemas psicológicos, el psicoanalista te dirá que te viene de la infancia y que para comprenderlos tienes que hacer trescientas sesiones de psicoterapia y así repasar toda tu vida (aunque lo acabamos de aumentar a tres mil).

Por eso estoy haciendo un repaso de las contradicciones y errores que hay en el tema separatista y seguro que me dejaré muchos. Voy escribiendo los que me van viniendo a la mente y que llevo desde que nací acumulando en mi memoria. Da igual el orden, es importante que no me deje al menos los más grandes y así queden aquí grabados para que ya no se olviden. De esta forma, cuando analicemos el motivo en profundidad de los errores, será más fácil ver que todo encaja.

No podía empezar el libro diciéndote directamente el motivo, Mas, no lo ibas a entender y lo ibas a rechazar de entrada, con lo cual no te ibas a poder curar. No hay que saltarse partes de la terapia, ha de hacerse todo su proceso.

Yo me siento obligado a escribirlo al haber sido testigo directo y por eso lo hago. No busco beneficio de ningún tipo. Espero que muchas personas lo lean porque no tengo duda de que si se aplicase la solución que propone, se acabaría con el problema.

Si escoges un buen psicoanalista, Mas, cuando lleve trescientas sesiones contigo, va a entender el origen de tus problemas, va a conocer tus defectos y también tus cualidades. Si es bueno, después de trescientas sesiones, confía en lo que él te diga y tómatelo y estúdialo seriamente.

Pero vamos llegando a un número de sesiones suficiente, vamos avanzando mucho ya, vemos por dónde va el asunto, y vamos viendo por dónde no va; pronto pasaremos a aplicar la terapia.

Tenemos claro algo muy importante, que el motivo no es económico porque por la independencia están dispuestos a correr el riesgo de perder mucho dinero, están dispuestos a correr el riesgo de salir de la CEE y de quizás no poder entrar nunca.

—Què passa? Suïssa tampoc està a la comunitat.

Sobre su otra gran excusa, el Estatut, creo que es suficiente con lo que hemos dicho para que no quede duda de que la realidad es que no les influye en su deseo. Fue la excusa para explotar; estaban contenidos, agazapados e inflados, y en ese momento ya no pudieron para la presión que habían ido generando durante treinta años, aunque sin duda el Jordi hubiese deseado esperar más. Pero como les estalló el almacén de la fábrica por haber fabricado ya muchos catalanets, aprovecharon para sacarle el máximo rendimiento al Estatut; como excusa les vino muy bien.

—¡Ah sí! Pues si no me das el Estatut, me divorcio, estoy muy enfadada.

—Va, no disimules, Catalina, y aproveches la ocasión para hacerte la dolida, que hace tiempo ya que me pones los cuernos.

Veámoslo para los que aún dudan, hagamos la prueba del algodón.

¿El motivo de querer la independencia es que no se les dio el Estatut que querían?

Entonces, ¿si se les hubiera dado el Estatut que querían, hubiera desaparecido el independentismo en Cataluña?

NO. La prueba sale negativa, o sea, el algodón sigue manchado, esto no solucionaba el independentismo, no acababa con él, sino al revés, hubiesen seguido agazapados y en mejores condiciones y la siguiente vez que hubiesen salido del escondite hubiesen tenido una fuerza mayor, quién sabe si imparable.

Repito, debemos tener muy claro esto, es IMPORTANTE: cuanto más autogobierno tengan y más competencias, más cerca verán la posibilidad de independizarse, y más querrán la independencia. Este estallido independentista llevaba preparándose muy calculadamente desde el principio de la democracia. El invento de la inmersió lingüística es una prueba indudable de ello.

Si miran en Wikipedia, que en catalán lo llaman Viquipèdia, verán que los catalanes han añadido al significado de «inmersió lingüística» el uso que ellos hacen, o sea, que se lo han hecho venir bien para poner otro significado, y también está ese mismo significado en el Wikipedia en castellano, me imagino que lo ha puesto un catalán. La diferencia es que esto que les pongo está en el Wikipedia en castellano, pero no Viquipèdia en catalán; lean atentamente esto primero, que es lo que realmente se pretende de forma disimulada en Cataluña.

«El método opuesto a la inmersión lingüística es la **submer-**

**sión lingüística** que recurre a «programas vehiculados a través de la lengua y cultura dominante, sin presencia alguna de la primera lengua del estudiante» y cuyo objetivo es «la asimilación a la legua mayoritaria, y la pérdida de la propia lengua y cultura».

En el «Viquipèdia» en catalán dice esto (seguidamente está traducido):

«També s'anomena immersió quan es posa en contacte l'aprenent durant moltes hores de la jornada amb la llengua que es vol dominar, encara que no estigui a la comunitat que la té com a llengua materna. Per exemple, a l'escola catalana la immersió lingüística s'ha esdevingut pel fet de convertir el català en llengua vehicular de l'ensenyament, de forma que la majoria de matèries s'imparteixen en aquest idioma. Aquesta immersió garanteix un coneixement suficient del català encara que els alumnes parlin altres idiomes fora de l'escola.»

En el Wikipedia en castellano dice lo mismo literalmente, incluidas estas expresiones erroneas: «…aunque no esté a la comunidad que la tiene…», «…se ha acontecido por el hecho…». ¡Uyy!… Parece que en el Wikipedia en castellano y en el Viquipèdia en català, ha escrito lo mismo el mismo senyor català; en catalàn se escribiría con esos errores de la «a» y «se» que él ha hecho en castellano, parece que las dos horas a la semana no le fueron suficientes, y luego lo que dice su frase lo deja todo clarísimo:

«También se denomina inmersión cuando se pone en contacto el aprendiz durante muchas horas de la jornada con la lengua que se quiere dominar, aunque no esté a la comunidad que la tiene como lengua materna. Por ejemplo, en la escuela catalana la inmersión lingüística se ha acontecido por el hecho de convertir el catalán en lengua vehicular de la enseñanza, de forma que la mayoría de materias se imparten en este idioma. Esta inmersión garantiza un conocimiento suficiente del catalán aunque los alumnos hablen otros idiomas fuera de la escuela».

El señor català dice: «Esta inmersión garantiza un conocimiento suficiente del catalán aunque los alumnos hablen otros idiomas fuera de la escuela»; y luego me hace esas faltas graves, de poco dominio del castellano, nada menos que en una enciclopedia; queda claro que lo que no le garantizó a él la immersió, fue a aprender a hablar y a escribir bien el castellano.

Como ven, tienen un descaro tremendo; el catalán es sencillo de aprender para un castellanoparlante, no necesita todas esas horas durante toda la primaria y toda la secundaria como dice ahí, y si se trata de un paquistaní, necesitará también aprender castellano, digo yo. Dice que la mayoría de las materias se imparten en catalán para que los alumnos tengan un conocimiento «suficiente» ☺. Se imparten todas las asignaturas en catalán, menos la asignatura de castellano, durante todos los años de primaria y todos los años de secundaria; creo que con tantos años haciendo todo en catalán, el conocimiento no será solo suficiente, sino que será fantástico; veo más en riesgo el conocimiento del castellano y tú eres la prueba, senyor català.

Mitad y mitad, senyors catalans, ya sé que el castellano no es muy importante, pero quién sabe si alguno de los alumnos puede tener alguna oportunidad en su vida que no tendrá por tener menos dominio de él. No me nieguen que lo tienen complicado para ser unos Cervantes.

Lo que hacen ustedes se parece a la «submersión lingüística». ¡Qué descaro más grande!

Creo que vemos claro la suerte que hemos tenido de que sus ansias no les hayan dejado esperar y que se hayan precipitado. Si hubiesen esperado veinte o treinta años más, o en menos quizás, continuando «fabricant catalanets» al ritmo que aún ahora siguen fabricando, estaríamos en una situación muy difícil de frenar. O sea, que no darles su Estatut fue un acierto por parte del gobierno central que, sin saberlo, ha disminuido sus posibilidades de éxito en la independencia, porque se inflaron más rápido, estallaron antes y han puesto al descubierto su intención antes, dejándonos más tiempo para reaccionar.

Hubiesen estallado igual sin tardar mucho, pero cualquier

tiempo extra nos viene bien porque de momento nuestra reacción está siendo muy lenta, tanto que todavía no ha empezado y, ¡a ver si va a ser una reacción hacia atrás!; ¡a ver si se lo van a dar ahora, el Estatut!, o algo mejor: a ver si les van a convertir en un estado con más autonomía aún de la que tienen, que les va a permitir aumentar el porcentaje de independentistas más rápido.

Señores catalanes, ustedes se merecen lo mejor, el mejor Estatut y todo el dinero que justamente les corresponda. Lo que ocurre es que sus dirigentes cogen ese dinero y lo utilizan para hacer cosas en contra de España y de los españolistas que viven en Cataluña, ¿entonces qué se puede hacer? ¿Cómo van a culpar al Estado español de que recele de esas actitudes?

Hemos de vivir en la realidad, señores, hemos de despertar y entender al mundo y a los que lo habitan, que son los imperfectos humanos. Las cosas no pueden ser diferentes a la lógica que marca la realidad. Por más que se proteste, no va a cambiar la lógica. Hemos de ser nosotros los que actuemos dentro de la lógica, que cualquier persona normal y cuerda sabe ver; porque quien no sabe ver la lógica de la realidad es un loco o un disminuido.

En otros países del mundo, se están riendo de la que tenemos montada en el nuestro. Están pensando: «Estos son gilipollas», con perdón a quien le moleste la palabrita, pero es lo que nos llaman porque ellos no permitirían ni una mínima parte de lo que está ocurriendo aquí. Hay países en los que habría habido ya una reacción contundente. No apoyo nada contundente que no sea justo, pero tampoco apoyo estar dejándose engañar, aunque el que engaña lo haga con mucha habilidad; «No, no, aquí no pasa res, aquí los profesores, que pagamos todos, actúan imparcialmente, los niños no se sienten coaccionados ni lo más mínimo para hablar catalán y para no hablar su lengua, la immersió lingüística no se utiliza para aumentar el número de independentistas, aumenta solo sin hacer nada, aquí no se habla mal de España, ni de los españoles, ni del estado, de forma interesada, somos muy objetivos, no se favorece en absoluto el catalán por encima del castellano y de los castellanoparlantes, aquí somos muy independentistas, pero nuestra forma de actuar es muy imparcial y no nos aprovechamos nada de los recursos de todos para avanzar hacia la independencia, y nos enfadamos mucho si se nos acusa de cosas así y no toleramos el mínimo control porque esta es la nostra terra y visca Catalunya lliure».

O les tenemos miedo, o creemos que tienen razón, o somos tontos y manipulan todo como quieren y sin dificultad, o todo a la vez.

Negar la realidad es muy fácil, cerrar los ojos a lo anormal por haberse acostumbrado a ello es algo que hacemos muy habitualmente. Nooo, tienen razón, soy un poco exagerado, todo está bien y es más, todo en el mundo funciona fantásticamente, y cualquier cosa que hagan ellos para conseguir la independencia es correcta, sobre todo porque lo hacen con ese autoconvencimiento y con esos aires de superioridad que hace imposible que no tengan razón.

Los españoles somos gente buena y razonable y siempre lo hemos sido en la historia, y nos cuesta ser contundentes como sí lo serían en otros países. Este es el motivo real por el que nosotros tenemos la situación que tenemos y otros no la tienen. Nada de eso que se dice de que España es un país plurinacional y los demás no. Nada de eso.

TODAS LAS REGIONES DE TODOS LOS PAÍSES DEL MUNDO TIENEN SUS SINGULARIDADES Y SON DIFERENTES ENTRE SÍ.

A ver si así en grande queda claro. Que aunque parece estar todo el mundo de acuerdo en lo de plurinacional, hay diferencias entre sus regiones en todos los países del mundo, y en algunos muchas más que en el nuestro, y lo que sí está ocurriendo aquí es que se está utilizando lo de país plurinacional como explicación interesada para hacer creer que es normal lo que ocurre; se utiliza como un truco más, y cansa de tanto escucharlo, y repugna al saber lo que se esconde detrás.

Se me ocurre este conflicto en Rusia. Sería entretenido verlo. Pero nos podemos quedar mucho más cerca, en Francia. Ya han tenido este problema a lo largo del tiempo, en varias de sus regiones; en Francia tenían más lenguas que aquí. Ya no tienen ningún problema, hace tiempo que lo solucionaron. Si Cataluña perteneciese a Francia, haría tiempo que no existiría NINGÚN problema.

Los mismos problemas exactamente que tuvieron en el pasado muchos otros países, aquí nunca se solucionaron, nosotros los seguimos teniendo; y el de Cataluña tiene tal fuerza que les hace querer la independencia a cualquier precio. Acertar en su motivo particular y aplicar la solución correspondiente al motivo real salvaría la unidad de España. Por eso hay que repetirlo las veces necesarias, el esfuerzo bien merece la pena; no nos dejemos engañar ni nos engañemos a nosotros mismos ni escondamos la cabeza debajo del ala y apliquemos la solución evidente y que en realidad sabemos muy bien cuál es; y tampoco permitamos que jueguen con España los que quieren dar soluciones que no solucionan y que además no solo no son seguras, sino que son muy arriesgadas; tanto lo son que yo digo que el desastre sería inevitable.

Si a las personas que proponen estas soluciones no les importa asumir riesgos, que inviertan en bolsa, con su dinero por supuesto, y a ver si tienen suerte y ganan, pero que no jueguen con la integridad territorial de España, que no es suya, que es de todos los españoles y de nuestros descendientes, que juzgarán nuestros errores como nosotros juzgamos los de nuestros antepasados. Increíblemente y habría que buscar también la causa, no aprendemos de la historia y aún conociéndola y sabiendo de los errores pasados, volvemos a cometerlos; porque, ¡señores!, con respecto a este tema, esto se parece a la película *Atrapado en el tiempo*.

Señores de los diferentes partidos políticos, estudien a fondo la historia antes de proponer cosas para este asunto, no sean ustedes irresponsables. Pero después de consultar la historia, déjenle las soluciones a los que han nacido y crecido aquí, y no a cualquiera de los de aquí; los que son de aquí con orígenes de fuera, porque tienen una visión más amplia y neutral. Y dentro de estos, a los que hayan mantenido la cordura a pesar de la doctrina recibida.

A los separatistas no les va a interesar nada de lo que se les proponga, no quieren ser españoles y punto.

—¡Yo ser españolista, qué tonterías dices, eso nunca! Jo soc català i Catalunya es una nació, porque en tal fecha ocurrió esto y lo otro y tenemos mil años y mil argumentos más…

Nunca acabarían los argumentos, nunca acabarían las soluciones a los problemas que les dificulte llegar a la independencia, nunca TV3 acabaría de infundir patriotismo catalán, nunca las escuelas catalanas pararían de «fabricar catalanets».

Por eso, en realidad, una vez que sabes el motivo auténtico, entiendes que nada sirve de nada para intentar convencerles.

El motivo por el que quieren la independencia hará que busquen argumentos y contraargumentos a cualquier cosa que se les diga. Cataluña actualmente es un hervidero de argumentos, de soluciones a cualquier problema hacia la independencia, de ocurrencias de todo tipo buscando conseguirla. Nada más importa, no importa si se acaba todo, si viene el diluvio universal, si el grupo Bildelberg consigue su propósito de hacer una comunidad única en el mundo (a ver qué traman estos. Se me ocurre que estos chicos podrían tener una relación, lejana en el tiempo, con el procés. Y últimamente también me suele venir esta pregunta: ¿serán ellos los ideólogos ocultos del TTIP? ¡No sé, como todo va por el camino, del que hace tiempo «los despiertos de entre nosotros» nos están advirtiendo, que estos buenos chicos jovencitos de cien años buscan llevarnos!, pues me viene esta pregunta. Que no se despiste nadie ni un milímetro con esto, que la situación está muy peligrosa. Un acuerdo de comercio no es malo en sí mismo, puede ser muy bueno, pero el peligro no será solo el tipo de acuerdo al que se llegue, sino quizá los cambios en el acuerdo que se puedan hacer en el futuro, que si fuese cierto que los del Bildelberg están dirigiendo absolutamente todo como algunos dicen y que sus intenciones son tan malas como los despiertos dicen, serían cambios que buscarían favorecer esos intereses tan oscuros y quizás esa es su estrategia habitual, primero firmamos algo bonito y luego los despistamos con una crisis y les colamos lo que nos dé la gana. Todos tenemos la responsabilidad de estar con los ojos muy abiertos, de no bajar nunca la guardia pase lo que pase y de estar siempre muy bien informados; debemos hacerlo por nosotros, por nuestros hijos, por nuestros nietos, por nuestros biznietos, tataranietos…, ya que vivimos en una época clave, en la que los inmortales han nacido ya, y hay que controlar los asuntos de la ingeniería genética, y todo de lo que todavía no somos conscientes. Por suerte tenemos una gran ventaja, que no teníamos antes, estamos todos en total y rápida comunicación; dicen que quieren intervenir Internet, esto es algo que no deberemos permitir nunca, porque quizás es lo único que nos queda, ya que dicen que tienen el control de los otros medios de comunicación. ¡Bueno, veamos! Los medios de comunicación que informen de este libro quedarán libres de sospecha ☺ ); ¡uiii, qué paréntesis más largo!, me he dejao a mis pobres paisanos olvidaos; voy a buscarlos, ¿por dónde iba? ☺ … nada importa, «nosaltres volem la independencia»; y es que el «motivo real» por el que quieren la independencia hace que nada más importe. No saben por qué les pasa esto. En el subconsciente sí lo saben, pero como nos pasa a la mayoría, necesitaríamos muchas sesiones de psicoanálisis para comprender ciertas cosas de nosotros mismos.

Este libro espero que equivalga al menos a diez sesiones.

¿Qué nombre tendrá por fin esa enfermedad que provoca ese virus? Y qué prepotencia la mía, ellos no saben el nombre y yo sí, ¿por qué? Porque yo soy ellos, todo lo que está en su mente está en la mía también, siempre he estado con ellos, siempre he convivido con ellos, siempre he hablado catalán con ellos, y este último es el dato importante que me permite conocer «el error»; y lo que me permite ser consciente de que está ahí y a ellos no, es que soy ellos, pero no soy uno de ellos gracias a mi origen, y sin esa vacuna que me proporcionan mis raíces yo tampoco vería claro probablemente, estaría infectado.

La suerte es, también, que ellos así me lo han hecho saber siempre, que no soy uno de ellos. Pero además nunca he querido serlo, aun estando con ellos, ¿por qué?; porque ya desde pequeñito intuía algo raro, no era normal que se hiciesen diferencias por causa de la lengua. Los niños hacen síntesis rápidas y acertadas porque su intuición no está manipulada, y estaba claro que ahí había personas superiores e inferiores, y como a mí me tocaba ser de los inferiores, porque mis padres no son catalanes, mi lengua materna es el castellano y es la que siempre he preferido hablar, los superiores eran para mí casi unos enemigos, por muy correctos que fuesen. Un niño, aunque no comprenda a fondo lo que ocurre, intuye y se posiciona, y lo raro le parece raro, recela de ello y se aparta. Aquí el conflicto entre las dos lenguas siempre ha creado un ambiente social que nunca ha sido normal, ni sano, ni para nada lo deseable.

Tengo la sensación de que tengo que insistir en esto para poder convencer de que es así, y en general me pasa lo mismo en todo el tema, por eso me repito un poco; y es que la locura se ha normalizado tanto que siempre se ha negado lo evidente y se sigue negando. Desde pequeño tenía que escuchar a mis propios compañeros del colegio, que eran amigos míos además, lo de «fora charnegos», «charnegos de merda», «boti boti boti, espanyol qui no boti» y todo el resto del repertorio... y después me ponían buena cara porque eran unos niños y eran amigos míos, pero ellos sabían que yo era un charnego..., una situación un poco extraña para un niño.

—No, aquí no hay ningún conflicto, ni lingüístico ni de ningún tipo, aquí es todo normal.

Y es cierto, aquí la locura es lo normal.

Yo rechazaba lo catalán, sin decirlo, por su rechazo a los castellanoparlantes, aunque no tenía que esforzarme, ya que ellos tampoco me consideraban catalán; yo era «un charnego». Se escucha menos ahora esa palabra, pero que nadie se engañe, se sigue oyendo y los que dirigen esto, «los originales», nos ven y nos seguirán viendo igual aunque hablemos catalán. Ellos tienen esa barrera psicológica con los castellanoparlantes y no la pueden salvar aunque quieran, no nos pueden asumir como catalanes igual ellos, no pueden controlar eso, se lo inculcan desde pequeños y ellos a sus hijos, utilizando lo que llamo virus, y esa es la cadena que hay que romper, y es muy sencillo hacerlo comprendiendo la enfermedad que produce el virus.

De hecho, también ellos quieren acabar con esa situación, ese ambiente que siempre ha sido molesto para ellos también. Reconocen que existe y están acabando con esa situación a base de eliminar el castellano lo máximo posible; buscan, según dicen, que haya una mayor integración, con lo que reconocen que hasta ahora no ha sido la deseable. Su sistema de acabar con el conflicto acabando con uno de los bandos se califica por sí solo; conocemos también otros casos en los que se buscaba unificar o purificar la sociedad o la raza. Ellos lo ven lógico y se sienten con derecho porque están en su país. Aun así, su sistema no les va a servir ni para ellos mismos, porque tendrán que pasar unas cuantas generaciones para que su virus no detecte diferencias. Hay un sistema mejor que produce la mayor integración, pero que ellos no pueden tener en cuenta; de hecho, es el sistema de personas avanzadas de verdad, el de Homo Sapiens realmente conscientes por fin, que es el sistema de eliminar el concepto clasista y racista de las diferencias. La forma de aplicar ese sistema es muy sencilla y es la solución que va a acabar con nuestro problema.

El proceso ha ido evolucionando a peor a lo largo de estos años para los pesados que quieren seguir hablando castellano, es el procés, y la situación actual está muy mala si no pasas por el aro; para los papás y sus niños castellanoparlantes está malísima.

Ha avanzado mucho la lengua catalana y están poniendo peor cara a los que hablan castellano. Se está notando en Barcelona, donde antes no se notaba, pero en las ciudades pequeñas que comentaba, puedes sentir que ya estás en otro país.

El patriotismo catalán les produce mucho fanatismo, que a su vez les produce mucha ceguera de sí mismos y de la realidad, están prisioneros en su burbuja catalana. A causa de su espécimen concreto de virus Nrso y de la forma forzada y rabiosa que utilizan para hacerlo surgir; produce mucho fanatismo, etnocentrismo, sociocentrismo, egocentrismo.

Gracias a estar vacunado, yo no necesito hacer psicoanálisis, como ellos, para ver claramente lo que ellos no pueden ver. Para entender por qué Oriol llora pidiendo la independencia; para saber por qué solloza de esa forma tan tierna, lo hace igual que un niño de tres años, se le nota el profundo sentimiento, se puede ver su impresionante patriotismo, llora como si fuese un niño muy pequeño al que se le hubiese muerto la madre, muy dulce, muy suavemente, muy tierno, pone incluso voz infantil, lo siente como si el catalanismo fuese una persona, parece que llore por una persona, «fem-ho ja si us plau, fem-ho ja» (hagámoslo ya por favor, hagámoslo ya), lo dice llorando en público.

¿Qué hay en el catalanismo que les hace sentirlo de esa manera? ¡Qué cosa tan fueeerte!

Ese sentimiento que no puede controlar y que le hace llorar en un mitin le tiene que venir de mucho antes del Estatut, de la misma primera infancia. Hay alguna explicación más acorde que la que nos dicen, en esa reacción espontánea de Oriol, no creo que un niño ya mayor como él llore por el déficit; a no ser que España le esté robando a él directamente ☺.

Es curioso e interesante realmente que se pueda mostrar un sentimiento de forma tan tierna y conmovedora, que pudiera despertar empatía por él, de no saber que el motivo real y de fondo de ese sollozo y de por qué son tan catalanistas y quieren la independencia, no es bonito ni tierno, sino que es innoble. O sea, que no porque una persona llore con mucho sentimiento hace que el motivo por el que lo hace sea loable, y en este caso es muy al contrario, es innoble. Sinónimos de innoble: mezquino, indigno, infame, abyecto, despreciable, ruin, vil; esto es lo que pone en el diccionario de sinónimos, no lo digo yo. Yo por ahora lo dejaré en innoble, no quiero ir más allá, porque no quiero provocar un rechazo, sino que busco que se analice. Ustedes, si están de acuerdo conmigo cuando lo analicen, podrán ir todo lo lejos que quieran en la calificación.

Lo que sí quiero repetir, como ya dije antes, es que «el motivo» provoca etnocentrismo, sociocentrismo, egocentrismo, falta de empatía con los «otros catalanes» y con el resto de españoles.

Esta forma de explicarlo está inspirada al leer y comprender esta frase que no es mía y que puede explicar el porqué de los conflictos en todo mundo: «Es importante aclarar que la comunicación por sí sola no implica comprensión y que esta se ve obstaculizada por el ruido, la polisemia, la ignorancia de ritos, los imperativos éticos, la falta de empatía, el egocentrismo, el etnocentrismo y el sociocentrismo».

Quiero hacer un análisis ahora sobre si la procedencia de los sentimientos de los humanos tiene que ser por fuerza noble. Ya he dado mi opinión de que no al decir que el origen de tanto independentismo en Cataluña, en este momento, es innoble, pero quiero que lo analicemos porque los catalanes independentistas que lean esto se llenarán de rabia por dentro y no quiero que lleguen a explotar.

Analicémoslo por tanto, ya que sería una pena que explotasen, eso debe doler mucho y hay que tener empatía y ser consciente del dolor de los demás. Esta es la descripción de un humano por fin evolucionado, un humano que por fin dejó de ser solo un animal y pasó a ser algo más, paso a ser quizás un ser superior. Me gusta esta forma de llamarlo, «ser superior», porque ese sería el fin de la evolución del Homo Sapiens, llegar a ser un ser superior, y el síntoma de que llegó a serlo es que llegó a tener total empatía con los demás Homo Sapiens, con el resto de animales, con el mundo, con todo el universo; cosa que el resto de animales de la Tierra no tienen capacidad de conseguir tanto como el animal humano, aunque sí mucho también los más evolucionados, como algunos mamíferos y otros quizá también.

La evolución de la mente humana, en el sentido positivo, o sea, evolución hacia delante, no hacia atrás, es inevitable que vaya acompañada de una capacidad mayor de comprender a los demás, de hacerse conscientes de todo. Si hay algún ser en otro planeta que ha conseguido una evolución en comprensión total, también se ha hecho totalmente consciente de todo, y tiene total capacidad de comprender lo que piensan y sienten los demás. Tiene total empatía, es capaz de ponerse en la piel de cualquiera, de comprender totalmente lo que sienten los demás. A la vez, es capaz de comprenderse totalmente a sí mismo y de detectar cualquier error mental o mal funcionamiento de su pensamiento.

Por eso, es inevitable también que sea un ser bueno, porque la maldad es tener poca capacidad de empatía, poca capacidad de ser «consciente». Es una falta de comprensión de tu propio pensamiento, que te impide detectar tus errores de planteamiento.

Esa dificultad de comprensión está motivada por bits erróneos en la memoria; son datos errados que producen fallos al procesar la información, lo que origina comportamientos anómalos. Hay muchos tipos de errores, más y menos sutiles, se adquieren sobre todo en la infancia, pero también a lo largo de la vida y son casi siempre culturales o introducidos por la familia y por la sociedad.

La otra posibilidad es una avería mecánica en el cerebro, pero este sería otro tema totalmente diferente.

Da la impresión de que la evolución total, la comprensión total, la consciencia total, pueda llegar a dar el don de la telepatía. Porque si observamos la progresión, cada vez es más fácil entender a los demás sin que digan nada.

Un gato le mira a otro la cara y no le dice: «¿Qué te ha pasado?; se te ve en la cara que estás triste». Un primate parece que ya se entera más de lo que pasa por la cabeza de sus amiguitos. Y un humano es capaz de saber muchas cosas de otro, sin necesidad de que abra la boca.

Según todo esto, vemos claro que el primate humano está aún lejos de la evolución total, de la comprensión total y de la consciencia total. Hay que ser algo inconsciente para no ver que aún los humanos, en este momento, no tienen consciencia total. Pero quizás el nivel de consciencia que se nos intuye no refleja nuestra capacidad real, ya que conocemos ejemplos de algunos humanos que parecen haber adquirido una gran consciencia; sin embargo, hay otros humanos que parecen ser menos conscientes que otras especies y sabemos muy bien que la forma en que se educan los humanos es determinante en su nivel de comprensión.

Entonces, no es solo una falta de evolución, de capacidad, sino que hay algo que nubla la consciencia de algunos humanos. La causa que haga que se nuble la consciencia de esos humanos puede no ser una causa noble ni los sentimientos que se produzcan a raíz de tener la consciencia nublada tienen que ser necesariamente nobles; más bien, existen serias posibilidades de que sean innobles.

Sin duda, hay ejemplos en los que vamos a estar de acuerdo inmediatamente. Vamos a estar de acuerdo en que los sentimientos que llevan al autollamado Estado Islámico a matar y a arrasar con todo no son nobles. Tampoco lo es el motivo por el que lo hacen. Lo que origina que tengan la necesidad de hacerlo no es algo noble, es innoble, mezquino, indigno, infame, abyecto, despreciable, ruin, vil y caben muchos más calificativos.

Sin duda, la mayoría de ellos se lo justifican a sí mismos, porque solo las personas que tienen una avería mecánica en el cerebro no necesitan justificarse las barbaridades que puedan hacer. La autodisculpa de estos, vendrá del lado de que lo considerarán justo porque responden a un ataque previo de otros, e incluso esto último puede ser cierto, pero su memoria está llena de bits de información errónea que les lleva a argumentos, conclusiones y sistemas de respuesta erróneos. En este caso, seguro que no tengo que insistir en que su forma de planteárselo está equivocada, para que ustedes estén de acuerdo; sin embargo, ellos ven clarísimo que tienen la razón.

Pero ya sabemos que no son los únicos innobles entre los humanos, hay sentimientos innobles en los humanos por todas partes y lo que origina esos sentimientos innobles son pensamientos innobles, causas innobles.

Está claro que el hecho de que un humano tenga un sentimiento, incluso un sentimiento que le haga sollozar como un niño, incluso aunque ese mismo sentimiento lo compartan muchas otras personas, no asegura que ese sentimiento es noble, es justo, es aceptable para los demás o no perjudica a los demás.

Que un humano tenga un sentimiento no asegura en absoluto que ese sentimiento ni el motivo que lo origina sean nobles. Por lo tanto, vamos a dejar de inflarnos y a no explotar, vamos a escuchar a los otros y vamos a analizar con sosiego y paz en qué se equivocan y en qué aciertan los demás, porque ese sosiego y esa paz son síntomas de evolución y no lo es inflarse ni explotar ni lo es creer con total seguridad que se está en posesión de la verdad y de la razón y de la justicia, porque es evidente que hay muchas cosas en la mente de los humanos que a menudo les nublan la capacidad de ser conscientes de si las suyas son o no causas nobles.

Vamos a ser conscientes, al menos, de que no siempre somos conscientes. Vamos siempre a escuchar atentamente a los demás, a autoanalizarnos y juzgarnos cada vez que estemos ante un desacuerdo con otros, porque ya sabemos que muchas veces anteriormente en nuestra vida hemos estado equivocados y hemos cambiado de opinión. No es necesario que seamos excesivamente modestos para reconocernos a nosotros mismos que con mucha posibilidad en el presente y en el futuro, vamos a equivocarnos unas cuantas veces más.

Por lo tanto, señores catalanes, no exploten si leen esto, porque podría darse la circunstancia de que estuviesen ustedes equivocados, ya que en esta vida todo es posible, y que lo que hubiese de fondo en sus ansias separatistas fuese un error innoble como yo afirmo.

Si así fuese, teniendo en cuenta la que están montando, no estaría siendo duro en exceso en mi explicación, sino que me estaría quedando corto.

Uff, a veces me preocupa no ser lo suficientemente diplomático; es que a veces se me va, se me va. Haría falta alguien como el papa para dirigirse a la gente sobre este tema. Sin duda, el papa lo diría de otra manera más adecuada; los papas tienen la precaución de hablar con más delicadeza, más este papa, que parece que está siendo más consciente. Aunque les aseguro que solo ahora me parece recordar que ya ha dicho algo sobre el separatismo en general, creo que no dirigiéndose directamente hacia los catalanes, ¿o sí? No recuerdo bien. Pero imagínense qué contentos nos pondríamos si el papa dijese algo de nosotros aunque fuese malo, ¡qué orgullo simplemente con que pronunciase Catalunya!: Hijos míos de Catalunya, sean más conscientes, por favor, no se separen de sus hermanos, que en las separaciones están siempre implicados pecados; la soberbia, la vanidad, la avaricia, la ira, la obstinación…

Como cuando escribes se puede parar el tiempo, lo he hecho y he ido a ver si el papa ha dicho algo sobre esto, y sí, y creo que ha dicho la palabra Catalunya… sííí, sííí, bieeeen, pero parece que no está de acuerdo con los separatistas y ha dicho algo como que hay que cogerlo con muchas pinzas.

Aludiendo al papa, lo que les quería decir con mi estilo de humor malo, que es el único que soy capaz de tener y como pueden ir comprobando me gusta utilizarlo mucho, es que seguramente hay que ser más delicado y tener más precaución aún al hablar de temas polémicos en los que hay implicadas tantas personas. Por estos temas, ha habido guerras y han muerto cientos de miles o millones de personas, con lo cual queda demostrado con esta fatal y absoluta rotundidad y sin tener la necesidad de estudiar más al animal humano, que está totalmente loco, entendiendo por loco a alguien que se aleja de ver correctamente la realidad y deja claro que su evolución mental y su nivel de consciencia, es el de un animal muy primitivo aún y le queda un largo camino hacia la comprensión.

Pero hay personas que opinan que no es un motivo de falta de evolución física, son personas que han comprendido la importancia de hacerse conscientes de las realidades, a través de entender cuáles son los motivos que limitan la consciencia, y se han dedicado a estudiar esas trabas, que son lo que estamos aquí llamando errores mentales y virus. Estas personas no permiten ya que esas trabas o errores influyan en su visión de la realidad, porque las conocen a fondo, lo que les permite comprenderse a ellos mismos a fondo y entender también a los demás.

Yo ya estoy de acuerdo con ellos a estas alturas, después de las muchas evidencias. Son los errores mentales los que nos limitan; tenemos muchos y salvo muy pocas excepciones de personas que dedican su vida a comprenderlos y a eliminárselos, todos los demás los tenemos. Los vamos adquiriendo desde que nacemos y se nos introducen tan a fondo y tan entrelazados que no somos capaces de darnos cuenta de que están ahí y de cuanto nos condicionan. Con un poco de observación de nosotros mismos es sencillo darse cuenta de que no controlamos bien nuestra máquina, es como si no conociéramos bien el libro de instrucciones. Nuestra solución entonces estaría en que estas personas que han comprendido completamente el problema fuesen los que educasen a nuestros niños desde el principio. De esta forma, el largo camino que decía antes que nos queda se acortaría a pocas generaciones. Cada generación que surgiría llegaría a adulta con una mente limpia de errores.

Me imagino un mundo habitado solo por personas con la máxima consciencia que permite nuestro cerebro, igual que muchas personas que ya son así y viven en este mundo, ahora, en este momento. No estoy hablando de algo que no exista, NO, existe y lo que planteo es posible; es más, aunque este es un tema muy largo que da para otro libro el doble de extenso que este, quiero solo decir que en cuanto los humanos tengamos resueltos unos temas que afectan a nuestras debilidades y que son los que nos mantienen aún hoy en día comportándonos como el animal que somos y sacando nuestro instinto de supervivencia, que nos hace pasar por encima de los demás si nuestro bienestar está comprometido, en cuanto resolvamos esos temas y no necesitemos ya tener activo nuestro instinto animal, esto va a ir rapidísimo.

Uno de esos temas que necesitamos resolver, creo que el más importante, es la energía, y esto está al caer. Hemos tranquilizado cada vez más nuestro instinto, a medida que la tecnología nos ha hecho sufrir menos para sobrevivir y cuando la tecnología nos permita vivir en este planeta tan hostil para un animal como nosotros, tan poco preparado para vivir en él sin utilizar herramientas y utensilios, ropas, mecanismos…, evidentemente, menos preparados que cualquier otro animal que habite hoy en día el planeta; cuando la tecnología y la medicina y las dos juntas nos permitan vivir sin sufrir la dureza del planeta, nuestras mentes se van a hacer conscientes, contagiándonos unos a otros, pero esta vez contagiándonos de comprensión, de limpieza mental, de comprensión de todos y de todo.

Esto está ocurriendo ya, lleva muchas décadas mejorando, siglos, pero en el momento que tengamos energía libre e inagotable llegaremos a la meta muy rápidamente.

En ese momento, vamos a tener que ser muy conscientes de que deberemos controlar y detener a las mentes que están más enfermas de entre todos nosotros, este será un asunto clave; estas son las mentes que hoy en día nos están perjudicando a todos, y tienen mucho poder; algunos dicen que ellos tienen el control y que son ellos los que dirigen actualmente. Este deberá ser un asunto N1 para todos nosotros, deberemos tenerlo presente en todo momento y no despistarnos lo más mínimo. Dicen que ellos son los que premeditadamente, con su poder, están retrasando la tecnología que nos permitirá ser libres energéticamente, que es lo que prácticamente nos hará libres del todo.

Volvamos con nuestros vecinos, primos hermanos.

—¿Qué opináis de esto nois?

—Que nosaltres no faremos la gerra, home! Nosaltres som pacifics!

—Home! Pues bromas aparte, eso sí que está bien y hay que reconocer que es cierto, ustedes son pacíficos.

—Nosaltres tenimos moltes cualitats, home!

—Así es, los catalanes tienen y tenemos muchas cualidades, que por este camino hasta yo me siento catalán. Solo me retiro del catalanismo cuando se nos va la olla.

—Es clar que sens va l'olla, com a totdoms!

—Es cierto, no conozco ningún país al que no se le vaya la olla, si no es por una cosa es por otra. Y es que los humanos hemos de ser por fin conscientes al menos de que aún no somos del todo conscientes y hemos de tener mucha precaución y analizar siempre si se nos está yendo la olla o no, debemos desarrollar una especie de alarma de idas de olla, porque se nos va muy a menudo, home!

Como digo, soy consciente de que hay que medirse y buscar palabras adecuadas para no levantar susceptibilidades, y hablar como se le habla a los locos vaya, que es lo que todos somos y por eso, aunque es una pena, es conveniente siempre hablar así. Es una pena que por miedo, o al ser consciente de la limitación en comprensión hacia los demás, de los humanos, no podamos expresarnos libremente como sentimos, con la tranquilidad de saber que te van a comprender aunque estés equivocado, y hay que aplicar los complejos códigos de relación inventados durante milenios y que además van variando dependiendo de la época y del lugar; hay que estar actualizado en los códigos del lugar donde estés y utilizarlos, porque si no lo haces los locos se pueden ofender. Sentirse ofendido es un mala comprensión del ego, que en vez de permitirnos entender si la otra persona simplemente es una loca confundida y en ese caso hay que tenerle compasión, o si tiene razón en lo que dice, lo que hace el ego es activar nuestra rabia y violencia de animales poco evolucionados y nos hace responder hostilmente. De ahí que los países tengan personas que han estudiado diplomacia durante años, que se encargan de ir a hablar muy diplomáticamente con los otros países, para poder decir lo mismo de otra forma que a los locos que mandan en esos países no se les active el ego, se llenen de rabia y les declaren la guerra.

Comprendiendo que en el planeta de los locos hay que medir las palabras, pero sin tener ganas de esforzarme en poner excesiva atención al ego de los locos, enlazo con lo que decía antes sobre mis paisanos separatistas para seguir explicando detalles que deben constar; que como he dejado claro, no soy ni me considero uno de ellos y que ellos no me consideraran uno de ellos, y no lo harían nunca, porque para eso es imprescindible tener en cuenta los apellidos, y esta es la ampliación de la idea; que ahora al mezclarse tanto los apellidos, podría no quedar claro quiénes son ellos y quiénes nosotros, y se habrán dado cuenta de que hablo de los catalanes como si yo no lo fuese, pero a la vez digo que soy catalán. Con este galimatías vivimos en Cataluña. Yo no puedo ser un catalán como ellos porque no me llamo Pujol, pero soy catalán porque he nacido aquí. A la vez hay Sánchez que sí se consideran catalanes como los Pujol, esto es así para los nuevos catalanets y sus papás Sánchez, a los que en muchas ocasiones los propios niños «novus catalanets» han convertido; y claro, los papás Sánchez se han dejado convertir para no defraudar a sus hijos «novus catalanets», que estos son terribles, muchos son más ultras que los originales; aunque les aseguro que estos, los originales, los Pujol, no consideran a los Sánchez de los suyos; les hacen traducirse el nombre al català, pero ni aun así.

Los Pujol han permitido esto, que los Sánchez se hagan y se sientan muy catalanes, quiero decir, que lo han organizado en realidad, porque les entró el miedo. Dicen que Franco envió a toda esta gente porque les quería diluir. No sé si pretendía eso, pero ha ocurrido, los Sánchez son creo el 70 % o más. Los auténticos han organizado esto como única solución, muy a su pesar y por eso están tan ultras; si pudiesen, cambiarían todos los apellidos Sánchez por Pujol, pero no se puede, ¡qué lástima! Los nombres se pueden traducir y lo están haciendo y ya está; los Juan ahora se llaman Joan, los Pedro, Pere, los José, Josep…, queda exactamente igual que en català, pero de qué serviría cambiar Sánchez por Sanches, igualmente no se le quita lo charnego.

La posibilidad de considerarlos catalanes sin más complicaciones no es posible. Con esta solución, se consigue que les ayuden en su causa del independentismo y una vez se consiga ya veremos qué hacemos con ellos. No han visto otro camino, porque en realidad no pueden verlo, la auténtica causa les ciega, les nubla la mente, no pueden ver otro camino, me refiero a un camino mejor. Ellos siguen sabiendo muy bien quiénes son ellos y quiénes son los Sánchez; aunque los Sánchez hablen un catalán «amb l'accent perfecte», quieren que su hija se case con un Pujol. Cuando tengamos la independencia, habrá que buscar una solución porque no me gusta que haya tanto Sánchez. Se me ocurre que en vez de cambiarles el apellido les podemos esterilizar y así aumentará el porcentaje de Pujols.

Esto es humor, eh, senyors! Simplemente habrá que aguantarse con los Sánchez y en todo caso procurar que nuestras hijas no se enamoren de ellos, pero buenu com ahore ya parlan català desde petitos (pequeños) es més soportable, lo jodido era aguantar el idioma charnego.

Entonces ellos, los Pujol, etc, son «los auténticos», de los que parte todo, ellos son los que lo planearon todo desde el principio y han llevado el independentismo a estos niveles. Les ha salido hasta ahora perfecto, exactamente como lo planearon. Son los que conservan el original del auténtico motivo del independentismo. Los demás son catalanes captados, abducidos, dirigidos. Están defendiendo la causa más que los auténticos, hasta el punto de que muchos irían a la guerra a matar a sus primos del resto de España si se diese el caso. Esto no es una exageración; no puede ocurrir y no va a ocurrir porque no se dan las circunstancias, pero el fanatismo y la rabia inculcada es la suficiente. Veríamos qué ocurre si se permite que siga aumentando el porcentaje, más vale que se le ponga remedio a tiempo. Se lo inculcan tan bien, tan a fondo, que irían a la guerra por una causa que no es suya, pero ni se enteran de que no es suya y de que su adoctrinamiento ha sido planeado y ejecutado con éxito; en una sola generación ya reniegan, odian y rechazan todo lo español. Aunque se lo expliques no sirve de nada, porque yo ya lo he hecho; «Ah, pues sí que me lo han incultat molto bén, visca Catalunya lliure». Y es que el auténtico motivo da ese síntoma, el auténtico motivo se mete hasta lo más profundo de la persona y no sale aunque les digas que está ahí.

Lo de estos «novus catalanets» es en realidad una copia del auténtico motivo, se lo introducen con técnicas y mezclado con otros conceptos, está camuflado en sus mentes y no se dan cuenta aun teniéndolo más en la superficie del subconsciente; les tiene muy ocupados estar pendientes de poner la bandera independentista en el balcón y a los que aún les cuesta, en esforzarse por tener una pronunciación del català perfecta, porque si no sentirán el rechazo, ya que con el peso de sus apellidos su esfuerzo tiene que ser mayor, tienen que ser más papistas que el papa, y tener más banderas y ser más ultras. Y lo son.

Algunos de estos «novus catalanets» adquieren l'estil català pero, como digo, incluso aumentado en algunos aspectos para compensar el complejo de charnego que les han generado; no les sale tan bien como a los originales, porque se han criado con influencias del estilo materno y paterno también, y se nota que interpretan; pasan la vida interpretando, ¡qué cansancio!, y son malos actores porque se les nota. Un ejemplo de nou catalanet que me maravilla, por lo buen ejemplo que es de lo que digo, es este chico de «Esquerra»; Dios mío es maravilloso verle y escucharle, como actúa, qué gesticulación tan fina, que estudio de la pose perfecta, que elegancia, qué forma de hablar pausada, qué seguridad insegura, ¿dónde habrá adquirido este chico ese estilo tan elegante, serio y cool?, ¿dónde se habrá criao, en Andalusía? Nooo, se ha criao aquí por supuesto, pero es demasiao serio, ¿verdad? A este chico le tienen ahí porque va bien para captar el voto inmigrante de Santa Coloma, le han fichao para eso; lo han aprendido de la política americana, que saben mucho y utilizan ese sistema; de hecho, también, él me recuerda en la gesticulación a los actores americanos, que son muy buenos gesticulando con la cara de forma muy cool. Esto lo hacen también muy bien algunos originales; tuve una novia original, muy independentista y muy guapa que me ponía cachondo porque gesticulaba al estilo de las actrices americanas. Es una maravilla esa gesticulación de este chico y esa búsqueda de la frase perfecta, calculada, que parece que cuesta que salga, ¡eh!, pero acaaaba saliendo; sí, sí, el chico tiene un gran talento interpretativo, se parece mucho a sus primos andaluces, sin duda el estilo es herencia de sus padres ☺, tiene la mimma grasia, espontaneidad, naturalidad y alegría andalusa por la parte de los cohone. ¡Dios mío, por favor, ayúdalos! Ustedes me van a comprender estas exclamaciones cuando empiecen a observar estos detalles ahora que ya van a estar pendientes de ellos. Esto no es normal, no es para nada lo deseable y es perjudicial de una forma que se ramifica y afecta a muchas facetas de la persona, es una anormalidad de locos.

Aquí además de tener los clasismos que hay en todas partes de ricos y pobres, etc., con esto de las dos lenguas, que son mejores los que nacen hablando una de ellas, que hay otros que son medio original medio charnego y los originales auténticos les tienen a prueba para ver si han salido charnegos u originales, que la llengua es como es y tiene las características que tiene…, se montan unos problemas psicológicos que da para mucho material, sería inagotable, se puede escribir un libro de cinco mil páginas y seguir escribiendo con los laberintos mentales que se montan en la sociedad cata por sus circunstancias y características; si Sigmund Freud viniese aquí, se quedaría con dolor de cabeza. Yo podría no parar de escribir, pero tengo que resumir un poco, porque si no podría seguir y seguir  hay mucho material buufff ☺; pero luego te pueden venir y decir que aquí no existe nada de eso, es uno de sus argumentos, un truco; en la sociedad cata no existe ni se hace ninguna diferencia entre un original y un charnego, sobre todo si no habla catalán, y al Mas le encantan sobre todo los que vinieron del sur porque ha repetido varias veces que no se les entiende, para apoyar así también que los niños aquí no estudien más castellano porque ya lo hablan muy bien, mejor que los del sur; esto está en YouTube.

Todo esto es tan interesante que es para coger una gran afición por la psiquiatría y la psicología. Las personas encontramos muchos argumentos para defender una postura y a la vez hay otras personas que encuentran la misma cantidad de argumentos y defienden la postura contraria, lo que demuestra que esto está lleno de personas confundidas a los que yo llamo locos; cuáles de ellos son los locos hay que analizarlo, pero dos cosas contrarias no pueden ser ciertas al mismo tiempo. Por ejemplo, este chico de Esquerra dice que en Cata los que discriminan son los castellanoparlantes a los catalanoparlantes, que la palabra charnego la dicen en el resto de España, y dice también un montón de barbaridades más. Es el mundo al revés, hay personas que funcionan así por la vida, ¿qué se puede hacer?; esto puede crear una gran impotencia porque no puedes hacer nada, tienes que tragarte las cosas que a los locos se les ocurra decir y no hay nada que hacer. Mi sistema para soportarlo y no llenarme de rabia por impotencia cuando se trata de algo que me afecta es aceptar la realidad de que aquí hay muchos confundidos, les concedo el estatus de locos y no les hago ni puto caso, en contra de mi instinto, cosa que me cuesta; sigo buscando basarme en la reflexión limpia de errores y con la esperanza de que las cabezas vayan mejorando. Si eres observador se aprecia que los locos meten sus argumentos con calzador, o sea, que no entran fácilmente y los tienen que forzar; algunos están tan locos que aunque saben que lo hacen se engañan a ellos míos y continúan creyendo que lo que dicen es cierto, pero yo creo que en sus momentos de cordura se dan cuenta en realidad y se hacen los locos por algún interés; y hay otros que sí saben directamente que mienten.

Este chico con pose de modelo, pero solo la pose, estil català, es como he dicho de Santa Coloma de Gramanet, un municipio de inmigrantes que está pegado a Barcelona, y el chaval no se ha enterado de nada; en su clase del colegio debía haber solo un catalanoparlante y pensó que el discriminado era él. Si se hubiese criado en cualquier lugar del resto de Cata, alejado ya del cinturón metropolitano, hubiese escuchado continuamente desde pequeño: «Charnegos de merda, fora de la meva terra, que yo soc catalllà», y no tendría ahora esa confusión. Estos de Esquerra han cogido a uno de estos niños a los que han conseguido llenar de rabia contra sus primos, metiendo con calzador sus inagotables argumentos de separación, de desprecio, odio…, utilizando la immersió, TV3 y sus muchas otras herramientas come cocos lalala, y le están sacando partido al chico. Él a su vez está sacando los dientes y está haciendo interpretaciones teatrales cuidando mucho el look sofisticado de estil català, apoyando a los que discriminan de verdad, a los que se creen diferentes y mejores, y que se quieren separar de los demás; y NO ocurre al contrario señores locos, o interesadamente confundidos si lo prefieren.

Los que utilizan la táctica de hacer el mundo al revés solo producen locura.

Hablando de este chico, me he acordado de los de este otro partido catalán de extrema izquierda, que son muy ultras también en el separatismo, que ya podemos empezar con lo curioso que es ser de izquierdas y apoyar la discriminación de una parte de la sociedad, y la separación de otros, etc.; pasan por encima de lo más importante si eres de verdad de izquierdas y esto me hace mal pensar que si son malos para una cosa, sean de verdad personas con la consciencia necesaria para ser como lo que representa ese partido y no haya detrás algún interés personal de menos generosidad; pero pienso que sí deben querer ser buenos chicos y lo que pasa es que están confundidos, por el motivo lógico al ser de aquí. Pero me hace gracia este partido, además, porque está dirigido por charnegos y por medio charnegos (llamo charnego a alguien en concreto cuando se lo merece por ridículo, pero en mi vida solo les escuché esta palabra a los catalanoparlantes, yo se la tomo prestada porque ya saben que defiendo el sarcasmo por justicia), y reciben la presión de los originales, o sea, reciben su clasismo, y estos defienden la misma postura de los clasistas ricos originales que les tienen bajo la presión a ellos, del clasismo de siempre del dinero y el de porque son charnegos. Uno de ellos se justifica de vez en cuando, «sí, no nací aquí pero y qué»; el otro, su mamá debe ser original y el papá no, y no habla original auténtico, y para más inrri lleva la «ñ», el orgullo español, que en catalán no la utilizan, la monta así: «ny». A este chico se le nota su intranquilidad cuando está con los originales porque se siente examinado por ellos, es que algunos originales son terribles, y en esos momentos este chico pagaría por ser original también, con todos los derechos del lalala auténtico. Si se le escapa una palabra en castellano sin querer, la corrige rápido y alguna vez nombra a la mamá para darse legitimidad, pero a veces para disimular que le afecta la presión de su parte charnega y de la «ñ», suelta algunas cosas en castellano voluntariamente.

Para quitarse presión es mejor lo que hace el de Esquerra, que se declara abiertamente charnego, y así sí te metes menos presión a ti mismo, es como salir del armario, ya no intentas esconderte y es un descanso. Este de Esquerra lo hace porque se le nota mucho lo charnego al hablar, no sabe hablar nada original, pero pocos quieren declararse charnegos abiertamente porque es como resignarte tú mismo a perder categoría; todo el mundo cuando ven al de Esquerra piensan: «ese es charnego». Pero en realidad es mejor porque del otro lo piensan igual; solo si hablas original perfecto, pueden no olvidarse, pero digamos distraerse y no pensarlo siempre; es como cuando ves una película y no piensas, pero siempre saben que es charnego, hijo o nieto de charnegos y le preguntan: «¿Tus abuelos de dónde son?»; «De Jaén, pero yo soc catalllà». Ser original siempre es otra categoría, pero el charneguismo se va difuminando en los nietos de los inmigrantes que muchos de ellos pronuncian perfecto, los de las ciudades pequeñas, los de Barcelona no; pero, ¿cómo te quitas el apellido? Queda el efecto psicológico de los apellidos, que no sé cuantas generaciones tendrán que pasar para que desaparezca; imagino que a medida que se vayan mezclando más los apellidos, irá disminuyendo el efecto psicológico y tendrá que desparecer del todo cuando no quede ni un solo original auténtico y ninguno de estos de la cepa dura. Esta es la gran tristeza dels catalans originals, están condenados a quedar diluidos hagan lo que hagan, pro almenyos salvarem l'espirit catalá, la esensia elegant y sobre toto per favor, que no es perdi nunca el lalala. Llegará un día que tener uno de los apellidos Pujol se valorará como una joya muy apreciada por lo escasa  :,-(  Será terrible, aun siendo independientes estará todo lleno de Sánchez y esto no hay forma ni truco que lo pare, no quiero ni pensarlo.

Todo esto me recuerda también al error que comentaba al principio y que cometen mucho las personas, que es posicionarse a favor de un camino antes de haber pensado en los argumentos que defienden uno y otro camino, por lo que al estar ya previamente posicionados, buscan solo los argumentos que apoyan su camino ya elegido. Esto en el mejor de los casos hace que acierten en el camino correcto al 50 %, es como tirar una moneda al aire; pero aquí en Cata es aún peor porque ni siquiera tiran ellos la moneda ni escogen ellos el camino, ya que tienen marcada la casilla en la papeleta de su voto por haber nacido en su lugar concreto; los que ya vivían ahí habían marcado su papeleta de voto antes de que él naciera, cuando su madre estaba embarazada de él. Él solamente se tendrá que encargar de acoplarse a sí mismo los argumentos que también le dan hechos; es un chollo porque no tiene que hacer ningún esfuerzo con la cabeza, se lo dan todo hecho.

Luego algunos dicen que todos los caminos valen porque depende del cristal con el que mires, pero los sabios no dicen eso; los sabios y los jueces que son los que estudian para sabios, aunque pueden trabajar de jueces sin llegar a serlo, se especializan en aprender a poner los argumentos en orden de importancia, los reúnen todos y ponen uno debajo del otro; este el primero, este el segundo, tercero, cuarto… y así hacen la lista y luego hacen la media aritmética y el camino que tenga una puntuación más alta es el que escogen. Es muy buena táctica ¡eh!; si sabes hacer bien la lista con sus posiciones correctas, funciona; la dificultad está en saber hacer bien la lista, porque encontrar argumentos es muy fácil.

Por eso, cuando tú te acoplas a ti mismo, los argumentos que se inventan los demás, estás entregando tu papeleta de voto para que la rellenen otros y encima defiendes el camino de los otros fanáticamente, sin haberte planteado los argumentos, porque ya desde pequeño te acostumbraste a no usar la cabeza, o usarla mal defendiendo tozudamente los argumentos que ya te estaban esperando antes de nacer, y sin ni haber hecho la lista de los más y menos importantes y en orden de más a menos.

Después tienes la ayuda de tu única tele, TV3, por si te surge alguna duda o se te olvida algún argumento, ahí te los repiten periódicamente. Luego los ves a todos repitiendo como loros todos exactamente lo mismo: «No, si no hase falta que estudíen més castellà a la escola, perque ya sacan molto bonas notas»; este argumento creo que se lo inventó el Mas, él sabe mucho. A mí me divierte desequilibrar su débil seguridad, de sus argumentos que les han regalado y no han tenido que esforzarse en plantearse más profundamente, y para este siempre les digo eso de: «Sí, van a salir un montón de Cervantes de las últimas hornadas de catalanets» ☺; se quedan como noqueaos, por fin pensando un poco, me hace gracia verles la cara pasmada que se les queda. Como dice el papa, sus argumentos están cogidos con pinzas.

Estos chicos se ven obligados a defender el camino y los argumentos que les adjudicaron previamente, porque hay mucha presión, la reciben desde pequeñitos y en todas partes, empezando por la escuela. No estamos en un sitio libre de presión, ni siquiera en uno con poca, o con la normal presión; esto no puede no enfermar la cabeza, no puede por su misma lógica fanática tener cabezas libres de errores.

Mireu Mas i Oriol, vamos a rehacernos de la pena de que esto se llenará de Sánchez e irán quedando menos de los vuestros, yo en realidad os comprendo, pero como siempre se dice y es el único consuelo, la vida es así, esto no tiene freno y es lo que va a pasar en todo el mundo; si pudieseis asumirlo ya, sería mejor para vosotros y para todos. En breve, vamos a extraer las conclusiones de la psicoterapia y voy a haceros el tratamiento; supongo que lo que habéis oído hasta ahora os ha permitido conoceros mejor, os ha preparado y habéis visto ya un poco del camino que os llevará a la cura. Antes os quiero hacer unas consideraciones más, que no quiero que se me pasen y que van a servir para que luego necesitéis menos sesiones psicoterapéuticas.

Hemos hablado de que ustedes, senyors catalans separatistes, aún hoy, aluden mucho a la dictadura, por lo mucho que perjudicó al catalán y a Cataluña, se hacen solo suyo el perjuicio aunque perjudicó a toda España. A la vez, hace tiempo ya que lanzaron un ataque contra el castellano y contra España, igual que les hizo a ustedes la dictadura. Para que no se inflen diré que no es igual, es diferente, lo digo porque es cierto, es diferente en el estilo, en el sistema utilizado y en muchas cosas. El sistema suyo es… efectivo. Los puntos suspensivos son porque buscaba cómo definirlo, puse efectivo porque es verdad que lo es, pero lo puse mientras buscaba una calificación moral. Es un sistema feo, se le pueden poner muchos calificativos feos, diré solo feo ahora, para que analicen los que lean cómo de feo es. Ustedes lanzaron este ataque porque creen que están en su derecho, «Aisò es Catalunya y a les escoles es parla català», no voy a entrar en esto ahora porque quiero referirme a otro detalle. Primero, que igualmente es un ataque, aunque no importa para lo que quiero decirles, si no les gusta que lo llame ataque, porque lo que quiero decirles es que es una mala estrategia, entre otras cosas. El papa diría que hay muchos pecados implícitos en esa estrategia. Como no soy religioso, yo digo que hay muchos errores mentales implícitos en esa forma de actuar. Pero ahora solo hablaré del error estratégico.

Es una estrategia mala, teniendo en cuenta las circunstancias; lo es porque lleva al fracaso y a salir y continuar indefinidamente perjudicados, y en este caso va a ser muy sencillo ver si tengo razón o no, porque el tiempo lo va a decir, es cuestión solo de esperar, pero ya ha sido demostrado en muchas otras ocasiones anteriores, porque lo suyo viene de largo; si se pudiese calcular en euros el perjuicio que llevan acumulado a estas alturas, daría para hacer muchas Catalunyas nuevas. Lo que ocurre es que ustedes no pudieron ni pueden plantearse si es buena o mala estrategia, escapa a su control, si tenían la posibilidad de hacer lo que han hecho, lo iban a hacer, no pueden decidir sobre ello, «el motivo real» se lo impide.

Ya les comenté antes algunas malas consecuencias de esta estrategia y ahora quiero hacerles ver que uno de los peores fallos que tiene es que se han puesto en contra a los Sánchez no independentistas, a los que no han podido convencer, cuando les podrían tener de su lado en la defensa del catalán y de Cataluña. Pero como ellos sienten que ustedes les han lanzado un ataque, y ustedes comprenden lo que sienten porque Franco lo hizo con ustedes, ellos hacen lo mismo que ustedes hicieron en la dictadura, defenderse y contraatacar en la medida que es posible. Como para ellos es mucho más posible que para ustedes antes, aumenta la evidencia de lo mala que es esa estrategia.

Había otro camino mejor, porque el resultado hubiese sido mejor, hubiese sido triunfal. Aunque no podían coger ese camino, porque escapa a su control.

Con ese otro camino tendrían al 100 % de los habitantes de Catalunya unidos en la defensa del catalán y de Catalunya. Alguien que «comprenda» hubiese cogido ese camino. El mejor camino te lleva al mejor resultado posible, porque si no no sería el mejor. El mejor camino es el más justo y el mejor moralmente.

Un día, los humanos solo escogerán esos caminos. Están ustedes involucionando respecto al nivel de evolución y al nivel de consciencia que se está alcanzando hoy en día en el mundo. No hablo de los que no lo están alcanzando, que son muchos, hablo de los que sí.

Quizás esto que les digo no les suena mucho, la cuestión es que un sistema triunfa y el otro fracasa y esto ya les suena más. Hay que tener cuidado porque a veces el corto plazo engaña.

Ustedes no debieron escoger el mismo camino que Franco escogió con ustedes, el de reprimir la lengua castellana, aunque la forma y todo lo que quieran sea diferente. Ustedes no aprendieron de su propia lección; los castellanoparlantes se van a revolver con más ganas y más fuerza contra su tiranía, igual que ustedes hicieron al acabar la dictadura. Pero no se preocupen, ellos no van a ser unos tiranos como están siendo ustedes, precisamente lo que van a hacer es acabar con la tiranía y van a ser igualitarios.

Ustedes deberían haber creado una igualdad entre las personas y entre el català y el castellano. Hubiesen debido conseguir que no se notase ninguna diferencia en ningún sentido. Que por hablar una u otra lengua no parecieses más guapo, ni más feo, ni mejor ni peor, ni estar mejor visto uno que otro, ni aquí ni allí. Que un niño en la escuela no pudiese notar ninguna diferencia en ningún sentido por hablar uno u otro.

Esto es imposible hoy en día para la sociedad catalana y a ninguna sociedad le es posible tener un comportamiento impecable, pero sí hay ya muchos individuos con un nivel de consciencia a esa altura, siempre los hubo y ahora el número es mayor, va en aumento y no parará de aumentar.

Ustedes van río arriba con respecto a la tendencia. Y no les hablo de un futuro muy lejano, esto ahora va a ir muy rápido, los jóvenes vivirán grandes cambios.

Ustedes continúan anclados en el tiempo, con la misma mentalidad desde hace trescientos años, hoy siglo XXI siguen con la misma exactamente que en el siglo XVII; lo único que renuevan son las excusas que se dan a ustedes mismos y a los demás; darse cuenta de esto debería ser suficiente para despertar y ver por fin que se autoengañan indefinidamente.

No se pongan más excusas a ustedes mismos; ya sé cuáles son sus respuestas para esto, las mismas de siempre, pero están errados; en este momento, ya muchos de ustedes lo están reconociendo, ya reconocen que sin que España les diese ningún motivo, aunque fuese tan buena como la Virgen María, ustedes estarían buscando desesperadamente la independencia igual que lo están haciendo; esto se lo estoy diciendo a ustedes, señores «originales». Las mentes han cambiado mucho en tres siglos, pero en este sentido las suyas no. Sus errores mentales actuales podrían no considerarse errores hace tres siglos, pero evidentemente hoy sí lo son. Continúan anclados en el pasado sin que existan ya aquellos motivos y van por el camino, si nadie lo remedia, de continuar trescientos años más.

En aquellas épocas hubo graves conflictos, los hubo en todas las regiones y en Cataluña también. Los franceses siempre eran protagonistas en los conflictos con Cataluña y luego estaban también, como motivo de conflicto, los fueros, que eran el Estatut de entonces, y no hubiese ocurrido nunca nada ni hubiese habido conflictos sin los franceses y sin los problemas de los fueros. Acaban de ver la puerta abierta de par en par para darse la excusa, ¡verdad! ☺; Fueros-Estatut. Pues aquí está la clave del asunto, senyors; por aquel entonces los fueros estaban en peligro de poder perderse totalmente y no tenían las formas de defenderlos, ni de negociarlos que tienen hoy. Con las circunstancias actuales, los conflictos de hace tres siglos no hubiesen existido, no hubiesen empezado nunca y ustedes en este momento serían diferentes. Ahora lo tienen todo y tienen los mejores fueros de la historia, y desaparecieron todos aquellos motivos de conflicto, pero no importa para ustedes porque es una inercia que no pueden detener aunque no exista ya nada de lo que originó el movimiento; no saben por qué no pueden detener la inercia y no tienen el control sobre ella. En breve les voy a decir por qué no pueden detener esa inercia.

Ahora discuten simplemente un porcentaje, que según otros expertos están calculando mal; el catalán, exministro de España, expresidente del Parlamento Europeo, Josep Borrell Fontelles, entre otros, y lean al menos su libro, *Las cuentas y los cuentos de la independencia*, que lo ha escrito conjuntamente con Joan Llorach Mariné, que no sé si he leído por ahí que ha nacido en Madrid, puede no ser correcto, pero si fuese así, ¿le daremos la nacionalidad por ser descendiente de catalanes o le prohibiremos la entrada? Parece ser, por el ejemplo de Joan Llorach, que la perspectiva cambia dependiendo del lugar de nacimiento, y tenemos que ir con mucho cuidado de decir que es cuadrado si la realidad es que es rectangular, porque el edificio es el mismo lo mires de donde lo mires. Cuando el edificio no tiene una forma tan sencilla de ver, sino que tiene muchas esquinas a tener en cuenta, es muy adecuado escuchar la opinión de todos los que están mirando el edificio desde las diferentes perspectivas, ya que muy a menudo solo con nuestra perspectiva no sabemos cómo es realmente y si nos empecinamos en afirmar que es como lo estamos viendo, estamos siendo unos chimpancés y la estamos cagando enormemente y será una pena no rectificar algún día y morirnos siendo unos chimpancés. Creo que según dice Josep Borrell, ustedes le han vetado la entrada en TV3 para explicar lo que dice en su libro, cosa que, de ser cierta, demuestra que ustedes se niegan a ver el asunto desde todas las perspectivas y siendo un asunto con tantas esquinas, su probabilidad de estar equivocándose en la visión acertada, mirándolo solo desde su perspectiva, es del 99,99 %. Si ustedes no le han vetado la entrada para hablar de su libro, mi información sería incorrecta, no pasa nada, todos nos equivocamos y si se rectifica deben perdonarse los errores y yo rectificaría; pero no estaría de más que, si ya le invitaron a TV3, le vuelvan a invitar porque muchos nos perdimos esa charla (que creo que nunca existió porque ustedes no quisieron) y también porque, siendo un hombre tan preparado y tratándose de un asunto tan complejo, no está de más escucharle de nuevo porque él dice que ustedes están calculando mal.

En realidad, estamos hablando de calcular y las cuentas no fallan, solo fallan cuando hacemos mal la cuenta o cuando queremos engañar a alguien y le hacemos mal la cuenta a propósito. Si ninguno de nosotros tiene mala intención, o sea, que uno no quiere robar y el otro no quiere engañar, hagamos bien la cuenta y sabremos cuál es el resultado. ¡¡¡YAAA ESTÁÁÁ!!! Acabo de encontrar nuestra solución para no seguir discutiendo del tema, he visto la luz de repente ☺; ¡¡¡HAGAMOS LAS CUENTAS!!! y solucionado el problema. Si ustedes tienen razón hay que darles lo suyo, y si Borrell tiene razón, ustedes dejan de joder y de perjudicarnos a todos, a ustedes incluidos y se comportan como los más patriotas españoles y así quizás llegamos a ser los N1 de Europa, ya que ustedes son un buen fichaje. ¡Si últimamente los españoles estamos ganando todas las Champions y todas las Eurocopas y hasta un Mundial! Y porque en el siguiente no sacó a Xavi Hernández, cosa que no le perdonaré nunca porque estoy seguro de que hubiésemos vuelto a ganar. Somos muy buenos, chicos, y no nos gusta hacer daño, pero ante algo tan incomprensible yo no me puedo callar, lo siento. Sin él no hubiésemos ganado NADA y va y en el último partido, cuando nos estaban mandando para casa, no lo saca ni en la segunda parte. Incomprensible o algún motivo feo hay que no nos dice. Qué lástima porque si hubiésemos vuelto a ganar hubiésemos hecho la rehistoria; no volveremos a ganar nada hasta que encontremos otro como él. Aquí no se le permite cagarla a nadie, no le pegamos ni le hundimos psicológicamente, pero le mandamos a casa, ¿estás de acuerdo, Mas? Quizá, como somos muchas comunidades, nos sale algún nuevo Xavi de alguna de ellas; pero no me refería al futbol cuando decía lo de ser los N1, que en este país solo pensamos en el futbol, home! Lo que quería decir es que si los catalanes se ponen a aportar la misma buena energía a España, en tonos los sentidos, que aportan a la selección, quién sabe si nos podremos poner a ganar todas las competiciones europeas, incluidas las económicas, quitándole la copa a los alemanes; es mucho soñar, pero he visto cosas muy raras ya en esta vida; juntos y todos a una podríamos intentarlo, ya que lo del mundial también me parecía imposible; pero por separado estoy de acuerdo que ni con la intervención divina.

… Como decía, sin los fueros en peligro, sino totalmente garantizados, ustedes siguen manteniendo abiertos los conflictos ya por inercia; autoconvenciéndose con excusas continuamente renovadas de que la inercia del conflicto debe continuar; cuando lo cierto es, y esto lo saben dentro de ustedes, que aunque no quedase ya ninguna excusa a la que agarrarse, buscarían igualmente el conflicto, porque el único motivo real es que quieren la independencia por sí misma, sin más, cosa que no era así hace trescientos años cuando sí hubo un motivo para el conflicto; repito: nunca hubiese habido conflicto de no haber habido motivo, como por ejemplo con las circunstancias actuales. O sea, que la semilla que entonces se plantó hizo crecer una mala hierba que no existía hasta aquel momento, pero que ya no paró de crecer desde entonces; y su alimento, su abono, no tiene nada que ver con que España les roba, sino que tiene que ver con el virus que en ese momento apareció y que se ha ido manteniendo y desarrollando desde entonces. Y es ese virus, que tiene nombre, abreviado Nrso, el que no les permite ver que ahora la estrategia debería ser otra totalmente diferente, justo la contraria y no lo mismo de lo mismo y nada más desde hace trescientos años. Esa estrategia ya nos hizo perder muchísimo territorio y mucho más, a todos, ustedes incluidos, y si es por ustedes continuaríamos otros trescientos años perjudicándonos y perjudicándonos sin parar. Esa estrategia hoy en día es de locos; van a seguir adelante en su nuevo intento independentista y yo les aseguro que si se les cae el intento totalmente, ustedes aun así, nunca se plantearán otra posibilidad mejor y continuarán autoperjudicándose por el resto de la eternidad, sintiendo orgullo por ello y creyendo que estar orgullosos es loable, cuando la realidad es que el motivo de su imposibilidad de ver otra forma de actuar no es loable, sino que está motivada por un error mental que les convierte en innobles.

Aunque en la sociedad catalana hay errores que no permitirían crear un ambiente con igualdad real, los que la dirigen deberían ser personas más conscientes y haberse planteado buscar el camino de la igualdad en todos los sentidos, porque el estallido ha sido consecuencia de que los que la dirigen hace más de treinta años escogieron el otro y siguieron, y siguen, sin plantearse ninguna otra posibilidad.

El motivo de por qué los dirigentes tampoco piensan ni siquiera en la posibilidad de un mejor camino, uno moralmente correcto, y a la vez el mejor estratégicamente, uno que permitiera conseguir el mejor resultado posible… es que no pueden, porque también para ellos escapa a su control. «El motivo de fondo» de todo este asunto, el que vamos a desvelar aquí por fin, ese motivo, no les deja ir por otro camino. Es normal, los dirigentes también forman parte de la sociedad.

La realidad es que no pueden escoger, están impedidos para escoger, solo pueden coger el malo, y cuando no han cogido el malo, el camino incorrecto, el camino que llevan ahora, el que lleva al fracaso y a salir siempre todos perjudicados; cuando no han cogido ese camino, es solo porque no se les ha permitido.

Nadie debe escandalizarse por la verdad, hay que ser consciente de ella, ellos saben que es así. Si se les impide coger ese camino, en cuanto se pueden escapar salen corriendo, cogen la puerta y hacia el camino otra vez.

Niño, encerrao en tu habitación, que te tienes que hacer mayor y madurar para que aprendas a no ir por mal camino.

No aprovechéis la frase, que sois expertos en aprovechar la ocasión y lo cierto es que hacéis lo que os da la gana; y lo del niño es broma, no os enfadéis, es solo mi opinión, no es la de nadie más, yo no hablo por nadie, solo por mí. Soy alguien que os conoce, os quiere porque sois buenos en realidad y sois mis amigos y familiares, y quiero lo mejor para vosotros; eso sí, sin que perjudiquéis injustamente y equivocadamente a los demás por pensar que tenéis la razón. Aunque así fuera, el fin no justifica los medios y no hay justificación para vuestra forma de actuar, aunque también en esto os queráis autoengañar pensando que tenéis el derecho de imponerle a los niños vuestras ideas y vuestra lengua y todo lo demás que hacéis…

No estáis viendo las cosas correctamente, preguntadles su opinión a las personas que he nombrado antes, las que han sido ejemplo para la humanidad; preguntadle a Jesucristo si a mí no me creéis, él existió realmente, no sé si era hijo de Dios, pero era sin duda alguien que «comprendió». La prueba de que existió es que dijo cosas que nos han llegado a nuestros días, que no podrían haber dicho los gañanes de aquella época; cualquiera que «comprenda», se da cuenta inmediatamente de que toca exactamente las claves importantes; alguien que «comprendía» había ahí en esa época, solo alguien que «comprenda» puede decir esas cosas.

¡Cómo hacéroslo comprender si el bichito de vuestra cabeza

nos os permite ver correctamente! Tods som catalans, tota Espanya som catalans, desde siempre. España pudo haberse llamado Catalunya, el azar pudo habernos deparado eso, todo ha sido posible. No vivís en otro planeta, ni siquiera a mil kilómetros. Sois desde siempre Hispania o Iberia, como prefiráis. La diferencia está solo en vuestra mente. Que habléis un derivado del romano o sermo plebeius, diferente al derivado del romano que hablan otras regiones, es un detalle sin importancia, que no cambia vuestra posición en el mapa; seguís en la península.

Pero ese detalle de la lengua, parece ser determinante para vuestra psicología. Sin duda, si hablaseis castellano, vuestra psicología sería diferente, siendo vosotros los mismos, l'Artur i l'Oriol, pero con otro bicho en el cerebro diferente. El bicho no tiene que ver con vosotros, es algo externo.

Ese bicho os hace tener pensamientos clasistas y egoístas, porque queréis separaros de los demás, sin importar el dinero u otras cosas, no os engañéis. Todo eso son excusas que os dais a vosotros mismos, lo sé igual que vosotros lo sabéis, «perque jo soc català també». Lo que ocurre realmente es que el bicho os hace sentiros diferentes, pero nadie en esta península es diferente, somos todos romanos, solo los bichos son diferentes. Lo correcto e inteligente es eliminar los bichos, no lo es permitirles que nos dirijan. No nos llevarán por el buen camino.

Por eso nunca debieran gobernar los que no «comprenden».

El resultado de haber escogido el camino correcto, ¿cuál hubiese podido ser? De entrada, conseguir la independencia no. El resultado iría en el sentido imperialista más que en el independentista. A la larga, le hubiesen podido cambiar el nombre a España y llamarle Cataluña :) :) :).

Esto quizá no, porque no hacía falta, Hispania siempre fue el nombre en común de todos, pero estaríamos hablando de una posición de Cataluña buena de verdad, nada que ver con la actual, donde la misma Cataluña estaría en posición de impedir ella misma cualquier trato injusto hacia ella, no necesitaría pedirlo, se lo podría dar ella misma. Lo que es justo, por el camino correcto se consigue. Y en el caso de que esos bárbaros españoles hicieran de las suyas, o sea, cogiesen caminos incorrectos, quedarían tan en evidencia ante el comportamiento moralmente ejemplar de Catalunya que esta estaría en una posición inmejorable para independizarse. Contaría con el apoyo del 100 % de los catalanes y con el de todo el mundo.

Pero cuando se tiene un comportamiento injusto, inmoral, clasista, etnocentrista, egocentrista, ¿racista quizás?, ¿quién te va a apoyar? Solo los feos interiormente y los confundidos o los abducidos.

La cuestión es que si no es la independencia de «la seva terra» lo que se consigue, nada más les interesa. Por eso todo esto es hablar por hablar, pero al menos pensamos un poquito.

Si no se consigue la independencia quizás es que no era lo justo. Me sabe mal porque Oriol llorará mucho, pero es que, Oriol, estás confundido. Tus errores te han llevado a un estado de, yo siempre lo llamo locura, pero contigo voy a ser más delicado, confusión, que no te permite ver que vas a poder seguir siendo catalán y que tu Catalunya puede alcanzar niveles muy altos de éxito, en todos los sentidos, quién sabe si más incluso que separándose.

Ya nadie se separa, Oriol, eso se hacía antes con guerras, por la fuerza. Lo tuyo es un poco de narcisismo, necesitas que sea un país y que todos en el mundo lo sepan. Pero Oriol, pertenece a la península, está unida de forma natural, deberíamos estar unidos con Portugal también, ¡qué es eso de estar separados! Creo que en esto de Portugal también tenéis un poco de culpa, ¡eh! La unión hace la fuerza, mira cuando éramos romanos. No éramos independientes, Hispania pertenecía a Roma, pero mira los puentes y las infraestructuras que teníamos para esa época. Pertenecíamos a la mayor potencia del mundo. Y los hispanos gobernamos el Imperio romano en varias ocasiones. El emperador hispano Marco Ulpio Trajano, nacido en Itálica, cerca de Sevilla, consiguió, mientras gobernó, la mayor extensión que tuvo el Imperio romano. Si hubiésemos sido independentistas, ningún hispano hubiese gobernado Roma y nos hubiesen marginado. Los humanos siempre han sido igual, «tal faràs, tal trovaràs». Fue bueno para Hispania pertenecer a Roma tantos siglos. Gracias a eso somos lo que somos. Gracias a eso tienes tu lengua que tanto amas. Tú hablas romano, hablas muy parecido a como hablaban tus antepasados de aquella época, muchísimas palabras están intactas.

No pasó nada por pertenecer a Roma. ¿Por qué no te quejabas con los romanos, les tenías miedo? «Quiero una Tarraco lliure» ☺.

No pasaba nada, Oriol, seguíamos siendo hispanos. Toda la península unida era Hispania, los romanos adoptaron este nombre con el que ya se conocía a la península desde siglos antes, no pusieron uno suyo. Siglos después derivó en España. No es un nombre que te hayan impuesto, Oriol, no lo puso Franco, es un nombre común para todos los territorios de la península, desde siempre. Por eso, aunque te independices seguirás perteneciendo a Hispania. No soy facha, os gusta utilizar esa palabra, no quiero imponértelo, es la realidad que yo acepto y tú no, habrá que ver por qué.

Sin embargo, aceptas que estás en la península ibérica, pero si nuestro país se llamase ahora Iberia, tú no aceptarías Iberia y sí aceptarías que estás en Hispania, si la península se llamase así. Pues resulta que estás en la península Hispania, este nombre es tan antiguo como Iberia, ¡qué más da qué nombre quedase al final! Estamos en la misma península y debe ser el mismo país como llevamos milenios siéndolo. Porque si Catalunya es un país, Hispania era ya un país entonces, ¿o no?

Cuando los visigodos se quedaron parte del territorio romano y pasamos a formar parte del reino visigodo, nos continuamos llamando Hispania. Aunque abarcaba también gran parte del territorio francés, tuvieron la capital en Toledo y tenían claro qué territorio era Hispania. Te voy a poner algo muy bonito que escribieron de Hispania en la época visigoda, es una traducción al castellano actual, no sé quién la ha hecho. Investígalo y me cuentas, Oriol.

«Tú eres, oh España, sagrada y madre siempre feliz de príncipes y de pueblos, la más hermosa de todas las tierras que se extienden desde el Occidente hasta la India. Tú, por derecho, eres ahora la reina de todas las provincias, de quien reciben prestadas sus luces no solo el ocaso, sino también el Oriente. Tú eres el honor y el ornamento del orbe y la más ilustre porción de la tierra, en la cual grandemente se goza y espléndidamente florece la gloriosa fecundidad de la nación goda. Con justicia te enriqueció y fue contigo más indulgente la naturaleza con la abundancia de todas las cosas creadas, tú eres rica en frutos, en uvas copiosa, en cosechas alegre… Tú te hallas situada en la región más grata del mundo, ni te abrasas en el ardor tropical del sol, ni te entumecen rigores glaciares, sino que, ceñida por templada zona del cielo, te nutres de felices y blandos céfiros… Y por ello, con razón, hace tiempo que la áurea Roma, cabeza de las gentes, te deseó y, aunque el mismo poder romano, primero vencedor, te haya poseído, sin embargo, al fin, la floreciente nación de los godos, después de innumerables victorias en todo el orbe, con empeño te conquistó y te amó y hasta ahora te goza segura entre ínfulas regias y copiosísimos tesoros en seguridad y felicidad de imperio». (Historia de los godos, vándalos y suevos de San Isidoro de Sevilla, siglo VI-VII).

¡Has visto qué bonito, Oriol! Sin duda, Hispania está situada privilegiadamente; ya veremos qué nos pasa con lo del cambio climático.

En todo caso, nos conviene a todos los primos estar unidos para lo que venga, y no podemos ser egoístas y abandonar a otros primos si les fueran mal las cosas, después de que nos hemos ayudado mutuamente durante milenios. Si fuesen mal las cosas, volverán a mejorar si todos aportamos nuestra energía positiva.

Los países que dominan la economía y todo en realidad en el mundo son los países pequeñitos, como USA o China. Oriol, cuando vas de viaje por ahí, ayuda mucho ser de un país fuerte, si es grande mejor; dependiendo de dónde seas, hay países que no te dejan ni entrar. Nosotros aquí nos hemos dedicado a putearnos en vez de potenciarnos, llevamos siglos así, nos podía haber ido mucho mejor. Esto ha influido también mucho en que otros nos cogieran ventaja. Ellos no tienen los problemas que nos hemos buscado nosotros; los tenían, pero los cortaron de raíz. Si nosotros no lo hicimos, es porque en realidad éramos mejores en unos sentidos importantes, y seguimos siéndolo. No es el dinero lo que tiene el puesto número uno en importancia. Igualmente esto continúa, no se ha acabado, podemos rectificar eso, está en nuestras manos, depende de nosotros, de si nos dedicamos a seguir perjudicándonos o nos dedicamos a ayudarnos y a prosperar.

Igualmente, estamos a la vanguardia en otras cosas y a algunos de ellos se les están notando los fallos.

No creo que se trate de estar planteándoselo como una competición, pero la realidad del mundo es la que es. Y como la realidad es así, mientras esperamos que vaya cambiando, vamos viviendo al son que toca también. Si hay que dar ejemplo en algo para que mejore y podemos hacerlo adelante, pero río arriba no, contra corriente no. Si hay que ganar el mundial, a competir lo mejor posible y a ganar si se puede, así están las cosas de momento. Catalunya sola no hubiese ganado un mundial; ya sé que tenim el Barça, pero no es lo mismo, Oriol, y no compares; esos son mercenarios, comprados, nada de sentimiento, menos el Gerard. Y con Catalunya independent ya veremos si podemos seguir comprándolos, tú dices que sí, Oriol, pero a mí no me queda claro.

Sin darme cuenta, a ti te hablo de tú y a Mas de usted, no te molestes ¡eh!, no sé por qué me sale así, quizás porque tú eres más joven que yo. O quizás perque tú ets de esquerres, Oriol, pues demostra-ho Oriol, demostra-ho que no lo parece.

Además, el Mas es tan català y tan serio que no dan ganas de hablarle de tú.

Todo esto no va de intentar convencerte, Oriol, ni a ti ni a los demás, pero se me va, se me va. Este libro va de hacerte psicoanálisis y de decirte por qué te pasa lo que te pasa. Lo tienes en el subconsciente, o sea, que lo sabes, pero no de una forma consciente.

Cuando te lo diga, lo negarás, harás la negación típica que los psicoanalistas conocen: «Nooo, no es veritat, no es veritaaat», y yo te diré: «Caaalma, Oriol, tranquil».

Habrá que ir haciéndote asimilarlo despacio, haciéndote ir comprendiéndolo poco a poco, haciendo poco a poco que te vayas conociendo interiormente, para que vayas entendiendo por qué te pasa lo que te pasa. Haciéndote comprender por qué lloras por el territorio que llega hasta Alcanar y por el de un metro más allá ya no lloras. ¿O también lloras por Vinaròs? ¿Hasta dónde lloras, Oriol?, ¿quizás hasta Pilar de la Horadada?, ¿o hasta algún pueblo de más abajo? Y si lloras por los habitantes, ¿lloras por los que viven hasta Alcanar y los de más allá no? Y si uno de Vinaròs se va a vivir a Alcanar, ¿entonces sí llorarás por él?

No te preocupes, Oriol, no llores, entre todos nos vamos a cuidar, y si es por el territorio, tranquilo, no llores, que se encuentra bien, entre todos lo vamos a cuidar como hemos hecho hasta ahora, que si no ya serías Monsieur Oriol.

Eso que tienes en la cabeza es un sinsentido, Oriol, lo que pasa es que te has comido tanto el coco a ti mismo que te has apartado y te has hecho diferente tú a ti mismo. Ese autolavado cerebral unido a que ha intervenido el virus, te ha convertido en alguien peor, errado en planteamientos importantes. Ahora ni comprendes ni valoras lo español y el resto de España no comprende para nada tus conclusiones; y eres tú el que te has alejado con pensamientos equivocados, no ellos. Le estás dando un valor a tu cultura regional o de país, como quieras, que no deberías darle, en el sentido de que lo estás poniendo por delante de cosas que deben ir muy por delante, porque son las realmente más importantes, las N1, luego va todo lo demás incluido el catalanismo, el españolismo y el europeísmo; y es el virus el que te hace cometer ese error, el virus te hace perder de vista cosas que son clave en la vida y te hace darle el protagonismo a tu catalanismo, te lo hace poner en primer lugar, cuando aun siendo importante debe ir detrás de lo que es más importante. Cualquier mente sana sabe qué es lo que va por delante.

Te voy a ampliar esto a ver si consigo hacértelo plantear.

Todos los Homo Sapiens del mundo somos iguales. Las diferencias que nosotros apreciamos no son porque hayamos nacido con un ordenador diferente; para el típico que le gusta sacar punta lo pulo más; aunque en el ordenador haya alguna pequeña diferencia, no explica las diferencias de costumbres y de comportamiento, eso es todo cultural; y en lo cultural, sin que lo notemos, van agazapados los virus. Todas las culturas los tienen; todos los países tienen errores en sus conclusiones. Por eso, hay que ir con cuidado al adorar en exceso nuestra cultura y poner los sentimientos que produce por delante de la razón.

El hecho de permitirle a nuestros errores que dominen a nuestra razón, es ni más ni menos lo que explica por qué el planeta Tierra no va bien, nosotros somos los culpables. No sabemos localizar los virus, para comprenderlos y borrarlos o neutralizarlos.

Los humanos estamos muy locos, Oriol, no nos conocemos, no nos comprendemos, no vemos nuestros propios errores. ¿Cómo vamos a convivir en paz? Somos egoístas, egocentristas, etnocentristas, sociocentristas y tenemos todos los -istas.

Nuestros vecinos extraterrestres de Ganímedes, que son gente avanzada, totalmente avanzada diría yo, nos dan por imposibles, por eso ni intervienen. Dicen que ¿para qué?, para qué vamos a intervenir en un conflicto de los humanos, si cuando nos demos la vuelta van a estar liados otra vez. Esto nunca acaba.

Ellos tienen una comunidad única en su mundo, y no es como aquí, que algunos la quieren para seguir sacando provecho, ellos de los demás. Allí no, allí para que te hagas una idea, Oriol, son como aquí somos en familia. Imagínate una buena familia de aquí, con el papá, la mamá, los hermanos, abuelos, tíos, primos… Una familia de esas que se quiere mucho y que tienen muy buen rollo; se ayudan, se apoyan, se dejan dinero, están siempre juntos, si uno se pone enfermo todos se preocupan… Sabes cómo te digo, Oriol, aquí hay familias así, cada vez hay menos pero hay. Pues así mismo es en Ganímedes, pero en toda la población mundial de Ganímedes. Tienen ese sentimiento entre todos que aquí tenemos en familia, por eso, ¡lo podemos comprender!, porque aquí también conocemos ese sentimiento. Allí dicen que es que todos son familia, que todos tienen los mismos antepasados. Fíjate que aquí también tenemos los mismos antepasados y se nos ha olvidado. Todos somos primos igual que en Ganímedes.

Lo que pasa es que allí han «comprendido». Tienen una mente con evolución total que les permite ser totalmente conscientes. Dicen que antes no eran así, que eran más animalitos, pero un día se dieron cuenta de que su mente había evolucionado. Dicen que es inevitable dejar de ser como están siendo los humanos de la Tierra cuando evolucionas.

A los que nosotros llamamos aquí animales tienen poca consciencia; con la evolución a medida que vas comprendiendo, también va creciendo la consciencia y con ella inevitablemente la empatía, porque vas comprendiendo más a los demás, hasta que cuando llegas a tener consciencia total, entiendes a los demás totalmente, sus problemas, sus tristezas, sus alegrías, las comprendes como si te ocurriese a ti mismo, has conseguido la comprensión total que te lleva inevitablemente a la empatía total. En Ganímedes han llegado a un nivel de evolución tal que tienen casi telepatía, se miran a la cara y ya saben lo que están pensando y sintiendo. Es evidente con esto que aquí no podemos conseguir ese nivel aún, pero no vamos a ser unos chimpancés y ponernos esto como excusa para seguir siendo unos salvajes, ¿entiendes, Oriol? Sé que tu capacidad todavía no es la máxima, pero en realidad sí tienes y tenemos todos ya mucha capacidad, y es la suficiente sin duda y comprendemos todo esto perfectamente.

Estamos comprendiendo totalmente lo que nos cuentan nuestros vecinos de Ganímedes. Como lo comprendemos, solo tenemos que ponerlo en práctica. Lo que ocurre es que lo que no comprendemos es porque no somos capaces de ponerlo en práctica, no comprendemos lo que nos pasa.

A mí los de Ganímedes me lo han explicado y me ha quedado claro. Tenemos errores en el sistema de la misma forma que los ordenadores tienen virus. Un ordenador con virus no procesa bien la información. Por muy potente que tenga el procesador, por mucha información que tenga en un disco duro muy grande, con una memoria RAM muy grande, los virus le dificultan al procesador escoger en el disco duro la información relevante para conseguir una conclusión acertada, y una vez escogida la información del disco duro, que ya es la incorrecta, el procesador no va a poder analizarla en conjunto y darle prioridad a la más importante, teniendo en cuenta el asunto que está tratando de analizar. En definitiva, que el ordenador saca una conclusión errónea, y el niño dice: «Papá, este juego no va bien, se queda trabado y hay mucha gente en la calle haciendo manifestaciones con banderas esteladas y parece que se vayan a pegar unos con otros, este juego no me gusta, ponme otro».

Te aseguro, Oriol, que tú tienes virus en el sistema y a causa de ellos tu procesador saca conclusiones erróneas; instálate un buen antivirus, intenta localizar los errores, consigue entender cuáles son las informaciones más importantes a tener en cuenta de tu disco duro y saca una conclusión acertada. Intenta imaginar cómo sería esa conclusión si tuvieses mayor capacidad en tu cerebro, como tienen los de Ganímedes. No me sirve de excusa si me dices que tú no puedes tener esa capacidad porque tú eres un terrestre, porque hay humanos como tú que sí tienen esa capacidad, han hecho el esfuerzo de aprender a eliminar sus virus y sus conclusiones son acertadas. Si tú no quieres hacer el esfuerzo, al menos retírate y no dirijas a nadie y no les inculques tus conclusiones erróneas, tú ahora mismo eres un peligro para todos. Debes reconocerte que estás muy lejos de pensar y actuar de la forma más idónea y beneficiosa para todos.

Lo que propones no es lo mejor para nadie en ningún sentido. Tú ahora mismo eres perjudicial para ti mismo y para los demás. Los de Ganímedes dicen que debéis retiraros tú y Mas y dejar vuestro lugar a alguien que comprenda que es lo mejor para todos, incluidos los catalanes. Los virus en nuestra mente son formas de pensar incorrectas con las que no nacemos. Nos van entrando a medida que crecemos y la mayoría nos las meten los humanos con los que convivimos. La prueba de esto último es que la gente de un lugar tiene unos mismos virus o errores en común con sus vecinos y no tienen los mismos que tienen en común los que viven en otro país, o a cinco mil kilómetros de distancia. Aunque con la tele y demás ya nos están entrando los de esa distancia también.

Nuestros errores son las formas locales de nuestros egos, nuestros egoísmos, timideces que son formas de ego, arrogancias y tozudeces que son formas de ego; como ya los nombré antes y más: miedos, iras, envidias, celos, maldad, falsedad… No nos damos cuenta de que no tenemos el control total y que los errores a menudo nos dirigen y cuando opinamos sobre algo y extraemos una conclusión sobre algo o nos posicionamos en una determinada postura, a menudo estamos errando, porque nuestros errores que son muchos y no los conocemos ni los controlamos bien, nos hacen equivocar al dar la prioridad a las informaciones clave, de entre todas las almacenadas en nuestra memoria, para el asunto que estemos tratando y escogemos como principales a las que no lo son, lo que nos lleva a errar en la conclusión. Todos sabemos que esto es muy típico en la juventud. Los jóvenes a menudo se guían por muchas cosas antes que por la razón, pero no nos equivoquemos, a los mayorcitos nos sigue pasando y durante toda la vida. Más o menos a aprender cómo funciona esto es a lo que llamamos madurar. Madurar completamente sería ser capaz de limpiarse totalmente de errores y que así nada nos perturbase para decidir el mejor camino. Parece que no nos está siendo fácil conseguir esto, es quizás el principal motivo por el que no abundan las personas ejemplo para la humanidad; aunque como digo, gracias a que cada vez nos llega con más facilidad la influencia de los que lo son, estamos mejorando y también estamos aprendiendo mucho más que antes a diferenciar a los que son ejemplo de los que son falsos ejemplos. Gracias a la mejora de las comunicaciones, los humanos vamos a mejorar mucho y rápido, no hay duda. Cuando consigues comprender un poco y empezar a saber darle prioridad a lo que realmente la tiene, detectas a los falsos ejemplos con facilidad, porque tienes ya estudiados los errores, son más o menos siempre los mismos, están catalogados, por lo que se te hacen evidentes con facilidad en cuanto los ves aparecer. Hay que impedir que los humanos falsos ejemplos nos dirijan. Cualquier comportamiento que haga sospechar mínimamente falta de naturalidad o excesiva seriedad, o falta de cercanía, rigidez, nerviosismo, timidez, arrogancia, ego, ira, etc., es una alarma que no falla, es un falso ejemplo, le queda mucho por aprender, que vuelva cuando haya aprendido, porque va a cometer errores sin duda, a causa de sus propios errores y nos van a afectar a todos, ya que está decidiendo sobre cosas de todos. Algunos de estos falsos ejemplos nos han metido en problemas graves, fatales; en general casi todo lo malo que ocurre es culpa de ellos y unos cuantos o unos muchos lo están haciendo en el momento presente.

Los de Ganímedes consiguieron comprender todos sus errores, los que les llevaban a conclusiones equivocadas y enfrentadas con las de sus vecinos. Y así de sencillo es para ellos, tienen claro siempre qué es lo correcto y qué no. No necesitan ni juez. Así siempre están de acuerdo en todo. Porque cuando hay dos en desacuerdo, como mínimo uno de los dos se equivoca. Por lo tanto, si quien se equivoca se da cuenta y rectifica, se acabó el conflicto; y si se equivocan los dos, rectifican los dos.

Mira, Oriol, creo que con esto vas a comprender cómo lo consiguen en Ganímedes, cómo consiguen tener esa sociedad unida. Piensa en la sociedad catalana. ¿Por qué la amas tanto? ¡Uff, esta pregunta es muy profunda, eh! Para responder vas a tener que ir yendo hacia el fondo de tu mente. Date tu tiempo, paremos un momento y ve bajando

...........................................................................

¿Has llegado? A ver, Oriol, ¿amas tanto a la sociedad catalana como amas a tu familia? ¿Qué harías si ves a un catalán durmiendo en la calle, con hambre y frío?, te lo llevarías a tu casa supongo, igual que te llevarías a un hermano tuyo, si lo ves así en la calle, ¡porque es un català!, y tú amas a los catalanes y a Catalunya. ¿A quién amas más, a los catalanes o a Cataluya? Yo creo que amas más a Catalunya. Cuando llorabas en la tele, ¿lo hacías por los catalanes o por Catalunya? Por Cataluya, Oriol, seguro que sí, porque tú no te llevas al catalán de la calle a tu casa, como sí lo haces con tu hermano. Tú como máximo le llevas a un centro para que lo cuiden otros y no le vuelves a llamar. Por lo tanto, tú a quien amas es a Catalunya, ¿y qué es Cataluya para ti, si no es la gente?, ¿qué es lo que te hace llorar?, ¿lloras por la tierra?, ¿por el alma de la tierra?, ¿lloras por un ente, algo que no se ve?, ¿si fueses de Madrid, llorarías por Cataluya? Me refiero a ti mismo, Oriol; imagínate que tus antepasados, por algún motivo, se hubiesen ido a Madrid hace doscientos años y que no hubiese quedado ninguno aquí, ¿llorarías por Catalunya? ¡Serías la misma persona!, serías tú mismo, Oriol… Ni pensarías en Cataluña. Es todo cultural o como quieras llamarlo. Tú naciste y después te metieron todo en la cabeza. Depende de dónde creces te meten un programa u otro.

En Ganímedes consiguen su mundo unido y justo porque comprenden esto muy bien, ¡qué más da alguien de tu familia o el vecino!, son todos personas, humanos, son lo mismo. Solo que a unos les has cogido más cariño por algo que tu no comprendes muy bien, pero no naciste con ese cariño. Es un cariño animal, a todos los animales les pasa, todos muerden y matan por sus hijos y los primates también por sus amigos y los humanos también por sus compatriotas que no conocen, y los de Ganímedes por su familia, por sus amigos, por sus compatriotas y por TODOS los demás, porque tienen empatía total, aunque ni muerden ni matan, lo hacen de otra manera. ¿Has visto la evolución, Oriol? ¿Comprendes ahora que los de Ganímedes están por encima de nosotros y están por encima de ti? ¿Comprendes ahora tu error de planteamiento? Lloras hasta Alcanar y un por un metro más allá no lloras, cuando son tus primos y tu tierra exactamente igual; la frontera que te han introducido en la mente mediante el virus no existe en la realidad, es cultural y además no coincide con la legal. ¿Y en tiempo, por tus antepasados, lloras hasta mil años atrás?, ¿lloras a partir de que apareció la palabra Catalunya?, ¿por tu tatatarabuelo justo anterior a que apareciese la palabra Catalunya no lloras?, ¿no lloras por él porque era simplemente un hispano?, no era catalán. ¿Sabes si nació en Lleida o en Fraga? Es que yo le conocí, pero no estoy seguro.

No llores solo por Cataluya, llora por todos, piénsalo como si hubieses nacido en Madrid. Me gustaría conseguir, Oriol, hacértelo plantear de verdad, ya que es muy evidente.

Si consigues ver mínimamente que tu actitud y tu forma de ver las cosas no es aún la acertada, la mejor, la de máxima comprensión, la que tendrían unos seres del universo que sí hubiesen alcanzado la máxima comprensión… sí tú consigues intuir esto, ¿te harías consciente de que deberías ser más humilde en tu seguridad y mucho más precavido al ponerte al frente de millones de personas y decirles qué es lo correcto y qué no, qué deben hacer y qué no? Si consiguieses entender que tú no estás a ese nivel, ¿comprenderías tu errada prepotencia al hablar con esa seguridad y al plantear cosas tan importantes y trascendentes para las personas? ¿Si comprendieses tu limitación dejarías de actuar como estás actuando? Tú eres inteligente, Oriol, y la pregunta es muy clara. Tu respuesta debe ser SÍ; si consigues ver que no estás al máximo nivel, rectificarías tu actitud porque con mucha probabilidad estaría equivocada. Tú eres inteligente y comprenderías en ese momento tu prepotencia de humano inconsciente o no suficientemente consciente todavía y rectificarías, lo que te haría dar un salto adelante en consciencia en ese mismo momento.

Busco la manera de que comprendas que realmente es así, estás teniendo la prepotencia de un humano sin la máxima consciencia todavía.

Hay humanos que comprenden su limitación y son mucho más precavidos que tú, lo que les hace mucho más humildes y no se permiten influir en las personas de forma negativa, con ideas separatistas de unos con los otros, o creando bandos o enfrentamientos.

Mucha seguridad habría que tener para algo así. Tú me vas a responder que tienes esa seguridad y yo solo pretendo que te lo plantees porque no estoy de acuerdo contigo, y no soy yo el que propone separaciones ni enfrentamientos, ni desigualdades, ni más derechos para unos que para otros, ni más derecho de propiedad de unos que de otros.

Con esto tú ya comprendes lo que quiero decir, pero quiero dejarlo escrito, quiero escribir un resumen rápido de la progresión del nivel de consciencia que se va adquiriendo con la evolución, para que veamos claramente y reconozcamos que no hemos llegado al máximo y, por lo tanto, al comprender nuestra limitación, seamos más prudentes:

Un reptil, un cocodrilo por ejemplo, mata al animal que sea y se queda tan tranquilo. Un león mata a uno de su especie y se queda tan tranquilo, pero hay una progresión con respecto al cocodrilo; es evidente que se relacionan entre ellos con más empatía, se comprenden más. Demos un salto claro en empatía hasta el chimpancé. La superioridad en comprensión de chimpancé con respecto al león y al cocodrilo es clara. La empatía con la que se relacionan, el nivel de comprensión y de comunicación entre ellos es claramente mayor. Aun así, su nivel de consciencia solo les permite comprender hasta cierto punto lo que sienten los suyos. Pueden matar a otro chimpancé sin comprender su dolor y se irán a dormir también tan tranquilos, sin ni siquiera pensar en ello, y esto es posible por su incapacidad de ser suficientemente conscientes de lo que ha sentido el chimpancé que han matado. No son unos psicópatas que matan y se quedan tan tranquilos; en todo caso, son unos psicópatas naturales, en este caso no es una avería de su cerebro, simplemente no pueden nacer con la potencia cerebral suficiente.

Damos un salto más y llegamos a los humanos, su capacidad de ser conscientes de lo que piensan y sienten los demás es la mayor de todos los animales de la Tierra, su cerebro tiene la potencia suficiente para sentir dentro de sí mismos el dolor de alguien que está a miles de kilómetros de distancia, sin verle, sin hablar con él, simplemente porque alguien se lo explique. Su nivel de comprensión es muy grande.

Hemos visto la progresión, cuanta más capacidad de comprensión de la realidad, más empatía y más capacidad de entender el mundo que les rodea y de entender a los demás. Podemos ver que el trato que se dan los humanos unos a otros es mucho más cauteloso, ponen cuidado incluso de no herir los sentimientos de los otros, no suelen quitarle el plátano y gruñirle; sin embargo, se hace evidente al ver la progresión que no se ha acabado, tiene que haber como mínimo un salto más. La progresión de la capacidad de ser consciente de sí mismos, del mundo que les rodea y de los demás, desde el cocodrilo, pasando por el león, por el chimpancé, por el humano, indica que no ha llegado al final. Esa progresión permite ver claramente hacia dónde va. Hagan el ejercicio de seguir con la mente uno a uno cómo va progresando: cocodrilo, león, chimpancé, humano, ¿y ya está?, ¿hemos llegado al máximo?, ¿no es posible más?, ¿el humano tiene ya plena consciencia de todo?, ¿es plenamente consciente de lo que sienten los demás?, ¿por qué se frena ahí la progresión? Se ve claramente la tendencia de la progresión y clarísimamente que no ha llegado al máximo, no está acabada esa progresión.

Los matrimonios a pesar de llevar muchos años juntos, a veces necesitan ir a un especialista a hablar horas y horas para intentar entenderse. ¿Este es el máximo nivel al que se puede llegar?, ¿es el máximo nivel de comprensión al que un ser puede llegar? Pero, ¿de qué máximo hablamos, del de Einstein o el de Pepe el de la esquina?, ¿el de Gandhi o el de Bush? Parece que entre nosotros mismos hay saltos, veo más uniformidad de comportamiento en el resto de los animales. Sobre este tema queda claro que hay algo más que comprender. ¿Qué provoca esas diferencias de comportamiento entre nosotros? Parece que sea muy diferente el nivel de comprensión de unos y de otros, y el nivel de empatía, y la capacidad de comprender el mundo que les rodea.

Entonces parece muy importante analizar el porqué de esos saltos entre nosotros mismos; si lo llegamos a comprender, estaremos averiguando dónde tenemos los fallos, los errores; y comprendiéndolos quizás podremos todos, el mundo entero, dar un salto en comprensión y en nivel de consciencia de la realidad.

Yo creo que nuestro nivel de consciencia de la realidad no está al nivel de nuestra potencia cerebral; nuestro cerebro da para mucho más, estamos como mínimo un escalón por debajo de nuestras posibilidades, hay individuos que demuestran que es así. Son los errores mentales, que nosotros mismos nos metemos, los que no le dejan a nuestro cerebro rendir con la máxima potencia. Según parece, el cerebro humano es muy potente, pero a la vez se puede manipular con mucha facilidad. Tiene un antivirus de muy poca calidad, no es capaz de filtrar las mentiras más fáciles de ver, las más obvias, le entran virus con una facilidad que sorprende por la potencia que por otro lado tiene, pero cuando ya le han entrado las mentiras, le bloquean todos los programas, ese cerebro pierde casi toda su potencia, es realmente sorprendente, pero es así. Tiene que hacer psicoterapia años para poder quitarse los virus de dentro. A ver si inventan algún buen limpiador de virus para nuestro cerebro; en un ordenador esto se hace en un momentito.

¿Pueden imaginarse cómo sería este mundo con todos los cerebros libres de virus y funcionando a su máxima potencia, con toda su capacidad intacta para comprender la realidad de su mundo y ser todo lo conscientes que pueden de los demás, de sus pensamientos, de sus sufrimientos… El cerebro humano tiene casi la potencia suficiente para sentir lo que sienten los demás como si fuera él mismo, parece estar a un paso de la telepatía; se ha demostrado que es así.

Mi opinión es que la maldad no existiría en un cerebro humano sano, libre de errores y funcionando a su máxima capacidad.

La progresión indica que la maldad es simplemente inconsciencia provocada por incapacidad cerebral o por trabas o errores mentales, y la máxima consciencia es totalmente contradictoria con la maldad.

Esto se comprende bien en la película *Powder (Pura energía)*. Los que hicieron esta película lo tienen muy asimilado. El protagonista es un chico que ha crecido en la Tierra, pero que finalmente parece ser extraterrestre. Hay una escena concretamente que te hace ver la luz. Un cazador acaba de herir de muerte a un ciervo, y el chico extraterrestre toca al ciervo aún vivo, pero herido de muerte, y a la vez coge la mano del cazador; en ese momento, se ve como el cazador entra en pánico al sentir él mismo lo que está sintiendo en ese momento el ciervo. Ese cazador nunca más quiso cazar porque se hizo consciente por fin de lo que siente un ser muriéndose por haber sido disparado y además teniendo a su asesino de pie a su lado; hasta ese momento, era inconsciente de la realidad, mataba sin ser consciente realmente de lo que eso significaba. A partir de ese momento, si volviese a disparar a otro animal, sería como dispararse a sí mismo, porque ya es plenamente consciente de lo que se siente y al disparar a otro ser podría sentir en sí mismo el dolor y la angustia.

Recomiendo, la película —porque al verla, a nosotros, los humanos, nos hace ver la luz— nos hace comprender los muchos comportamientos absurdos que tenemos y nuestra visión de seres con mente limitada. Realmente, parece que sea un mensaje para nosotros, de unos seres extraterrestres.

Estamos finalizando la fase de la recopilación de las malas conductas y los errores, conscientes e inconscientes, de los separatistas y de los perjuicios que llevamos tanto tiempo sufriendo a causa de ellos. Cuando me reitero en algunos temas, como advertí al principio, es porque siento la necesidad de añadir algún detalle más para eliminar resquicios de duda. Por responsabilidad patriótica se hace necesario tratar los temas a fondo, dejarlos por completo agotados, sin olvidarse del último detalle. Pero esto es solamente un deseo, una necesidad que se consigue solo en parte, porque llevamos tanto tiempo con el problema que para tratarlo todo serían necesarias unos miles de páginas. Este es un *totum revolutum,* como dice mi corrector, aunque también dice que le encanta, porque es muy patriota; pero es que también los separatistas nos llevan sometiendo desde hace muchos años a su *totum revolutum* de las mil y una formas y ocurrencias para conseguir la independencia; por eso, se hace necesario poner al descubierto todo su *totum* errado, con otro *totum* de igual tamaño que evidencie sus mil y un errores, y ojalá este *totum* sirviera de preparación para ayudarnos a lidiar mejor con el de ellos y conseguir pararlos; esa es mi intención N1, ese es el objetivo desde que escribí la primera palabra y mi deseo, y podrán imaginar cuál es mi motivo personal; los que no, que vivan una vida aquí con lllllos compatriotas y lo entenderán clarísimo.

Pero ya estamos superando la fase de entrenamiento mental en forma de lluvia de estrategias, trucos, absurdidades, inmoralidades, innoblezas… separatistas, y podremos avanzar en breve hacia la solución, que estoy seguro de que, de aplicarse bien, nos liberaría en no muchos años del *totum revolutum* que parece ya eterno al que nos someten todos los días nuestros queridos compatriotas confundidos.

No importa en realidad para nuestro objetivo que hayan quedado todavía en el aire muchos aspectos por detallar, ojalá tuviésemos un catálogo completo, pero mi intención era analizar los suficientes; hablar de ello solo era necesario para abrir la mente, para hacerse consciente del mecanismo del problema; a partir del momento que lo ves claro, no pueden colarte ningún nuevo truco por muy sofisticado que lo fabriquen. El objetivo en realidad son dos, pero, como no se puede conseguir el uno sin el otro, es uno solo: dejar sufrir consecuencias y salvaguardar la integridad del territorio español. Aunque parezca demasiado ambicioso para unas palabras, podrían ser determinantes si algún responsable les hace caso.

El territorio es de todos los españoles por derecho propio, ninguna región hace un favor a España permaneciendo en ella, sencillamente pertenece a España, es España. Debemos eliminar nuestros errores de planteamiento. Ningún ciudadano español o grupo de ciudadanos, y menos uno de hoy en día, tiene ningún derecho de propiedad exclusivo sobre ningún territorio español. Esto debe estar en nuestra mente sin ningún tipo de duda.

La propiedad del territorio español es de todos juntos; individualmente o en grupos somos usufructuarios, pero nunca propietarios. Pasaremos en herencia el usufructo a nuestros descendientes, pero nunca ninguna generación de una zona del territorio tendrá el derecho de propiedad exclusiva. ¿Qué podría darles ese derecho por encima de los que han nacido a solo unos kilómetros?, ¿qué mentalidad ególatra es esa? Todos pueden ir a vivir a cualquier parte del territorio. No es como un terreno privado que compras y puedes impedir la entrada de los demás; el Reino de Aragón no es un terreno privado, Cataluña no es un terreno privado, y que hayas vivido durante mucho tiempo en ese terreno no lo hace ni lo hará nunca tuyo, es de todos tanto si hablan bonito como si hablan feo y vivan actualmente donde vivan. Suerte que no tenemos un territorio más grande como los rusos, o como los chinos, o los US, porque entonces lo podríamos partir en más trozos; cada español querría hacer su país en su terreno porque lleva viviendo en él mil años, ¡qué egoístas somos!, ¡qué sentido de propiedad tenemos!; pues no, aunque vivas en él un millón de años, nunca será solo para ti, no seas egoísta, se comparte para todos por siempre jamás, ¿de dónde sale ese egocentrismo tuyo de pensar que tú importas más que los demás y que tú eres el que pone las reglas en un trozo del territorio solo porque has nacido en él? ¿Quién tiene más derecho sobre ese trozo del territorio: mi tatarabuelo, que lo defendió y lo recuperó y lo volvió a defender, o tú? Es evidente que mi tatarabuelo tiene más derecho que tú sobre él; además, él también nació ahí, y él me lo ha dejado en herencia a mí, que he nacido en Cádiz; ¿que el tuyo te lo ha dejado a ti?, ¿y qué hacemos, lo compartimos o nos pegamos?, porque mi tata me lo ha dejado a mí y yo no voy a renunciar a él porque sería faltar a su memoria, ya que él murió por ese territorio; estás confundido a causa de tu egoísmo y de tu etnocentrismo. Según tú, cada uno debe quedarse con el trocito en el que ha nacido, y entonces, ¿cómo lo hacen los chinos para tener un territorio común tan grande? En China hay trescientas lenguas; si fuesen como nosotros, habría trescientas chinas, chini, choni, chuni, chani... ¡Aaah, es que los chinos son todos iguales y tú eres diferente a los demás! ¡Uii, sí! Eres más guapo y hablas tan diferente que no se entiende nada de nada de lo que dices... Que sí se entiende, ¡hombre!, que no hablas chino ni marciano; el chino no lo entiendo, pero a ti sí, y si hablases con tus mismas palabras, pero con acento castellano, parecerías un castellano antiguo gangoso, y te dirían: «Niño, ya sé lo que me dices, pero no se te entiende bien; vete al logopeda»; y tú tendrías que decir: «No, home, es que soc català»; y él te diría: «Ah, bueno, pero por mucho que hables romano de esa forma, no te pienses que te vas a quedar la Tarraco para ti solo». No seas egoísta, que aquí llevamos miles de años luchando todos y creo que algunos hemos luchao incluso más que tú; mis tatatas estuvieron en todas las batallas y creo que muchos de tus tatatas se escondieron, es mu bonito salir ahora del escondite y decir con toda tu cara dura que te quedas el terreno para ti solo; tú eres usufructuario como todos y da las gracias, pero nada de propietario exclusivo. ¿Que te gusta mucho el terreno?, pues mira, como te digo da las gracias porque de no ser por mis tatas tú no hubieses disfrutado de él, ya que ni siquiera hubieses nacido; en tu lugar hubiese nacido aquí el Fransuá, y ese no serías tú, no te equivoques; el Fransuá es otra persona diferente. Tú le debes tu existencia a mis tatas, a ver si comprendes esto. ¿Que te gustaría ser el Fransuá?, pues lo siento, pero eso no podría ser aunque tuvieses una máquina del tiempo y cambiases el pasado. En este presente, el Fransuá es francés, y tú eres español, y eres como eres y tienes la cara que tienes y el cerebro que tienes y hablas como hablas y tu ser es el que es, porque mi tata echó al Fransuá; de no ser así, español, tú nunca hubieses existido. Los tatas de todos nosotros son los auténticos propietarios y ellos lucharon porque nadie partiera el territorio y nos lo dejaron en herencia a todos sus descendientes como usufructuarios, no te dejaron el trozo donde naciste solo para ti, y para que te enteres mi tata nació en Tarraconensis y el tuyo en Lusitania.

A ti te gusta mucho hablar a partir de la Edad Media, pero para entonces hacía ya milenios que se habían repartido los territorios, listo; y el nuestro fue el primero en quedar claro cuál era, por su propia y característica forma. Esto lo demuestra que aunque fuimos una temporada socios de los galos, ya en ese momento hacía siglos que sabíamos que éramos dos bloques diferentes, y cuando mucho tiempo después, cuando ya hacía mucho que habíamos dejado de ser socios, nos quisieron quitar un trocito de nuestro bloque e incluso intentaron quedarse con el bloque entero, les dijimos que de eso nada y que se quedasen en su bloque que sabían muy bien, desde hacía milenios, dónde acababa y dónde empezaba el nuestro. Y ese es el tema y no hay más; si aún no lo comprendes, me lo dices que te lo explico de otra manera, pero sé que esto puede ser el cuento de nunca acabar porque tú eres o muy listo o muy tonto y siempre vas a encontrar, si quieres, argumentos y formas infinitas de cambiar la realidad; pero que los locos vean la realidad de la forma que se la hace ver su locura, no puede hacer que los cuerdos acabemos dejando que los locos nos lleven a todos a la locura. Demasiada explicación, ¿verdad? El resumen es que eres español y lo eres gracias a todos nuestros antepasados españoles que han hecho que tú nazcas; si quieres que en vez de tú, nazca en este territorio otro que no sea español, sube a la máquina del tiempo, vete al pasado, cámbialo como a ti te guste o más bien como puedas, y si lo consigues, te habrás suicidado antes de nacer, y ya nunca existirás en la nueva realidad, e impedirás el nacimiento de muchos otros españoles de

Cataluña que sí existen ahora, y en vuestro lugar nacerán aquí otros seres y que no seréis vosotros, señores españoles.

Yo tengo la virtud de poder viajar a los diferentes presentes que se crearon con la máquina del tiempo. El Mas solo existe en la realidad nuestra, y en otra realidad, no está él, pero sí hay un primo suyo, porque su tatarabuelo en vez de casarse con su tatarabuela, se casó con una vecina muy guapa que era hija de un francés que era el alcalde de Cerdanyola y hermano del **Très Honorable Président des Départements de la Catalogne**; el primo se llama François Mas Mitterrand, que no sé si tiene que ver con el expresidente francés, pero mira cómo es esto de los genes que el Mas y él llevan los dos el mismo bonito peinao, pero por supuesto al Artur en guapura, ni su primo francés le gana ☺.

Ya que en nuestra realidad algunos no están contentos, que me lo digan que les llevo a otro mundo paralelo, y los que se queden aquí que no sigan jodiendo, ya que las realidades son como son y por más que pataleen van a seguir siendo descendientes de nuestros tatas españoles y por lo tanto españoles son.

Ya sé qué voy a hacer con los tozudos que no quieren comprender la realidad: voy a traer al presente a un tata de los que lucharon y consiguieron mantener el territorio de una pieza y se lo voy a poner delante; les va a meter con el trabuco en la cabeza para que se les pase la tontería. Mucho cuidado con los tatas, que no se andaban con tonterías como nosotros. Y para que sepáis también, hay muchos tatas que lucharon por la unidad de todo el territorio trimilenario de Hispania que tienen apellidos hoy en día catalanes, os voy a traer uno de ellos. Cuando le expliquéis vuestras excusas, él os va a decir que hay muchas otras soluciones y que la de partir el territorio ni puede ser ni tenéis el derecho de hacerlo sin contar con los descendientes de todos sus compañeros de lucha y compatriotas, tatas de todos nosotros; y que para vosotros solo puede contar la opinión de los tatas que lucharon por mantenerlo unido, ya que de no ser por ellos vosotros no existiríais, porque no hubieseis nacido. Por lo tanto, hay que cambiar el dicho porque es erróneo: «Si el timbaler del Bruc se hubiese metido el tambor en el culo, nosotros no existiríamos y esto estaría lleno de gabachos». ☺

Como digo, mi intención es salvaguardar la integridad territorial; ante la importancia del objetivo el solo intento vale la pena y no digamos si consiguiese al menos eliminar amenazas. Si nuestros antepasados hicieron cientos de kilómetros andando para llegar, defenderlo y morir por él, me dije a mí mismo que yo sabiendo lo que ocurre aquí, gracias a que se da la circunstancia de que he nacido y vivido siempre aquí, lo mínimo que podía hacer era explicarlo. Concéntrense todos los que lean este libro en la explicación que da del motivo de tanto independentismo y en la solución. Concéntrense en analizar si esa es la realidad, no se distraigan en otras opiniones sobre si les gusta cómo está escrito o no, errores, etc. Le debemos un esfuerzo a nuestros antepasados que murieron aquí luchando, lo nuestro requiere mucho menos sacrificio. Si creen que puede ser cierto lo que aquí se dice, no les permitamos a los políticos que sigan cometiendo errores, la situación ya no da más de sí.

Yo digo que si se comprende y se toman las medidas que aconseja y que son muy concretas, el éxito es seguro, no puede fallar.

Una vez que está levantada la sospecha de que hay más de lo que nos dicen, vamos a avanzar en la dirección de describir como es exactamente «eso más» que hay, como se llama el virus del que he estado hablando.

Empezaremos analizando cómo se forman las idiosincrasias. ¿Por qué mi vecino tiene la misma que yo? Es una pregunta muy fácil de responder, no es necesario recrearse mucho en la respuesta. Si los de otra ciudad de mi país se parecen a mí en las costumbres, en la forma de ser y de hablar, ¡cómo no se va a parecer mi vecino! ¿Qué aspectos le dan la forma a una idiosincrasia? Esto sí lo vamos a analizar. Un aspecto es la forma en que hablamos, si hablamos alto, bajo, agresivo, despacio, de forma sofisticada o choni… También, nuestra forma de hablar refleja nuestra forma de ser y al revés. Si lo piensan un poco, no van a tener duda de esto; alguien gracioso habla gracioso; alguien serio habla serio; un intelectual no habla al estilo choni; ni un choni se comporta y habla como un intelectual.

Entonces, pensarán ustedes que en una ciudad hay varios estilos, tipos de comportamientos y de formas de hablar y por lo tanto debe haber varias idiosincrasias, una por cada grupo urbano. Seguramente se puede ver así, hay diferentes idiosincrasias dentro de las idiosincrasias. Pero a la vez, demuestra que los de una misma subidiosincrasia se influyen mucho unos a otros. Si en un grupo se pone de moda una determinada forma de hablar, todos acaban hablando igual, y la forma en que hablan se va a reflejar en el comportamiento del grupo que va a ser también el mismo. Cuanto más orgullosos estén de su grupo, más influenciados estarán mentalmente por las características del grupo y más se va a reflejar en su personalidad individual. Se va a reflejar en todo: estilo, forma de vestir, de moverse, de comportarse, de hablar. Todos los de ese grupo lo van a hacer igual y cuanto más orgullo sientan de su grupo, más especializado en el estilo del grupo será su comportamiento y su forma de hablar. Esa forma de hablar irá siendo cada vez más concreta, más específica del grupo, la van a ir imitando todos.

La forma de hablar es un reflejo de la forma de ser y del comportamiento, del estilo del grupo, y a su vez la forma de ser es influida también por la forma de hablar. El estilo o la forma de ser y la forma de hablar se realimentan mutuamente y se van acoplando más el uno a la otra. Al final, es difícil saber si fue la forma de hablar la que creó el estilo o fue el estilo el que influyó en que acabaran hablando así.

En el caso catalán esto es clarísimo. Hablan igualito que son. En el caso de los independentistas es aún más claro, les encanta, es la moda del grupo tener un acento lo més catalllla posible; cuanto menos se parezca al castellano mejor. Esto es algo que tienen todos presente en su mente, viven permanentemente con esa intención en su mente.

También cuando hablan castellano, cuanto más acento catalán tengan más admirados son, por lo tanto todos quieren poner mucho acento català.

Puse antes el ejemplo de la mujer representante separatista

en el debate de TV1, el día de las elecciones autonómicas catalanas. Para los que ya sabemos esto, era una loca más, con serios errores mentales, alguien que se aleja de la normalidad psicológica y se acerca a la locura. Es una locura ofensiva por los aires de superioridad que quiere reflejar premeditadamente hacia los demás; les aseguro que lo hacía consciente para decirnos a todos, yo y los míos somos más guapos que vosotros, pasándonos por la cara un acento de máxima sofisticación que no se escucha ni aquí, eso ya no era ni acento català, y si me dice que siempre habla así, no lo dudaré, creeré que siempre habla así porque le encanta y se encanta a sí misma y se esfuerza por hablar aún más así. Pero le preguntaría imaginariamente, porque no necesito preguntar, conozco la respuesta, ¿dónde has estado metida desde que naciste, cariño?, y de eso hace tiempo ya, porque tú no eres jovencita. Es que hablas muy raro, ¿y qué has estado haciendo, practicar mucho ese acento raro?, porque si no te fuerzas en practicarlo es imposible hacer esa mezcla catalana-guiri. Pero yo creo que si te ofrecen quedarte ahí, en TV1 de presentadora, con una buena pasta, se te quita el asento de golpe.

Ella es solo un ejemplo de los miles y miles, lo que ocurre es que lo de esta chica es de lo más que he visto. Les aseguro que los que están bien de la cabeza, que también hay muchos miles, no hablan así. Pero ella, su fantástico look y su bonito pelo, había ido a la pelu para estar muy guapa para nosotros, y esa cara tan bonita que se había puesto, además lo tenía que adornar con su impactante asento català-yanki que era mu raro, no se escucha algo tan así y ella no era ni yanki ni guiri, pero quería parecerlo.

La otra mujer del debate, no sé el nombre, es conocida en debates, pues se picó con ella al advertir su actitud, se puso como una gata ante esa arrogancia de estilo de la catalana y entre las dos tuvieron ahí unas disputas de gatas; una manteniendo a toda costa su elegancia, pero forzando aún más el assento y el desdén, era su forma de contraataque de gata y la otra dejándose llevar por la rabia de la ofensa y contestándole de forma de gata alterada. Los hombres, como siempre, se mantenían al margen de la disputa, ya sabemos que no hay que meterse en peleas de gatas para no salir arañados. Además, como es habitual, no se dejaron llevar por el intento de ofensa de la gata catalana, a nosotros las gatas no nos ofenden, nos excitan más y nos gusta darles su merecido de otra manera.

Uno no puede dejarse llevar y ofenderse por una «mujer confundida» a estas alturas, con la cantidad que nos hemos tragao ya; precisamente, comprenderlo ayuda a juzgarse a uno mismo para no permitirse errores que te lleven a caer en ridiculeces, como era lo de esa mujer. Es realmente muy curioso que lo que para unos es hacer un ridículo espantoso, por lo pública y abiertamente premeditada de una pose excesiva, para otros es algo a admirar. ¿Qué tipo de cabeza o qué hay que tener en ella para admirar un error mental así de grande y evidente?, háganse esta pregunta. Yo respondo: hay que estar enfermo de vanidad, de prepotencia, de narcisismo clasista, hay que tener una carga vírica grande para pensar que estás quedando como lo más, cuando en realidad estás haciendo el ridículo. En una sociedad avanzada, hubiese llegado inmediatamente un equipo de psiquiatras y le hubiesen hecho un tratamiento de shock porque algo muy raro y peligroso le estaba pasando a la pobre mujer.

Los que se sorprendan de lo que digo de esta mujer que busquen la grabación, la vean y la escuchen; si no lo ven así, o son catalans afectados, o alguien de fuera de Cataluña que no conoce el asunto, o es que son jovencitos y aún no se enteran y ya aprenderán porque encontrarán más gatas de ese tipo. Hipocresía social subconsciente; lo que hace falta es psicoterapia global, y con psicoterapeutas de primates, porque está lleno de monas y monos desnudos, como dijo Morris.

Lo de cebarme con esa mujer me sirve para apaciguar mis ganas de acabar con comportamientos de ese tipo, ya que no tengo ese poder y tengo que soportarlos al vivir aquí, y también me sirve para que con este ejemplo quede claro lo que explicaba; que esa autorrealimentación del grupo hace que el estilo y la forma de hablar cada vez se aleje más de la forma de los que no son del grupo y también hace que interiormente, psicológicamente, se alejen más, y esto ocasiona que físicamente se alejen también más… y al final el resultado es que quieran la independencia.

Si además tienen mucho orgullo de grupo, se alejarán más aún de los demás. Si ese orgullo es del tipo de creerse mejor que los demás, más distancia todavía y aquí aparecen ya otros aspectos a tener en cuanta.

O sea, es un grupo que se cree mejor que los demás, con un estilo y una forma de hablar autorrealimentadísimos entre sí, a causa de creerse mejores, superiores. Si ocurre que el estilo no es del tipo choni, sino del otro extremo, elegante, sofisticado; la autorrealimentación que hace un grupo de este estilo, se dirige a comportamientos y formas de hablar narcisistas.

El efecto que produce en la mente de un individuo una autorrealimentación, una autoidentificación de grupo de tipo narcisista clasista, es destructivo para la persona.

Un narcisista que se cree mejor, superior, más elegante, más sofisticado, que habla más bonito que los demás, psicológicamente se destroza el cerebro y la cordura de por vida; así mismo es, porque le va a ser muy complicado salir de ahí.

Las implicaciones de una autoidentificación así se multiplican, no se quedan simplemente en narcisismo, esto conlleva todos los -ismos juntos.

Esto impide de por vida la paz mental, impide la felicidad. Te conviertes en Narciso y en Narcisa, te has cambiado el nombre a ti mismo. Estarás permanentemente pendiente de tu estilo y de tu forma de hablar porque creerás en superioridades e inferioridades y se basarán en eso, serás más o menos superior dependiendo de cómo hables y de tu estilo. Rechazarás para tu vida a todo aquel que creas inferior, ya que el cálculo de sí es mejor o peor por cómo habla o con qué estilo se comporta, pasará a ser a lo que le darás más valor, mucho antes que si es un chico bueno o malo, esto perderá importancia; es más, si es bueno, para ti es tonto.

Adorarás e intentarás imitar a quien creas mejor que tú. Serás una calculadora calculando y observando permanentemente cuánto bien lo estás haciendo. Tu estilo y tu forma de hablar, con el tiempo, alcanzarán niveles de sofisticación que llegarán a hacerte creer que eres demasiado bueno para ser de este mundo. «Imposible que yo sea de la misma especie que la choni esta, o que los españoles chabacanos estos, ¡mira cómo hablan algunos, qué gentuza más vulgar y desagradable!».

No todas las identificaciones de grupo o de sociedad acaban en narcisismo, por supuesto que no, muchas veces es al contrario. Hay sociedades en las que la moda es realimentar valores positivos, en estas sociedades no vamos a encontrar formas de ser y de hablar arrogantes y que pretenden ponerse por encima de nadie, sino lo contrario, encontraremos formas de ser y de hablar cercanas, cariñosas. Huyen de la arrogancia, se pone de moda lo sencillo porque es más cercano. Esto produce, al contrario que en el otro caso, una psicología que busca eliminar defectos, orgullos, egoísmos, potencia el cariño, el amor hacia los demás, elimina diferencias porque está de moda la cercanía, lo que produce paz interior, que es en definitiva lo que llamamos felicidad. Esto es lo que nos da la felicidad, concepto del que nos cuesta tanto entender cómo se consigue. Es así de sencillo, la felicidad se consigue eliminando todos esos errores que lo que hacen es perturbar la mente, la tienen pensando en cosas negativas y juzgando todo, a los demás y a ti mismo. Se consigue al eliminar el ego, el orgullo, el egoísmo, clasismo, etnocentrismo, racismo… Si consigues no tener ningún ismo, tu mente se para, se queda en paz, nada la perturba, nada juzga, ni se juzga a ella misma, solo piensa en positivo y para cosas positivas, desaparece la depresión, ansiedad, complejos, timidez…

Hay sociedades en las que su idiosincrasia favorece la limpieza mental. Yo diría que en todas las regiones españolas es así menos en una. No es casualidad que estemos a la vanguardia en reconocimientos y reparación de injusticias hacia minorías por ejemplo. Pero en lo que más se nos nota es precisamente en el síntoma clave, en el que cualquiera que comprenda este asunto lo tiene como detector principal de mentes sanas y que nosotros lo tenemos instaurado en nuestra idiosincrasia; es la naturalidad, la sencillez, el trato cercano y de igual a igual que le damos a los demás.

Quizás ese complejo que siempre antes pensábamos que teníamos, motivado seguramente por la dictadura (aunque creo que ya no lo tenemos, al habernos ido bien en ciertas cosas como en el deporte, etc.), que nos provocó ese sentido de inferioridad que tuvimos con respecto a otros países, no nos permitió desarrollar arrogancia, quizás esto nos ayudó. Pero ya éramos así de siempre y lo que sin duda nos ayuda es tener un idioma con una pronunciación directa y sencilla, que nuestro interés principal al hablarlo es comunicarnos antes de cualquier otro tipo de interés estético. Porque como les decía, la forma de hablar influye en la forma de ser; si yo hablo chulo, me hago más chulo aún; si hablo sencillo, me hago más sencillo; si hablo gracioso, me gusta comportarme más graciosamente; que les pregunten a los de Cai sobre esto. Y aún no tengo claro si es primero el huevo o la gallina; si como hablo hace mi forma de ser, o mi forma de ser me hace hablar como hablo.

No importa cuál fue antes y lo que ocurre es que las dos se influyen y se agrandan mutuamente. Por lo tanto, nosotros estamos muy bien al tener una lengua directa que no utiliza adornos innecesarios y que nos influye en tener una personalidad igual, directa y sin adornos innecesarios. Creo que fue alguien conocido quien dijo la frase del principio: «La sencillez y la pureza no es un punto de partida, sino una meta». Alguien que diga esto que parece tan sencillo demuestra automáticamente que «comprende», sobre todo si lo practica. Aplíquenselo, señores catalanes independentistas, y no les guste ser tan sofisticados.

En este sentido, estamos mejor que otros países y por delante de ellos, porque la tendencia del mundo entero en esa dirección, en la que nosotros estamos más avanzados que otros, es clarísima. El mundo está cogiendo consciencia de estas cosas muy rápidamente. Vi hace unos días en las noticias que una presentadora francesa que llevaba creo que diecinueve años presentando un programa, también de noticias, de la televisión francesa, había sido destituida, según decían, por ser de estilo excesivamente chovinista; ese estilo del que fueron contagiados nuestros protagonistas. Estas cosas hoy en día ya chirrían clarísimamente, hasta los franceses se están dando cuenta, yo diría por fin. Quizás lo tienen menos fácil que nosotros; no describiría su idioma como he descrito al castellano, o sea, sencillo, directo y sin adornos innecesarios. Tampoco su idiosincrasia la describiría así. Parece que se cumpla la regla de que la lengua y la forma de ser son siempre iguales.

Muy poca gente ha buscado alguna parte de culpabilidad, por algún error de planteamiento del tipo que estamos hablando, en lo ocurrido en Francia hace unos meses. No creo que aquí en España hubiese podido ocurrir, no me refiero a la respuesta de los terroristas, sino a lo que la provocó; aquí algo así hubiese sido muy chirriante y muy criticado, allí fue defendido. No tiene sentido provocar a los locos sin ser necesario y menos si al hacerlo pones en peligro de muerte a los demás.

No sé si se han dado cuenta, pero ya conocemos el nombre del virus, del que di pistas desde el principio y lo llamé virus Nrso, abreviatura de Narciso, que es lo que produce la enfermedad del narcisismo.

Aquí lo tenemos, Narciso es con quien hacía el símil y lo llamaba virus; pobrecito, vamos a conocerlo mejor. Lo escribiré con mayúscula tal y como se escribe un nombre propio, ya que lo veo como una persona, vamos a darle la importancia que merece, es una persona que se mete dentro de otras.

Hay muchos tipos diferentes de Narcisos y de narcisismos, en realidad todas las regiones y países tienen sus narcisismos, y las personalidades de los diferentes Narcisos son muy diferentes de una región y de un país a otro/a. Tienen en común ciertas cosas, como gustarse en algo o alardear de algo, pero unos alardean de unas cosas y otros de otras, y depende de lo que alardeen, la enfermedad es más o menos grave.

Los catalanes separatistas alardean de la peor cosa, la más perjudicial para la mente, la elegancia y la sofisticación, la clase, estética de la lengua… Porque quizás uno de los peores o el peor Narciso sea es el que provoca narcisismo racista, pero este está muy especializado en superioridad física y/o mental; sin embargo, el otro es polifacético, engloba todo a la vez, incluido esto último. Es menos intenso en ello, pero su abanico de exclusión es mayor.

Los vascos y gallegos también tienen su lengua y aquí tenemos ejemplos que nos van a ayudar a entender a los diferentes narcisos.

Nunca en la vida he escuchado llamar pedante a alguien que se estuviese pasando de elegancia hablando catalán. Es al contrario, un catalán que se pase es más admirado aún, les parecerá curioso, pero es totalmente así. O sea, que a ojos de los catalanes nunca se pasa nadie por hablar catalán lo más extremadamente elegante y sofisticado, en la pronunciación de sus muchos sonidos. La palabra pedante nunca se aplica en un caso así, al contrario, «m'encanta com parla el Pepitu, es molllt catalllà».

Gracias a esto podemos encontrar miles y miles de catalanes haciendo música al hablar. Son amiguitos de la mujer de antes. Es maravellós com parlen, están haciendo música continuamente mientras están hablando y cuanto más y mejor lo hacen, más admirados son.

Con el castellano, en cambio, una actitud de excesiva atención en la forma de hablar chirría de inmediato. Si nos imaginamos a alguien hablando en castellano, teniendo un cuidado extremo en cada pronunciación de cada sílaba, nos haría de inmediato abrir los ojos con estupefacción. Alguien que cotidianamente fuese más allá de nuestro querido y fallecido Jesús Hermida, no pasaría ya por alguien normal.

La lengua castellana no se presta a eso por su propia personalidad, sin necesidad de tener en cuenta la personalidad de quien habla, y quizás simplemente por este motivo, las idiosincrasias surgidas en los pueblos con lengua castellana, no tienen Narcisos con este tipo de pedantería a ese nivel; y el pueblo que tienda a eso se queda a medio camino, porque con un poquito es suficiente y suena la alarma de tonto el culo de inmediato. La propia lengua lo provoca, lleva una alarma incorporada, gracias a su pronunciación directa, sencilla, práctica, pragmática; pone el acento en conseguir la mejor comunicación posible y nunca está la estética por delante de la comunicación.

Aun así, nunca he escuchado a ningún extranjero decir que el castellano le suena feo, sino al contrario, dicen que tiene un sonido bonito.

Con la lengua catalana es al contrario en cuanto a la costumbre de su uso; cuanto más cuidado tengas en la pronunciación de cada sílaba, mejor considerado eres y, al contrario, alguien que no hable catalán cuidando escrupulosamente de hacer cada sonido perfecto es mal considerado. No puedes hacer una 's' sonora mal hecha o una 'o','e' obertas si son cerradas, gggg, ll, xxxx… esto por supuesto, pero además cuanto más bonitos y perfectos hagas los sonidos mejor.

Quiero poner un ejemplo que también me maravilla, como a Lola Flores. En ocasiones, me gusta escuchar música clásica; para mí, el hecho de no tener batería hace que sea realmente música relajante, por lo que la escucho en ocasiones en que necesito relax, esto es de propina porque no tiene nada que ver en lo que iba a decir. En Barcelona, solo encuentro en el dial dos emisoras que pongan siempre música clásica; una es a nivel nacional y otra es de Catalunya. Suelen hablar mucho en las dos, por lo que cuando se ponen a hablar en una me paso a la otra; menos a veces que me apetece maravillarme y alucinar un rato, porque se da la circunstancia de que en la catalana hay en ese momento unos determinados locutores. En estos casos, dejo la música a un lado y elijo precisamente ponerme a escuchar al locutor catalán hablando. Es realmente maravilloso escucharle, es mejor aún que la música clásica, la belleza de su pronunciación supera a la novena sinfonía, tiene una riqueza de notas sin igual y una perfección en cada sonido, siendo estos muy complicados, que supera la mejor afinación del mejor piano de cola.

Es una variedad de essssses elllles gggggeees òòòòs èèèès, las hay abiertas y cerradas y neutras… y las elllles geminades, que son como el cuádruple de una l en castellano; se alarga la pronunciación de llla primera y cuando parece que va a acabar entra llla segunda, patinando también y con igual dulzura; es un momento apoteósico de la bella sinfonía que maravilla al oído más exigente, delicado y sibarita. Después, están las xxxx patinando también y las elles (eyes), se pronuncian como se hacía antes en castellano.

Cuando se juntan varios de estos sonidos en una misma palabra, la autosatisfacción interior es de las mayores que puede experimentar un ser humano; xxxocolllatta, agggenolllar-se, la segunda e es neutra. Muchísimas palabras sirven de ejemplo; podría poner casi todo el vocabulario. Hay algunas que además de producir más satisfacción que incluso palabras en francés, y este es un dato con el que se comprende el nivel de autosatisfacción del que hablo, a los charnegos nos resultan imposibles de pronunciar sin delatar nuestro charneguismo.

Claro, deben ser ustedes comprensivos; ante unas habilidades bucales de este nivel, es normal que uno se sienta por encima de los demás, el Narciso interior de elegancia y sofisticación está pletórico de satisfacción consigo mismo.

Pónganse ustedes solo un momento en el lugar del locutor de la radio clásica catalana que les comentaba, que está acostumbrado a escucharse a sí mismo desde siempre, con esa belleza y sofisticación; pónganse dentro de su mente y que de repente le venga a su propia casa uno de los primos del sur y le diga: «Quilllo, qué casa ma bonita tiene, maricong, tú me deja de quedamme aquí a viví contigo, vedda, pixa».

El locutor català automáticamente entra en shock y necesita de inmediato primeros auxilios. En su mente no podía imaginar que existiesen en la faz de su mundo salvajes semejantes. ¿Cómo va a querer este catalllà formar parte del mismo país que esta gente subdesarrollada? Su Narciso automáticamente se pone virulento y rechaza sin ningún tipo de solución cualquier proximidad con el salvaje. Ni le hablen de Estatuts ni de miles de millones de euros, su Narciso no acepta ningún tipo de acuerdo… ni boig, que significa loco. Él está muy por encima de esa gentuza, lo demuestra con todo: su actitud, elegancia, su estilo y sus modales deliciosos y la llengua, esa meravellosa (la s es sonora) llengua.

Está lleno por todas partes de locutors catalàns. Todos cuando escuchan al locutor quieren ser como él y hablar como él. Es admirado enormemente. Pero como les digo, no se preocupen por si este locutor tiene algún problema en la voz y tiene que dejarlo, porque simplemente saliendo a la calle van a tener miles y miles de catalans a su altura.

Para hacerse una idea hay que ponerse a hablar catalán con soltura, si hablas mal inglés no te enteras mucho de su Narciso, tienes que hablar bien y entonces notas en ti mismo el disfrute. Esto no es broma, es ponerme a hablar catalán al estilo del locutor y sentirme una persona más sofisticada, es inmediato, me convierto en otro.

Esto en la mente puede producir el efecto de una bomba de racimo, tal cual lo estoy diciendo, se disemina por todo el cerebro, cada neurona se ve afectada por la explosión. Una exposición medianamente larga al Nrso catalán separatista es quizás imposible ya de curar. El virus afecta a todos los aspectos del pensamiento. Es imposible ya pensar de una forma normal y serlo. Están impedidos para tener una actitud sencilla, natural, espontánea, cercana, también para expresar sentimientos normalmente, son todo cálculo. La parte buena es que al ser tan exigentes consigo mismos son molt treballadors i emprenedors. Pero es habitual que se estrellen en cosas importantes de su vida; estar errado en aspectos básicos de planteamiento tiene esas consecuencias. Y estrellan también a los que están cerca.

Imagínense ustedes qué puede pasar si tienen que tomar una decisión importante, que requiere poner toda la atención en el caso, y ustedes están pensando en primer lugar en lo bonito que están hablando o si están teniendo una actitud suficientemente elegante… parece mentira, pero las cagadas justamente por este motivo, de las que yo he sido testigo, son numerosas, algunas muy graves y que me han salpicado a mí.

Si se trata de un asunto sin importancia, no pasa nada, pero cuando es un asunto grave, es lamentable e increíble que estas estupideces puedan desviar la atención de lo importante y se puedan pagar consecuencias graves por culpa de esto.

Esto es radicalmente así, aunque parezca mentira, y Dios nos libre de estar en manos de locos narcisistas que están pensando primero en lo elegantes que son, en algún momento que estemos desvalidos. Si alguna decisión sobre tu salud, por ejemplo, depende de ellos, estás en peligro.

¿Exagerado? Nooo, créanme. ¿No les parece exagerado la que hay montada en Cataluña? Acaso no estamos pagando todos los españoles las consecuencias del separatismo catalán. ¿Cuántos siglos lo llevamos pagando? ¿En cuántas cosas nos ha afectado? ¿Cuántas personas han muerto por esto?

La descripción que hemos hecho del Narciso catalán separatista, ¿es compatible con ser un desencadenante de todo lo que está ocurriendo en Cataluña?

SÍ ES COMPATIBLE PORQUE ES EL DESENCADENANTE, ES EL AUTÉNTICO MOTIVO Y NO OTRO, ES EL VIRUS NRSO.

Luego vamos a hacer la prueba del algodón, vamos a aplicar la solución con su vacuna correspondiente y vamos a ver cómo desaparece la mancha, digo, el problema y la enfermedad.

Es una vacuna para los niños y puede hacer efecto en adultos con baja carga vírica. Además, este tipo de vacuna se contagia; los niños irán contagiando a sus papás y así se irá esparciendo por la sociedad catalana de la misma manera que lo ha hecho el virus.

Los que no tengan cura que no se frustren, podrán independizarse cuando quieran, hasta los jóvenes a partir de los dieciocho lo pueden hacer si quieren.

Sobre las lenguas vasca y gallega quería decir que sus Narcisos no los conozco tan bien como los Narcisos catalanes y los castellanos, pero parece evidente que no son del estilo catalán, son más bien del estilo castellano. No les veo aires de superioridad por ningún lado y sí de cercanía y de naturalidad. Los Narcisos de sus separatistas son por motivos de orgullo cultural e incluso racial en los vascos, no por sentirse una raza superior, sino pura, creo, según dicen; al haber resistido a invasiones se han conservado puros y tal, creo que va por ahí. Aunque así fuese, es un error igualmente, pero a la hora de tratar con ellos, como no te pasan por la cara ninguna arrogancia, sino al contrario, son cercanos y sencillos, incluso se refleja en su estética favorita, pues no despiertan antipatía, sino al contrario, despiertan simpatía. Lo mismo los gallegos, gente sencilla y cariñosa hasta en su forma de hablar, son galleguiños. En definitiva, mentes libres de narcisismos colectivos.

Tenemos que curar a los catalanes que lo necesiten, conocemos su enfermedad y el porqué se ha esparcido con esa virulencia, vamos a por la cura, pero antes vamos a hacer un análisis en forma de resumen para centrarnos y aplicar la vacuna directa al corazón del problema.

Entonces tenemos a nuestros queridos hermanos y compatriotas separatistas catalanes con una enfermedad contagiosa que han adquirido por contagio de sus vecinos. Entre ellos hay miles y miles de hijos, hermanos, sobrinos, primos, tíos... nuestros, con orígenes directos de otras regiones españolas. Todos atacados por el mismo virus Nrso o con su nombre completo Narciso, como ya hemos averiguado. Narciso es un virus muy virulento por los síntomas que produce y por su capacidad de contagio y permanencia. Actúa atacando a uno de los puntos débiles que los humanos siempre han tenido: la vanidad. Se camufla de tal manera que no es posible convencer a un infectado de que tiene dentro a Narciso, padece el error enfermizo y está contagiando a otros de su grupo por imitación sin darse cuenta. Para hacer despertar a un infectado y hacerle darse cuenta de su problema, primero hay que desactivar su Narciso, o sea, prácticamente curarle; aquí hay un problema, hay que sacarle al Narciso para que sepa que tenía Narcisismo. Es muy parecido al problema de las personas que han sido abducidas por una secta, es un lavado cerebral igual, con una serie de técnicas, pero en el caso de los separatistas es más complicado que se den cuenta por varios motivos: que son muchos, lo que no les hace dudar de estar errados; que está en su vida cotidiana, no tienen que ir a ningún centro para que les laven el cerebro, en todas partes lo hacen y se lo hacen mutuamente en todas partes, está normalizado de tal manera que incluso para los que no están enfermos puede ser muy sutil y no verlo claro, porque está aceptado por la sociedad y no se le atribuyen las graves consecuencias que tiene.

Para un separatista catalán, hacerse consciente de su problema mental es equivalente a la dificultad que tenemos cualquiera de nosotros para entender un problema de la infancia que tengamos muy arraigado; los psiquiatras y psicólogos que se especializan en psicoterapia conocen la dificultad y las muchas sesiones que son necesarias, aunque para nuestros hermanos y primos catalanes con origen de otras comunidades que han adquirido la enfermedad de mayorcitos debería ser más sencillo darse cuenta. No es así porque el estilo con el que se difunde es en realidad bien valorado desde siempre por todas las sociedades. Se difunde con estilo pijo.

O sea, ese comportamiento narcisista catalán que hace que estén pendientes de hablar tan bonito lleva consigo un estilo presumido lógicamente, estilo pijo. Entonces, al contrario de considerarse una conducta reprobable, que es como debería ser si estuviésemos bien de la cabeza, es un estilo admirado por todos.

Es un error mental en el que los humanos caen con facilidad y no se dan cuenta. Ahora no sé, quizás ya no se está haciendo por la mala imagen que ha cogido lo catalán, pero antes siempre me fijaba en que había anuncios publicitarios que ponían a alguien con acento catalán. No sé si era también por el prestigio de ser una de las comunidades con mejor nivel económico, pero seguro era también por su estilo pijo. No creo que necesite ningún esfuerzo para hacerles ver que el estilo pijo vende. En cualquier anuncio de la tele, de coches, de comida, electrodomésticos, productos dietéticos con mujeres delgaditas, comiendo el producto en su cocina muy bonita… Está clarísimo. Pues los catalanes por su vanidad, que es una de las más o la más importante característica de su idiosincrasia en este momento; hablando siempre de la tendencia general y sacando de este cliché a miles y miles y miles de catalanes; bueno, pues por la vanidad de los separatistas catalanes, están especializados en pijerismo, y, claro, esto se lo venden muy bien unos a otros, se escampa fácilmente. La palabra pijo y sus derivados pueden sonar feos, es curioso, definiendo lo que define que es lo contrario, en definitiva narcisismo; podría buscar otra palabra si esta les parece fea, pero es que lo define bien. Lástima porque soy un poco pijo, como lo somos todos, a nadie le gusta lo antiestético, pero una cosa es eso y otra es especializarse en pijerismo y rechazar lo demás.

Los separatistas son adoradores de lo pijo, es una característica suya, es evidente en todo lo que hacen, en como hablan y en todo lo que les he explicado; no han escogido el camino de la sencillez. Incluso la minoría de los separatistas, que como no sé cómo se llaman hoy en día, llamaré alternativos, los del partido este que hablábamos; pues incluso estos son más pijos que los demás alternativos. Está en la idiosincrasia y la lengua está influyendo determinantemente en que sea una idiosincrasia pija, porque hablan continuamente de forma pija. Nadie que hable catalán cuidando tanto los sonidos que saca de su boca y estando orgulloso de ello y por lo tanto siendo muy consciente de lo bonito que habla, puede ser después alguien que no cuide y esté atento a «sus formas». Es incompatible hablar muy bonito conscientemente de que lo estás haciendo y no prestar atención a lo demás. Si eres consciente de tu forma de hablar bonita, también te moverás bonito, gesticularás bonito, cuidarás tu estética, que será bonita, y te fijarás en cómo viste tu grupito alternativo, e irás a la última en moda alternativa, porque tú eres alguien que te fijas en la estética desde que abres la boca. Tu forma de hablar, que es igualita a como lo hacen los de tu grupo y esa lengua que es bonita en sí misma, ha acostumbrado a tu cerebro a estar atento a lo bonita que es y a si todo es bonito. Es inevitable para ti estar pendiente de lo «bonito». Incluso ese corte de pelo raro que te haces porque eres alternativo, te lo haces a la moda rara bonita y le dices a tu peluquero: «Córtamelo raro bonito, eh», porque yo soy un alternativo, pero mira qué bonito parlllo y mientras estoy parlando me escucho a mí mismo y me encanto, y me voy diciendo: «Qué guapu soy, qué guapu soy».

Esto tiene otras consecuencias psicológicas inevitablemente, es imposible que no sea así; y eso que un «alternativo» intenta conscientemente apaciguarse a sí mismo el narcisismo, pero lógicamente se lo complica si habla el catalllà con el virus narcisista. Cuando se trata de un catalllanoparlllant que no intenta disimulárselo a sí mismo, sino que se rinde al placer de gustarse mucho, como sería el caso de un pijo catalllà, la carga vírica narcisista que él aplica a su forma de parllllar catalllllà alcanza niveles de Gran

Espectáculo, que es difícil de imaginar si no has tenido la fortuna anteriormente de presenciar una obra teatral en llengua catalllana de esa intensidad. La locura alcanza niveles ya irrecuperables para el resto de su vida. Si tuviésemos que darle la medalla de oro a los más arrogantes, en el sentido narcisista, de España, sería para los pijos separatistas catalanes. Luego, siempre hay por ahí especímenes sueltos que incluso les pueden superar, pero como comunidad son los mejores, aunque es cierto que me vienen a la mente otros que no se quedan cortos, con estilo diferente, pero por supuesto también habría que ponerlos en tratamiento.

Muy a menudo los locos se autoengañan creyéndose cuerdos al compararse con otros locos diferentes; su locura no les permite ver que la distinta locura de otros no elimina la suya.

Intento ir afinando más para que se vaya viendo más claro. Es como volver a explicarlo, pero diciendo ya el nombre del error. Es solo un pequeño esquema para que nos quede más claro.

Miren, ellos siempre fueron los guapos cuando llegamos los inmigrantes, como expliqué —yo nací aquí pero me incluyo—, y ya antes tenían estilo pijo, pero con su reafirmación en pijerismo al llegar nosotros, feos y pobres; precisamente por ser pobres, éramos feos, la pobreza es antiestética para un Narciso; pues a causa de la llegada de los feos, se reafirmaron más y se hicieron repijos y a nosotros nos miraban mal, y no nos querían, en el sentido de amar. Y, claro, ellos eran los que tenían las pesetas, ellos mandaban aquí. A medida que fue pasando el tiempo, algunos de nosotros fuimos viendo que si hablábamos como ellos, a veces hasta nos ponían buena cara y esto se escampó como la pólvora, muchos de nosotros se pasaron al catalllà y ben parlat, intentando haser bien el asento lalala, incluso algunos y algunas se cambiaron del todo al otro lao y después les vino amnesia de que su lengua materna era el castellano. Ocurrió antes y más a la llegada de la democracia; ya entrados en ella, el Jordi hizo el gran invento del siglo XX para el català, «la immersió lingüística» y así consiguió que el trasvase de castellans al catalllà fuese como una riada.

Quiero ampliar más este tema, ya que es tan interesante por lo surrealista de tanta hipocresía. ¡No se escondan, home!, díganlo claramente: queremos la immersió para conseguir la independencia; ¡si ya se han lanzado a ella abiertamente!

En clase, los niños no pueden hablar castellano; bueno, un inciso, que aquí hacen uno de sus trucos magistrales; si leen el «programa d'immersió» da un poco de risa, son unos hipócritas cínicos deccaraos; según dicen sí pueden, porque lo hablan mientras van aprendiendo el català, una vez que saben, ya tienen que hablar en catalllà. Los de aquí ya lo hablan y si viene alguno de otra comunidad tarda en aprender diez o quince minutos, claro que no harás los lalalas perfectos, pero eso viene luego practicando. Para alguien que habla castellano es muy rápido entender el catalán y de ahí a hablarlo son cuatro días.

Un programa de inmersión lingüística va bien para aprender una lengua que no es la del lugar y es muy diferente. Aquí sería suficiente lo que ahora se hace con el castellano, tener la asignatura de català para saber escribir correctamente y todo el mundo hablaría y escribiría catalán; pero ellos no aceptan ni siquiera el 25 % de castellano. ¿Comprenden lo descarados que son?, se les nota la hipocresía y el cinismo del truco desde muy lejos; la inmersión no se utiliza para que los niños aprendan catalán, sino para que olviden el castellano, quieren inmersión al 100 % en catalán y no aceptan ni siquiera un pequeño porcentaje de castellano.

A mí no me cogió el invento de la immersió y es más, ni siquiera había asignatura de catalán cuando yo hacía EGB; todos los de mi generación hablan català sin ni siquiera haber estudiado català en el colegio. El catalán es igualito al castellano, parece muy diferente solo por el assento que le ponen, pero es literal al castellano, solo hay que aprender que en vez de tenedor se dice forquilla y en vez de cuchara, cullera, y la frase se construye literalmente al castellano palabra por palabra; busquen cualquier frase en catalán y comprobarán que es así. La mayoría de las palabras o son iguales al castellano o les falta una letra o hay una letra diferente, y el vocabulario que cambia lo aprendes sin quererlo si vives aquí; casi todas las palabras que cambian se usaban antes en castellano, o derivan de palabras que se usaban antes o se usan ahora y se aplican de forma diferente. Por ejemplo, «parlar» que es como se dice «hablar» en catalán, son unos parlanchines, también está en el diccionario castellano el verbo «parlar»; la misma forquilla es horquilla, seguro que antes era también forquilla en castellano, se cambió la «f» por la «h», por ejemplo antes se decía «fermosa», y de hecho aún está en la RAE. Pues así casi todes les paraules.

Créanme que se tarda muy poco en aprender català, no estamos hablando de aprender inglés o alemán, que es para lo que sí es útil una inmersión y hay colegios privados que utilizan este método.

Haciendo el 50 % en catalán y el 50 % en castellano, los niños aprenderían exactamente igual de bien el català, SIN DIFERENCIA, pero además podría salir algún Cervantes, cosa que ahora es imposible.

—Els Cervantes que salgan en Espanya; ahra els hijos dels andalusos han de ser escritors en català ☺.

Aquí al Jordi le vino la gran idea como le pasa a Vicky el Vikingo, pero él no lo hace frotándose la nariz, él lo hace guiñando el ojo, y pensó, ya sé cómo se la voy a colar a estos, voy a decir que aquí hace falta una «immersió», y que es un sistema probado que funciona muy bien.

Aquí se utiliza para catalanizar lo máximo posible, es un truco con un descaro tremendo; ver en primera persona cómo mienten y cómo consiguen llevar las cosas hacia donde ellos quieren, sin que en el resto de España se enteren e incluso consigan engañar a muchos de aquí, puede llegarte a traumatizar, esto no lo digo en broma; interiormente piensas: «¡Qué es esto, dónde estoy metido!, ¿será esto el planeta de los simios?, unos simios que son tontos, que les engañan con facilidad, que los manejan como quieren, no se enteran de nada y hacen genuflexión ante el líder».

Después, muchos se pasan totalmente al català y ya no quieren saber nada de hablar castellano, los papás para no confundir al niño y no hacerle sentir mal con sus compañeros y con la sociedad, se ponen a hablar català tambè y desaparece para la vida de toda la familia el castellano. La immersió va complementada con los otros trucos, eres mucho más guapo si hablas siempre català, ¡dónde va a parar!

Si en clase algún niño pequeño de tres o cuatro años no entiende de leyes de «immersió» ni le pegan ni le meten en la cárcel; los profesores son la clave en este caso, están obligados a hablar y a hacer hablar català, pero a la mayoría no hace falta obligarles, no sé de dónde han salido tantos profes independentistas y tranquilos que cada día hay más. Si usted es el profesor o profesora y le pone buena cara al niño si habla català y lo trata bien, y si habla castellano le pone mala cara y lo trata peor, aunque sea sutilmente, los niños lo captan porque no son tontos, más bien son muy sensibles, y se acojonan y se traumatizan, y es muy sencillo conseguir que cambien la lengua. Los niños llegan al colegio a los tres años, y los que hayan ido a la guardería llegan ya más preparaditos incluso.

A eso añadimos la clave del asunto, vamos a vender el català de una forma pija, vamos a demostrar que es mejor con nuestra forma de hablarlo sofisticada, que permite un lucimiento personal sin igual, el català es perfecto para esto. ¡Es que se presta tanto a hacerlo pijo!, le encaja perfecto el pijerismo a la llengua, como anillo al dedo. No va nada bien para ser choni o un poco macarra; y con el «català ben parlat», ya es imposible serlo, solo puedes ser un niño de buenas maneras y medido en sus formas, más bien discretito. Los pijos están encantados con esa lengua porque pueden expresar al completo todo su sentir pijo; todo su arte pijo que llevan dentro, se expresa a la perfección con todos esos sonidos, que dan la oportunidad de dar mil matices a lo que sale de tu boca, son como ruiseñores en una competición de canto. Tienen ustedes que probarlo; los que no sepan, aprendan un poco de català y verán como no se lo tengo que describir más, les va a quedar clarísimo. Tengo que aclarar de nuevo, hay miles y miles y miles y miles de catalanes que no utilizan la llengua así, pero los separatistas todos.

Bueno, estábamos con el niño, con Jaimito, que se resiste y la profesora le dice: «Jaimitu, tens que parlllar calalllà perque seràs mes guapo, agggenolllatt i demanem perdó per no parlllar catalllà». Significa: Jaimito, tienes que hablar catalán porque serás más guapo, arrodíllate y pídeme perdón por no hablar catalán. ¿Ven la diferencia?, el catalán permite lucirse mucho más. Los toreros deberían hablar en catalán en el ruedo porque se lucirían mucho más. Incluso si decimos la misma frase en castellano con asento català, permite más el lusimiento. Jaimitu tieness ca hablllar catalllà perca sarás más guapu, arrodillat i pideme perdó per no hablllar catalllà. Si me hubiesen escuchado como lo decía mientras lo escribía, les hubiese quedado clarísimo.

¿Cuánto tiempo creen que puede resistirse Jaimito, con tres años, a la profesora? Y Jaimito es de los más difíciles, los demás han caído hace tiempo. Pero imaginemos que Jaimito resiste hasta los seis años, empieza un nuevo curso y en su clase hay una nena catalaneta la mar de maca, guapa. Jaimito cae inmediatamente.

Yo hablé esporádicamente català hasta los dieciséis quizás, pude hacerlo porque los charnegos teníamos aún mucha fuerza entonces. Pero claro, hay catalanetas muy guapas y muchas de ellas ni se hubiesen acercado a mí hablando charnego, tocaba claudicar y ponerme a parlllar de lleno, y esconder lo mejor posible mis fallos en las sss sonoras, las òòò, èèè abiertas cerradas y neutras… Imposible esconderlos del todo, ¡eh! Pero bueno, con otros encantos que tenía incorporados de fábrica algunas me lo pasaron. Incluso una que sus padres preferían morir antes de ver a su hija casada con un charnego, me pidió matrimonio.

El català, con «la immersió», avanzó como la pólvora, y el sistema de venta siempre el mismo, catalalalllà. Quizás las mujeres son las que claudican más fácilmente. Hay que ser realista en la vida, es muy importante, si les molesta cambien para que cambie la realidad. Las mujeres se compran su bolso bonito, van a la pelu, su vestido, sus zapatos y después de gastar todo ese dinero hay que parlar catalllà, porque si no es como tirarlo. Tenemos el pack completo lalalala.

Podría seguir describiendo el tema, pero con esto deben tener suficiente para trasladarse con la imaginación a Catalunya y entender cómo ocurre.

A esto se une la presión, que está por todas partes: si hablas castellano eres feo, fea, un paria… y solo tienes que hablllar catalllà para ser guapo, ¡es tan fácil! Pues si es así de sencillo, no solo parlo català, sino que saco la bandera independentista al balcón, HOME!

Si quieren percibirlo bien no vayan a Barcelona, donde no pasa tanto, pero ahora ya mucho más que antes. Barcelona es la ciudad que utilizan como truco los separatistas para decir que no existe nada de esto. Tienen que ir a las ciudades que se alejan del cinturón metropolitano de Barcelona, por todo el resto de Catalunya. Ahí actualmente van a comprobar que me quedo corto en la descripción, les va a parecer no estar en España.

Y además LA CLAVE DE LA CLAVE del éxito; al hablar catalán, yo mismo me doy cuenta de que era cierto, SOY MÉS GUAPO PARLAN CATALLLÀ, es que me siento más sofisticado y mira qué bien hago ya las eses sonoras cassssa, rasssssa. Me siento fantástico, ustedes no son capaces de hacer con la boca lo que yo hago. Cuando ustedes me escuchen, voy a hablar siempre así para que se den cuenta de lo sofisticado, lo pijo y lo fantástico que soy, y si les hablo en castellano, les hablaré con mi asento catalllà para que se queden entusiasmados conmigo por mi elllegansia.

Es así de sencillo, esto es lo que ocurre en Catalunya. OCURRE ESTO Y NADA MÁS; mi mente está influida por los demás y la moda permanente es «Fora charnegos, visca Catalunya lliure».

Ustedes tienen que asimilarlo y comprender lo profundo del tema, hablando seriamente; esto en la mente no se queda ahí sin más. Lo he explicado como he sabido, pero intenten ustedes imaginar lo que ocurre en una sociedad con una bomba así; entiendan que uno mismo no se reconoce a sí mismo que esté haciendo eso, porque si no no lo haría, nadie se vuelve gilipollas siendo consciente de que se está volviendo. Estas son las técnicas que van consiguiendo meterte cada vez más profundo en la secta, pero tú no te das cuenta de que estás entrando, va despacito, poco a poco. Es la zanahoria delante del burro. Es el sistema de recompensa o castigo. Y al final, tienes una mentalidad a años luz de la deseable, de la que debería ser normal, una mentalidad sana sin errores.

¿Usted cómo se llama? Jordi Mas Pujol. ¡OOOH!, ¡me arrodillo ante usted, es usted un puro! Veridad que yo tambè soc català? Mire qué bien parlllo.

Todos queremos ser catalans, ¡nos sentimos tan importantes!, hago unas cosas con la boca que nunca hubiese imaginado que pudiese hacer, voy por la calle y els catalans me saludan y nos ponemos a hablar catalllà y se admiran de lo bé que lo hago, ya casi se olvidan de que soy charnego. Y cuando hay charnegos por la zona o en el grupo, los de primera clase hablamos en català y nos sentimos unidos y cómplices y se lo restregamos a los parias esos. Es como el saludo de los masones que les hace inmediatamente saber que están entre los suyos, nosotros usamos el català igual, parlem català y nos sentimos unidos, «aiii nena que maca que estàs avui» oi gracies, corre vamos de aquí que hi ha charnegos.

¿Te imaginas ir a la mani del 11 de setembre con la estelada y parlan castellà?, qué vergüenza per favor, te imaginas las miradas y los desprecios que tendríamos que soportar… oooii, una pesadilla.

O cuando vamos al camp del Barça y nos ponemos a hablar castellà sin darnos cuenta justo antes del minuto 17:14; todos gritando «IN INDEE INDEPENDENSIAAA…» y mirándonos como de reojo, con cara acusadora y pensando: «¡Oooh, unos charnegos!, que collons facen aquí!»; es curioso pero eres para ellos como una especie extraña, es como si nunca hubiesen escuchado hablar así, es una situación violenta, es como si les rompieses la belleza del sonido de su catalllà. ¡Que vergüenza me daa!, en el Camp Nou si hablas charnego hay que hablar bajito, sssss; si no, da mucha vergüenza.

Después, dicen que quieren el castellano también como lengua oficial cuando sean independientes; será para tenerla ahí en la constitusió apuntada, pero no utilizarla, porque no es compatible con su consigna de grupo lalallla, que es como un magreo suave que se hacen mutuamente en el oído, y el castellano no encaja porque rompe su momento de intimidad. ¿Para qué DICEN que la quieren como lengua oficial si no la utilizan porque queda mal? Una locura más de las que hay que ser de aquí para comprender. Pero no se preocupen, comprendiendo el virus se comprende todo y en este caso es un truco y un autoengaño más.

Todo esto es tan real como la vida misma catalana. No hay acuerdo posible para que quieran estar con los charnegos; además, creen que en cuanto sean independientes serán todos ricos, ¡cómo no van a ser ricos si son los mejores! Que nadie pierda el tiempo en intentar convencerles.

Margallo, perdiste el tiempo y no solo eso, les levantaste la moral aún más. Tenías a Oriol hundido y con un ataque de nervios y vas y en el último momento les hiciste un par de piropos a los catalanes, automáticamente se infló y se recuperó y salió del ring pletórico, cuando ya estaba ko. Solo con dos piropos les es suficiente porque el resto lo llevan ellos dentro, su vanidad, su prepotencia, son los mejores indudablemente y tú vas y le das aire cuando lo tenías en la lona…

Igualmente, no hay nada que hacer porque aunque hubiese salido ko, al día siguiente le dan la vuelta al asunto. Es mejor no darles argumentos porque les es muy sencillo ponérselos a su favor por muy buenos argumentos que sean; está todo el mundo hipnotizado, son zombis. Imagínate que se pusieron contentos porque pensaron que Oriol te dio una paliza y no se plantean ni un momento la advertencia real que les hiciste ni el riesgo que intentaste hacerles comprender. No pierda usted el tiempo y no les dé más argumentos. La actitud de Rajoy es la correcta en este sentido, está haciéndolo como yo le recomendaría, porque cualquier miguita que se les regale la convierten en una bola muy grande. Incluso si se pudiese hablar menos del asunto, aquí y en el extranjero, mejor, porque escuchar hablar de Catalunya y sobre todo que se escuche fuera les pone a mil de satisfacción. Su ego se infla tanto que es peligroso para ellos, no deberían conducir después de eso, seguro que dan positivo sin haber bebido una gota.

Esto que dicen de que hay que hablar, que el gobierno no quiere hablar, es otro truco. Todo lo utilizan para adoctrinar más, todo lo ponen a su favor. Además, es que no hay nada que hablar. No les demos facilidades, ni argumentos, ni les pongamos combustible para que no paren. Ellos utilizan cualquier miguita para no parar, no les interesa parar y buscan las miguitas bajo las piedras.

La solución es inyectar la vacuna lo antes posible y empezar en las escuelas. Se tiene que acabar ya con la «immersió». Por supuesto, inteligentemente, diplomáticamente, como actúan ellos, me parece muy bien la delicadeza con la que se está actuando. Ellos lo hacen así, con cuidadito, utilizando trucos para que parezca algo natural, no lo fuerzan, lo versionan todo a su favor; si quieren convencen de que un avión es un burro volando, es increíble la facilidad con la que lo consiguen colar, pero es que los tienen ya muy hipnotizados, a ellos les es ya muy fácil. Nosotros tenemos que actuar con mucha tranquilidad y mucha cabeza, con mucha mano izquierda, como dijo Rajoy muy acertadamente. Para no parecer del PP, diré que Albert Rivera, de Ciudadanos, sabe también muy bien lo que hay que hacer aquí, él ha tenido mis mismas circunstancias de vida. No tenemos que descuidar la diplomacia, como decía; además, no necesitamos versionar porque solo queremos lo justo, pero ellos le van a dar la vuelta y van a decir que es injusto que los niños hablen català y castellano, lo justo es que hablen solo català, ¿para qué van a querer dominar bien el castellano si son catalans? No lo necesitan para nada. Los hijos de los Mas sí, pero los primos que se olviden de su lengua de origen.

Hay que imponer la cordura, pero con tranquilidad. Se va a poder imponer porque es lo lógico y lo justo, pero nunca nunca hay que perder los nervios, hay que actuar con la delicadeza de quien quiere sacar a un familiar de una secta y con la rotundidad también necesaria para hacerlo sin duda, porque de ahí tiene que salir, es lo mejor para él y para todos.

Hay que actuar ya y empezar a reconducir el asunto aunque pueda ser impopular para muchos en Cataluña, para otros muchos será bienvenido; y más vale ahora que luego tener que tomar medidas más drásticas porque vayamos demasiado tarde.

En los colegios hay que hacer también asignaturas en castellano ya, y cuando ellos se pongan como ogros rabiosos para impedirlo, hay que hacer mucha y tranquila pedagogía y explicar muy bien, con tranquilidad, todo lo que sea necesario y en todos los medios posibles, que eso no va a perjudicar a nadie y que es en realidad lo lógico y lo mejor para los niños, porque lo anormal va a ser siempre malo para ellos y en muchos sentidos que no se están teniendo en cuenta.

Vamos a empezar por el 25 %, aunque hay que llegar al 50 % sin tardar mucho. Lo justo es justo y el 50 es lo más justo y lo lógico. Aquí nadie quiere acabar con el catalán, lo vamos a proteger, pero no puede ser que nos estén adoctrinando a nuestros hijos y nietos, y haciéndoles percibir extrañas diferencias clasistas entre unas formas de hablar y otras, y a la vez introduciéndolo en sus mentes como lo normal y lo deseable.

Van a hablar las dos lenguas y las dos perfectas y después añadiremos el inglés. Por eso, el 50 % está bien, para no darles señales a los niños de que una lengua está por encima de la otra. Los niños catalanes de origen catalán hablarán catalán en sus casas y cuando se casen también y a sus hijos y a sus nietos, y en la calle y en el patio y en todas partes por toda la eternidad, pero los castellanoparlantes igual igual con su lengua. No habrá ningún riesgo de que se pierda el catalán, que es la excusa que utilizan para justificar lo que hacen, es el truco particular para este asunto. Recuperando la sana cordura e instaurando la lógica queda garantizada la salud del catalán, al contrario en realidad que ahora, porque ya se ha demostrado mucho en nuestra laaarga historia, que el sistema de imponer lo que no es lógico, a la larga tiene siempre el resultado contrario de lo que se buscaba.

Y aquí nadie va a ser más que nadie por su forma de hablar porque todo el mundo va a hablar perfecto las dos lenguas, se van a utilizar por todos cotidianamente con normalidad y nadie va a parecer guiri cuando hable castellano, porque no van a querer parecerlo, porque lo van a hablar desde pequeñitos y van a tener un dominio del castellano total, aunque sean cataloparlantes, y va a ser normal para ellos utilizarlo también, porque se habrán acostumbrado desde pequeños. Es además lo mejor para ellos. ¿Quién duda esto? Solo los afectados por el virus.

El castellano es muy sencillo de pronunciación, los niños van a hablar perfecto y sin parecer guiris sin ninguna dificultad y se van a acostumbrar a utilizarlo y les va a encantar. No como ocurre ahora, que no lo hablan nunca y pretenden que lo hablen menos aún, y aunque aprueben la asignatura de castellano como ellos dicen con buenas notas, no tienen fluidez, ni vocabulario y se atrancan al hablarlo, a causa de esto lo utilizan menos porque les es incómodo al no practicarlo. Qué truco más feo ese de decir que sacan buenas notas, ¿se dan cuenta de cómo son?, no les importa perjudicar a los niños.

Esta es su arma secreta, YA DESVELADA, no busquen más en Estatuts, encajes, financiaciones, federalismo… Olvídense de todo eso porque no está ahí. ESTÁ EN LA LLENGUA, nada más.

La llengua, por sí sola, por sus características, consigue hacer patriotas catalanes. Pero esa fuerza queda desactivada si se es bilingüe total desde la primera infancia catellano-catalán català-castellà, porque neutraliza el posible narcisismo que algunos le incorporan. El castellano, por ser como es, neutraliza el narcisismo si es tu lengua también desde la primera infancia, porque te hace sentir la diferencia en ti mismo de ser un narciso a ser normal; es así, de esta manera te das cuenta de tu error. No es así para los que hablan siempre solo català, porque no tienen esa posibilidad de comparación y cuando hablan castellano, no lo hablan como si lo hubiesen hablado desde la primera infancia e igual que una primera lengua; entonces la terapia del castellano no les sirve porque los errados le ponen el componente narcisista igualmente en la forma de hablarlo, en el acento, que incluso lo fuerzan más aún conscientemente, como hizo nuestra querida amiga del debate de TV1. Hay incluso castellanoparlantes haciendo este tipo de teatro. Esto es rigurosamente cierto, verlo da risa, la realidad es así de penosamente cierta y graciosa a veces.

En una ocasión, había un grupo de chicos de unos diecinueve años de Girona (siendo de Girona pueden empezar a imaginarse), eran estudiantes y estaban en Barcelona un día de San Juan por la noche; nos pusimos a hablar mucho rato de este tema. Había uno que tenía especial interés, sus padres eran andaluces, pero él hablaba siempre en catalán y hablando en castellano conmigo tenía mucho acento catalán; no tardé en decirle: «Siendo tus padres andaluces, ¿cómo es que hablas con ese acento?»; él sonrió con satisfacción, porque le encantó que yo percibiese su asento catallà. Al observar al grupo, entendí cómo había crecido este chico, vi cómo se relacionaba con sus compañeros catalans originals, vi que le daban su lugar en el grupo; tenía su protagonismo y él estaba obligado a seguir continuamente unas pautas catalanas para mantener eso, si no lo hiciese notaría el rechazo, incluso la de tener acento catalán hablando castellano, y le encantaba escucharse a sí mismo con ese asento, se le notaba que se sentía con más clase al hablllar así. El ambiente de ese grupo era forzado; eran chicos muy jóvenes con una actitud o de mayores o de tipo disciplina militar, algo así, muy serios, nada de naturalidad. Hablamos mucho y creo que por esa noche le convencí un poco, o le hice dudar al menos. Seguramente, el efecto de la terapia pasó al llegar de nuevo al ambiente sectario.

Aunque estas cosas las he visto siempre, me sigue costando aceptar que esto sea la vida real, ¿estaré soñando?, me pellizco y no... Esto es real, estoy conviviendo con muchos locos. El chico tenía que hablar de una determinada manera y hacer teatro continuamente, toda su vida, para no desentonar y ser bien aceptado. Está jodido, pobre chaval, yo preferiría irme de ahí, lejos. Imposible que todos esos chavales se sientan bien viviendo continuamente en un ambiente de locura como ese, en el que hay que hacer esas cosas que no son naturales y menos en chicos tan jóvenes, que tendrían que estar con la mente libre y sin embargo viven su día a día influidos por un machaque continuo de tener que ser y tener que hablar de una determinada manera, que es lo que se vive en Cataluña y en las escuelas de Cataluña y que no ocurre en el resto de España. ¿Es o no es el planeta de los simios? Por más que lo vea, no me acostumbro. Que en el mundo haya gente con estas suciedades mentales, que existan estas locuras sociales y verlo enfrente de mis narices, me hace sentir como en un manicomio. ¡Qué complicaciones se buscan estos monos desnudos en la vida!, cuando es bastante complicada solita y lo que deberíamos hacer es hacérnosla más fácil unos a otros. Necesitan un buen zoólogo psicoterapeuta.

Hagan un ejercicio de imaginación; imaginen que en Cataluña nunca hubiese existido la lengua catalana; ¿ustedes creen que estaríamos como estamos? Respuesta: NO. Ellos se creen diferentes y de otro país por cómo hablan, ese es el problema. Si solo existiese la lengua castellana, no se sentirían diferentes. Entonces sí que solo quedarían los problemas económicos, Estatuts, etc., pero ahora no es así, ahora se creen diferentes, y los hijos y nietos de los andaluces, extremeños, gallegos… también se creen diferentes. Bueno, aquí hay un matiz, estos se creen diferentes, pero menos que los originales, pero también tienen el virus Narciso introducido con el sistema de castigo-recompensa, y además creen a pies juntillas lo que los otros les han contado muy hábilmente, que serán ricos cuando tengan la independencia y se han vuelto además unos egoístas.

Si acabamos con el virus, que lo produce el mal uso de la lengua catalana, se acabará el problema. Tienen que hablar castellano para que la sientan también como su lengua. Con los hijos de los inmigrantes nunca debió perderse ese sentimiento.

Antes de continuar, voy a repetir de nuevo, lo haría las veces que fuesen necesarias, por respeto a los millones de catalanes a los que no me estoy refiriendo cuando hago esas descripciones que son solo para los catalanes separatistas; pues digo o repito que esos millones de catalanes cuerdos no están incluidos en todo lo que digo. Se puede utilizar la lengua catalana de forma correcta y de forma moralmente correcta y sin narcisismos. De hecho, a eso aspiramos en la solución, a que desaparezcan las formas pedantes y narcisistas y queden las correctas y de consciencia avanzada que ya existen.

Esto puede ocurrir hasta cierto punto fácilmente; como decía, hasta los franceses hoy en día son conscientes ya de su chovinismo y están tomando medidas. Hay una escena en no sé cuál de los *Matrix*, donde aparece el personaje Merovingio con una copa de vino en la mano; él actúa como el tópico de un francés, que para alguien despierto es una parodia que te permite ver con claridad cómo es un también tópico chovinista y la falta de evolución de la comprensión y de la consciencia que conlleva serlo.

Si buscan en YouTube: Merovingio o «francés de Matrix», lo verán. Alguien que se comportase así en la realidad sería excesivo, nadie hoy en día se atrevería, pero a muchos les sigue gustando el estilo; hay un momento de la escena que parece que vaya a tener un orgasmo hablando francés, así como digo que les ocurre a veces a nuestros compis; ahí pueden ver a que me refiero. A mí al verlo me vienen ganas de darle dos hostias suavecitas (o no tanto ☺), así como para que despierte ☺; que en una película como *Matrix*, con su significado y con sus muchos mensajes, hayan escogido esta forma de actuar para este personaje, que representa a alguien malo que mira solo por sí mismo, alguien egoísta, me hace pensar que el guionista nos quiere decir algo del tipo que estamos aquí explicando; en esta vida que parece real hay personas que te pueden hacer pensar que en realidad estás en un *Matrix*.

El narcisismo, que antes era admirado y exhibido, hoy en día se ve carca, como la misma palabra, y pasado de moda, y al menos se busca disimularlo. De un tiempo a esta parte, no hace tanto tampoco, he observado una clara disminución en el teatro de la elle y del assento exagerado en general; los que están al día ya se han dado cuenta de que esa época ha pasado, no es así todavía para la señora del debate de TV1 y para muchos otros antiguos; pero quizá sobre todo los jóvenes, que no han vivido la época más fuerte en la que hablllar así era lo más máximo del mundo mundial, y sobre todo en Barcelona, están rectificando esa intención; y también algunos mayorcitos que han habllllado exageradamente así durante muchos años, se están rectificando a sí mismos conscientemente, porque están al día y se han dado cuenta de que ahora ya no queda bien. El Mas, que es un chico moderno cuando quiere, creo que ya desde siempre ha tenido conscientemente esa intención de hablar castellano con acento castellano, se adelantó a su época y creo que ahora lo tiene incluso más presente. El relativo buen acento castellano de Mas seguro que no quiere hablar con acento castellano 100 %, demuestra que no les es tan difícil mejorarlo y es la demostración de que hay otros que hacen lo contrario también conscientemente; un ejemplo perfecto, porque no deja lugar a dudas de la ya pasada de moda, moda: la señora catalana del debate de TV1 el día de las elecciones autonómicas catalanas; y les hablo tanto de ella porque si consiguen encontrar ese vídeo, les aseguro que no tendría que hacer ningún esfuerzo para explicarme; con ese vídeo me entenderían perfectamente. Si lo encuentran plantéense cuántos bichos, virus, suciedades mentales, programas malignos… deben tener en la cabeza los separatistas si a la que enviaron como su representante a TV1 fue a esa mujer; plantéense con quiénes estamos tratando y me dicen si no debemos enviar a un equipo de los más expertos limpiadores mentales a tratarles. Yo sí estoy preocupado por ellos, y lo digo sin ironía porque tengo a familiares afectados.

En la vida a la larga las cosas caen por su propio peso. Els castellans ya no tenemos la mala imagen que teníamos antes; los españoles tenemos buena imagen en el mundo. Con respecto al conflicto de Cataluña, España ha tenido un comportamiento ejemplar y ahora vamos a recoger los frutos de ese buen comportamiento. En comparación con la actitud de los catalanes retrógrados, la actitud tolerante y conciliadora del resto de españoles se está haciendo por sí sola evidente; solo unos crean los conflictos, los otros solo han recibido los ataques con buenas palabras, buenas maneras y poniendo hasta ahora siempre la otra mejilla; Escoles en català?, por supuesto, toto rotulado en català y multas para los que rotulen en castellà? Por supuesto; solo decidme qué más queréis… ¡Hombre, pero eso es pasarse…! Hasta cuando se les ha dicho que era demasiado, se les ha dicho de muy buenas maneras. Cuando algo es evidente, hasta los cegados acabarán un día por verlo y esto está ocurriendo. Todo influye, que España gane mundiales y europeos influye, que no sean unos analfabetos como ellos les veían antes, influye… Ahora, para los catalanes independentistas que están a la vanguardia en actualidad, ya queda bien saber hablar castellano teniendo el mínimo acento catalán, porque los españoles no están tan mal y el castellano no está tan mal, es solo la segunda del mundo y está cogiendo mucha fuerza en el país N1 del mundo, ese que ellos admiran tanto, pero el segundo no está tan mal. Ahora ya uno se puede apuntar a hablar un castellano perfecto, siendo como es la cosa, quizás queda incluso bien; ¡si lo habla bien hasta Obama…! O sea, la normalización de la anomalía, de la premeditada locura, va a venir mucho más fácilmente de lo que podría parecer; solo le tenemos que dar el empujoncito, sin perder nuestra corrección, es importante, los correctos tienen el plus moral de su corrección que acabará siempre derrotando la incorrección, la injusticia, la inmoralidad… Sobre todo cuando además de ser correctos se corrige la tontería y se actúa con inteligencia. Es ahora ya el momento de decir basta, muy correctamente, hablándolo mucho, dando todas las explicaciones, pero ya basta.

Siempre, pero en ocasiones más aún, me sabe mal tener que decir ciertas cosas, sobre todo por los que no se lo merecen, y los catalanes se quejan a veces de que se hable mal de ellos, incluso alguno me dice: «Es que no nos quieren y como no nos quieren, nos vamos» y yo tengo que decirle: «Claro que te queremos, home, te queremos mucho».

Miren, a los que tenemos la cabeza bien, nos sabe mal todo esto, pero yo sé que a los que tienen la cabeza mal no les sabe mal nada. Aunque sepa mal, hay que decir la verdad y no se les están haciendo más críticas de las que merecen. Hay cosas de las que he dicho con las que se sentirán ofendidos, pero si son reales, alguien tendrá que decirlo. No tengo claro si la verdad puede ofender. Hay que ser bueno, pero si lo eres y te toman por tonto, hay que tomar medidas para que no consigan que hagas el tonto de verdad.

Señoras y señores catalanes, esto no va en contra suyo como catalanes, esto es por la actitud que algunos de ustedes tienen, y si en vez de ustedes, estuviese actuando igual otra región, se diría lo mismo de esa región. Como se suele decir, no es nada personal. Si fuese por los buenos, aquí estaríamos fantásticamente conviviendo todas las regiones juntas, que es lo mejor también para cada región individualmente, porque todas tienen sus cualidades particulares, de ellas solas, y las influencias de esas cualidades benefician a cada una de las demás. El hecho de recibir de forma tan directa, por estar en el mismo país, la cualidad de una determinada región, enriquece a cada comunidad e individualmente a cada ciudadano, porque está recibiendo eso positivo que no recibiría de no estar compartiendo el mismo país. Y hay muchas cosas positivas que me vienen a la mente, y muchas son las influencias de las otras regiones que les vienen como agua de mayo a los catalanes porque las necesitan. Los catalanes son suficientemente cerrados ya, enrocarse aún más en su cultura y su lengua, que es lo que ocurriría con la independencia, no es positivo, esto parecería un gueto, lo català nos saldría por las orejas. La cultura y la llengua son como impermeables, impiden la entrada con facilidad de influencias y tener en el coco solo lo català no es bueno, una mente demasiado encasillada, demasiado pequeña para hoy en día. La influencia que han recibido del resto de España solo ha sido para bien, para muy bien diría, porque hace mucha falta. Por supuesto, también muchas son las influencias positivas que aportan los catalanes a España. Querer separarse es un error en todos los sentidos y para todos. No sabemos nada de Portugal y de los Portugueses aun teniéndolos aquí, por culpa de habernos separado; nos perdemos el fado, una música tan bonita que no escuchamos nunca, y todo lo demás...

La cultura y la llengua pueden permanecer intactas, cerradas, no hay problema, pero las mentes tienen que estar abiertas, que lleguen a tu mente influencias de todas partes es muuuy bueno. Yo solo con lo català me volvería loco, xiquillo.

La mezcla de las influencias que tenemos de todas las regiones españolas es fantástica, es muy buena, muy enriquecedora, pero aun así se me queda pequeña, aun así parecemos un pueblo, imagínate tú encerrarse más. Nos viene fantástico lo que nos llega de Latinoamérica, tenemos una gran suerte de ser una comunidad hispana tan grande y si no que se lo pregunten a Piqué ☺.

De los demás países de Europa y del mundo, nos llegan las

noticias y las personas que pasan por aquí, pero no es lo mismo que tener tu propia comunidad grande y diversa, con tu misma lengua materna, esto es mucho más directo, te enriquece desde pequeñito porque te llega desde pequeñito.

Enseñemos también inglés a los niños desde pequeñitos y aún será mejor para ellos; ya me gustaría a mí dominar el inglés como si fuese también una de mis lenguas maternas y así no perderme detalle de todo lo anglosajón. Restringirles a los niños premeditadamente lo hispano, cuando lo reciben sin hacer ningún esfuerzo, es un sinsentido, es de locos, debería ser ilegal.

Lamentablemente, es así y hay que caer en la cruda realidad y para defender esos valores positivos que estaba sintiendo y que me han hecho necesario escribir esas palabras para los buenos catalanes, hay que cambiar de nuevo de registro y ponerme a denunciar las triquiñuelas de los que por falta de los valores positivos necesarios, están confundiendo a todos los catalanes. Son precisamente los que están mandando en Cataluña, son los del error mental maligno para ellos y para los demás, son los Narcisos y son los portadores de la parte enferma de la idiosincrasia, y que intentan sumar cada vez más catalanes a su grupo y lo consiguen. Estos son los aproximadamente millón ochocientos mil que últimamente siempre salen en las votaciones. Aunque muchos, no sabemos cuántos, se dejan llevar por la riada, pero seguramente pueden ser rescatados de la secta. Acabar con el error mental que portan estas personas será muy bueno también para los catalanes cuerdos.

También espero haber sabido explicar que el error mental no es no sentirse españoles, sino los motivos que les están llevando a no sentirse. No es el Estatut, no es la financiación, no es que quieran federalismo… NO. El error mental es lo que he llamado virus Nrso, su espécimen de Narciso, que produce ese tipo concreto de narcisismo que les hace gustarse tanto, y necesitar gustarse tanto, y creerse mejores y que les despierta esa vanidad que no pueden controlar, que les lleva a tener necesidades de más protagonismo y necesitar que su Catalunya sea más que las demás regiones, más que España, ¡cómo van a estar dentro de España si son más que España!, necesitan su estado propio y que todo el mundo lo conozca. Piensan interiormente algunos y lo dicen también, que cualquier región donde se hable catalán o parecido debe formar parte «dels países catalans» formando todos un estado. O sea, con esto es evidente que es la lengua lo que les hace querer estar solos con los suyos, porque es de la lengua de donde les llega la vanidad. Todos los países donde se hable inglés deberían formar un estado también y donde se hable castellano otro. Es una visión vanidosa provocada por su error.

Las demás regiones de España no tienen esa necesidad vanidosa. Los asturianos no sienten menos su tierra y no tienen esa necesidad vanidosa; los cántabros no sienten menos su tierra y no tienen esa necesidad vanidosa; los vascos no sienten menos su tierra y no la están liando tanto como ellos, en su mayoría; los navarros no la sienten menos; los aragoneses no la sienten menos; los valencianos no la sienten menos; los murcianos no la sienten menos; los andaluces la sienten más porque tienen más capacidad de sentir, podría hacer un símil folclórico, pero las comparaciones son odiosas; extremeños, leoneses, gallegos, riojanos que son castellanos y también lo son los castellanos; bueno, estos últimos tampoco tienen muchos motivos de orgullo, su lengua es poco conocida en el mundo, ¡para qué van a querer un estado castellano que se conozca en todo el mundo, si nadie escucharía hablar su idioma!, pues no tienen esa vanidad particular y no les importa que se obvie su querido nombre, Castilla, y que a su idioma se le llame español en el resto del mundo y que nadie fuera sepa lo que es Castilla. El éxito que tuvieron, que nos benefició a todos, lo comparten con todos y no necesitan reconocimiento particular y no se enfadan si fuera le llaman español, que no es su nombre y no lo inventaron ni lo pusieron ellos, siempre existió, y todas las civilizaciones lo utilizaron desde hace tres mil años, o quizás más porque no se sabe cuándo surgió y es el nombre común desde siempre de ese gran trozo de tierra en el que estamos todas las regiones.

Me faltan los baleares y los canarios, que siempre los dejamos los últimos, estos sí se quejan con razón, bueno y los catalanes, que no la sienten menos.

Pues de todas estas comunidades de personas, hay una que tiene su vanidad más exigente que la vanidad de las demás y no es feliz si no se queda sola y todo el mundo se entera de que existe. A las demás no les ocurre esto, no tienen esa necesidad de que el mundo diga sus nombres, tienen el ego más tranquilo y se sienten bien siendo conocidos por un nombre milenario que engloba a todas las comunidades que forman parte de su propio accidente geográfico, que tiene una forma muy definida y diera la impresión por su misma forma de que fuese una sola. De hecho, no cabe duda de que todos los pueblos que la visitaron la consideraron siempre una sola y le pusieron siempre un solo nombre, precisamente porque por su forma tan definida no les vino a la cabeza que pudiese ser partida.

Hay que tener mucha vanidad para rechazar compartir un regalo que se ha hecho tan grande en el mundo, un trampolín que cualquier otra región del mundo aceptaría encantada. Es un regalo, una suerte tan enorme que tenemos con la que yo nunca dejo de alucinar, y me maravillo de que personas que nacen en otra punta del mundo puedan hablar conmigo en mí mismo idioma y nos podamos comunicar perfectamente y esto me dé la oportunidad de ir a tantos miles de kilómetros de distancia y estar como en mi casa… me maravilla. Es incomprensible renegar de algo así, y negarse hablar ese idioma y prohibir a los niños que lo hablen. Quizás, podrían estar de acuerdo en hacer una «immersió» bilingüe catalano-inglés, no lo dudo, pero catalano-castellano no. Es incomprensible (si no se sabe el porqué) rechazar y renegar de algo que ya es tan grande porque quieres hacer lo tuyo grande, ¡si ya lo tienes más grande de lo que tú vas a conseguir nunca sola!; si no vas a perder lo tuyo, vas a seguir teniéndolo, es perfectamente compatible y enriquecedor. «No, quiero estar sola aunque sea más pequeña, quiero que se hable de mí sola, aunque sea un poquito, aunque yo creo que como somos los mejores, se hablará muchito». ¿Y por qué te pasa esa cosa tan rara que a las demás regiones no les pasa? Por el Estatut no es, no te engañes ni a ti misma ni a los demás. Con lo pesetera que eres, mucha vanidad has de tener para hacer lo que estás haciendo, estando dispuesta como sé que estás, a perder muchas pesetas por tenerlo. Pero no siempre fue así, tu vanidad ha aumentado más en estos últimos tiempos y te he explicado el motivo. No siempre fue así porque sí aceptaste el regalo y lo cogiste, perque «el meu avi va anar a Cuba», mi abuelo fue a Cuba, es una canción, una habanera; «més es va perdre a Cuba», más se perdió en cuba. Pero fue nuestra durante siglos, Cuba fue española; molts catalans van fer fortuna allà, eh nois!

Si tenemos que buscar por qué esa comunidad tiene esa vanidad mayor, tendremos que pensar en qué tiene diferente a las demás. Y se me acaba de ocurrir que tienen una lengua diferente ☺; puede ser la lengua, porque me da la impresión de que el uso que hacen algunos de esa lengua produce mucha vanidad.

No hay que buscar más, va a ser el uso erróneo que se está haciendo de la llengua.

Vamos ya a hacer la prueba del algodón, después de aplicar la solución. Va a demostrar que va a desaparecer el error y por lo tanto demostrará que ese es el error y que la solución es la correcta; aunque los millones de catalanes que no tienen el problema, están ya demostrando cuál es la solución. Son personas normales, que hablan normal y hablan catalán y sus costumbres son totalmente catalanas y no dejan atrás nada de su cultura catalana, pero sin ponerle el componente teatral, premeditadamente y excesivamente musical cuando hablan, y demás teatro; porque conocen el concepto de pedantería y tienen el detector de anormalidad que tiene alguien normal, y además son capaces de apreciar lo bueno de los demás y no rechazan a toda España por creerse los mejores. Lógicamente, es así para ellos porque su mente está sana. Se nota incluso la diferencia con las mentes enfermas, en su forma de comportarse, que es normal. No es difícil saber lo que es normal y lo que no lo es, para alguien limpio mentalmente.

Imaginemos que ya hace unos años que hemos aplicado el 50 % de uso de catalán y el 50 % de uso de castellano, en todos los colegios de Cataluña y los niños que acaban ya la secundaria (no haría falta esperar tantos años para ver los resultados, pero imaginemos la mejor situación), han pasado toda su vida escolar hablando también castellano, TODOS, los de lengua materna catalana y los de castellana. Hablan todos un perfecto castellano, inevitablemente porque el castellano es de pronunciación sencilla, nadie parecería guiri al hablarlo, ni intentaría parecerlo. Se ha controlado a los profesores para que no hablen mal de España, ni siquiera sutilmente, esto también es importante.

A los niños les va a encantar hablar castellano, a todos, sencillamente porque es mejor que el catalán en ciertas cosas importantes, no vamos a tener que hacerle publicidad al castellano, solo acostumbrarles a hablarlo. Lo van a utilizar ellos solos, es más práctico, más cómodo. Los que están hablando ahora más en catalán es por el romanticismo que les han metido en la cabeza de lo bonito que es ser català, pero a pesar de llevar treinta y pico años machacando no han conseguido acabar con el castellano en los niños, lo siguen usando, incluso los de lengua materna catalana, no lo suficiente para ser unos Cervantes pero lo usan. Esto es porque no pueden abstraerse aunque quieran y aunque se lo restrinjan, de la fuerza que tiene el castellano en el mundo.

Denle la confianza al castellano, que él por sí solo le va a dar la vuelta al independentismo en Cataluña, sin necesidad de hacer nada más. Pongan las herramientas que son muy claras, para que los niños se acostumbren a hablar también castellano, lo demás vendrá por sí solo, los niños dejarán de ser independentistas porque también sentirán el castellano como su lengua y no querrán renunciar a él ni a su parte hispana ni a España. Lo que ocurre ahora es que no sienten el castellano como su lengua porque nunca en su vida ha sido su lengua, ha sido la asignatura de una lengua extranjera, y lo hablan como también hablan inglés y no es su lengua; es totalmente lógico y claro el problema y muy fácil la solución: HAGAMOS QUE SEA SU LENGUA y solucionado el problema.

Los separatistas saben esto, por eso defienden la immersió como lobas con crías. ¿Por qué si no se ponen tan nerviosos cuando se les quiere tocar la immersió? ¿Acaso es porque piensan que hablar castellano les producirá urticaria a sus hijos? NO, ellos saben que es bueno para sus hijos que hablen lo mejor posible todos los idiomas posibles, por eso los que mandan sí llevan a sus propios hijos a colegios privados que se habla castellano, pero a la plebe les tienen adoctrinados con el virus del català en sus cabezas y saben que si se les escapa «la immersió» se les escapa la independencia. No les importa sacrificar a los hijos de la plebe, cosa que no hacen con sus hijos.

¿Qué habría de malo en un sistema bilingüe? Los que tienen posibilidades pagan porque sus hijos se eduquen en sistemas bilingües o trilingües, porque es aumentarles las posibilidades a sus hijos, es abrirles más puertas.

¿Por qué los que mandan lo quieren para sus hijos, pero no para los hijos de la plebe? No sé qué les puede pasar a estos que mandan, ¡es extraño, con lo buenas personas que son! ☺.

El único motivo de la existencia de la «immersió lingüística» es que es el ÚNICO sistema con el que pueden conseguir la independencia.

La pretensión de los «originales» separatistas es acabar con el castellano lo máximo posible y así avanzar hacia un mayor porcentaje que les dé la independencia. Así sí tiene sentido la «immersió», pero mientras siguen intentándolo e indefinidamente mientras alguien no haga algo, no hay mayor integración, sino mayor discriminación. Además de que la propia inercia del crecimiento del catalán hace que cada vez se hable menos castellano, hay presión directa para que no se hable, sutil y abiertamente. Se incita a discriminar lo castellano y lo español. «Nooo, qué vaa, esto no está ocurrínn, al contrari, a nosaltres nos encanta que se parle castellano y en las escolas animamos a los nens para que lo parlen». Qué mentidas disen estos fachas.

Que alguien se tragase el cuento de la «immersió» sirve para integrar, parece que no pueda ser, es una cosa más de las que me hace tener la sensación de convivir con locos.

Se pasó de golpe de tener la asignatura de català y hacer el resto de asignaturas en castellano, a hacer todas las asignaturas en catalán y a hablar en castellano solo en la signatura de castellano. Lo que no les gustaba para sus niños catalanes se lo hicieron a los niños charnegos, «perque estem a Catalunya». A los presis no se les ocurrió que en vez de hacer un cambio total, se podía haber hecho al 50 % y así sí serían todos iguales. Lo que han estado haciendo y siguen haciendo está claro que no es para integrar, es para catalanizar, señores presis, es evidente, no hacía falta que fuesen muy listos para darse cuenta. Se discrimina y se presiona a los que hablan castellano para que se pasen al català; y les hacen creer que así son más guapos, buscando que les apoyen en conseguir su república catalana.

¿Cómo pudo colárselo el Jordi de esa manera?

Claro, que además de que hace falta no tener mucha lucidez para creérselo, lo que ocurre también es que los otros mienten con un descaro tremendo, del que siempre he sido consciente y que me ha producido diferentes reacciones y sensaciones a lo largo del tiempo; rabia, estupefacción, desmoralización al ver que se lo conseguían colar a uno tras otro, sensación de convivir con diferentes tipos de locos y en este caso malignos, por lo cínicamente teatral de su forma de mentir… Porque, ¿alguien duda todavía de que ellos son conscientes de que quieren la «immersió» para conseguir la independencia?

Por eso, cualquier sistema para Cataluña, que les conceda más autogobierno o les aleje más, les va a catapultar hacia la independencia, porque lo van a utilizar para aumentar el porcentaje de independentistas, y cuando tengan el 70 u 80 %, adiós Cataluña.

Hace poco escuché en directo al Z (que no es Zapatero), que es catalán, decir como siempre dice, que la solución es hacerles el regalito del federalismo y que así se quedarán contentos para siempre, como lo dicen igualmente también los de su sede central, pero él es catalán y creo que no es tonto, aunque no le conozco, por lo tanto debo pensar mal. Él defendía el derecho a decidir y luego cambió. Quizás miente y siendo de aquí sabe lo que ocurrirá si dejamos que los catalanes puedan seguir adoctrinando a los niños y a la sociedad. O sea, no se dejen engañar, por favor.

Apuesto de nuevo a que su brillante idea federalista es lo que les tiene frenados en las encuestas; no entiendo como no se dan cuenta.

Ya vamos muy tarde porque solo por la inercia de todos los niños que cumplirán dieciocho con el virus dentro, se van a ir al 60-70 % en las votaciones.

Nos tenemos que mantener firmes cuando eso pase y denunciar donde sea, el sistema que han utilizado, y hacer comprender a cualquier país que les apoye, que nosotros fuimos buenos, les dejamos hacer su rollito sin interferir para que estuviesen felices y nos lo han agradecido adoctrinando a nuestros niños y les han metido en el cerebro un virus maligno y perjudicial para ellos, narcisista, clasista, racista, etnocentrista, egocentrista, egoísta. Esos niños están enfermos de por vida, psicológicamente tienen mil cosas erróneas y malignas en sus mentes, necesitarían mil horas de psicoterapia para sanarles. Van a ser infelices para siempre, porque solo una mente limpia puede ser realmente feliz, van a vivir encerrados en su lengua catalana y en su Cataluña y no les va a interesar nada más del mundo. Son ajenos, no conocen y no les interesa conocer NADA de España, ni siquiera a sus primos de los que reniegan porque se avergüenzan de sus raíces e intentan esconderlas. Así de fea es la realidad y así es la verdad. Por supuesto, los locos lo ven de otra manera, porque no ven la realidad ni la verán nunca, ni quieren verla.

No se les puede dar más autogobierno o cualquier concesión que les aleje de España, como hacer una España federal, ¿cómo sería eso? Todas las competencias para ellos igual que ahora y con más reconocimiento de país o de estado, ¿es eso? Y así se les quitará el enfado y ya no querrán independencia porque se sentirán muy españoles porque dirán: «Qué buenos que son que nos dan todo lo que queremos». ¿Esto es lo que creen que pasará los que apoyan una España federal? Si no es eso, que me disculpen y me lo expliquen, pero si es eso lo que creen, viven con Alicia en su país de las maravillas. Aunque si esa es la idea, no me creo que crean que eso solucionará algo. Si esa es la idea, porque no sabemos cuál es, todavía no lo explican, como dijo Rajoy, y hay que reconocer lo que hay que reconocer y conste que en mi vida he votado PP, pero Rajoy está siendo pragmático y coherente en este tema y lo está llevando casi como yo le aconsejaría, y ahora sí podría votarles si fuesen los únicos que hicieran lo que hay que hacer; aunque como he dicho antes, hay otros que tienen la especialidad, son doctores en catalanología; Albert Rivera, partido de Ciudadanos, y su presidenta en Cataluña, Inés Arrimadas, muy atento todo el mundo ¡eh!; les tengo que preguntar si tienen claro lo que hay que hacer con la competencia de educación, necesito saber esto. Pero me da igual quién lo haga si lo hace bien. Lo que decía de Rajoy; les dijo a los otros: «Ustedes quieren reformar la Constitución y hacer de España una España federal que nunca lo ha sido, pero, ¿con qué contenido?, que ustedes no lo explican». Y cierto es, no lo explican, y si cuando me lo expliquen no recogen nada hacia España y solo pretenden que los catalanes se pongan muy contentos y de repente amen a los españoles… no me creo que los que están proponiendo esto se lo crean, y como dijo Rajoy, se están aferrando a esta estupidez (la última palabra no la dijo Rajoy, la digo yo) para ver si se recuperan electoralmente. Lo dijo hace tiempo, ahora ya es evidente que les ocurre lo contrario, el federalismo les hunde; hagamos apuestas a ver cuánto tardan en abandonar la idea y cómo lo harán después de tanta tozudez. Una cosa es querer ser progre, que me puede parecer bien, y otra cosa es ser progre-tonto, que es aferrarse a lo progre porque queda muy progre y sin pensar más.

Me sabe mal porque Zapatero es lo máximo en nivel de consciencia que hemos tenido, no nos damos cuenta de esto porque no estamos preparados para reconocer a estas personas cuando las tenemos delante, ha sido mi presi favorito como persona, la gestión que hizo no me interesa en este momento, estoy hablando de otras cosas. Aunque creo que él no debe estar de acuerdo con estos nuevos en varias cosas. Hasta le han metido bronca en alguna ocasión; los inconscientes metiendo bronca a los conscientes, esto es lo que hay que aguantar en este planeta de monos desnudos.

Miren, señores, lo de federal suena incluso feo, lo que España necesita es más unión porque se está rompiendo por todas partes, no solo por Cataluña, y esto está ocurriendo precisamente por la separación excesiva y concesión total de competencias y que aquí cada uno inculca su rollito particular a sus niños y a los demás de su comunidad, esto no ocurre en otros países. Y si alguien no quiere más unión, es porque no le importa que se rompa, porque lo que no me va a discutir es que más autonomía, federalismo o más distancia va a provocar más tensiones separatistas.

Y a quien no le importa que se rompa tendrá sus motivos egoístas de querer su rollito para él solo y que los demás desaparezcan de su comunidad, y yo le llamaré egoísta pero nada más. No hay que discutir, ni me podrá discutir a mí que si queremos una España unida, no nos podemos separar más; eso es de lógica de primero de parvulitos.

Señores, hay una competencia que es clave si queremos eliminar el riesgo de ruptura y es la competencia de educación, las demás me dan igual, pero esta es la que puede garantizar para siempre que España permanezca unida.

LA COMPETENCIA DE EDUCACIÓN DEBE SER COMPETENCIA DEL GOBIERNO CENTRAL SIEMPRE EN LA VIDA.

Y se podrán poner mecanismos para que nadie pueda intentar nada que ponga en peligro las lenguas y la cultura de las comunidades, la ley podrá garantizar eso. Sin duda, de cara al futuro que viene, se puede garantizar incluso mejor así, con la protección de un país grande, que se mantengan con muy buena salud el catalán, el vasco, el gallego, el andaluz; este particularmente es muy importante que se mantenga como es, puro, la pérdida de cualquier acento andaluz sería muy grave y podría afectar en el mantenimiento de la cordura del país, hay que protegerlo a toda costa, que nadie se ponga a hablar fino pofavó, y a la tele esa andalusa métanle mano que ahí se habla demasiao fino; el extremeño estaba incluido en lo que acabo de decir, protección total; canario, lo mismo… y todos los demás, que todo el mundo mantenga lo que quiera mantener, pero que todos los niños hablen castellano en las escuelas desde pequeñitos y se les explique bien lo que ha sido y es España.

Si no es así, tarde o temprano, España se va a romper en cinco trozos, creo que conté, a corto plazo. Luego quizás ya cada uno con lo suyo, pareceremos tontos del culo de cara a los otros países del mundo.

A quien no le importe seguramente es porque ha viajado poco, o si ha viajado, su mente no lo ha hecho, su mente es cerrada y vive solo en su comunidad, como unos que yo conozco.

Hay que tener un país grande, es tan importante en la vida como tener el pene grande ☺. Es así de claro y si no pregúntenles a las mujeres, las que son sinceras lo dicen clarísimo. Las que dicen que no, es porque su pareja la tiene pequeña y es para que no se sienta mal, pero le ponen los cuernos con uno que la tenga grande o lo sueñan. Lo siento por la sinceridad, pero vivir engañado nunca es la mejor solución.

Pene grande y país grande y fuerte, esta es la clave del triunfo en este momento en el planeta de los simios, que van en coche y van a ir a Marte y que parlan catalllà con esa habilidad bucal tan increíble que los extraterrestres se deben morir de envidia cuando nos escuchan.

Hay que huir de la fantasía inconsciente y ser realista. Pregúntenles a los USA si están orgullosos de tener su país grande y cómo ven a los pequeñitos. Los separatistas, que son fans de ellos, creen que cuando tengan su país, estos van a estar más orgullosos de ellos y van a ser los mejores amiguitos. Los que se creen gigantes no son los más amiguitos de los que creen que son hormiguitas, tienen otros mejores amiguitos, más bien ni les ven. Sin embargo, siendo más grandecitos, ya tienen que mirarnos al andar porque si no podrían tropezar y también por si acaso, tienen muchos hispanos allí recordándoles que estamos aquí.

España es España, señores, muy mal informado hay que estar para no sentirse orgulloso de ser español, quien no lo esté, no tiene ni idea, que lea historia y se quedará confundido consigo mismo al preguntarse de dónde sale tanta obsesión por renegar del país que ha sido el mayor imperio del mundo y cuya lengua en este momento es la segunda en interés para los habitantes de este planeta. ¿Están ustedes entendiendo bien lo que esto significa? Por favor, dense cuenta de que el problema en la cabeza tiene que ser muy grave, y ante semejantes posibilidades es imperdonable el freno que nos están poniendo desde hace demasiado tiempo ya; quizás si siempre hubiésemos contado con el apoyo catalán y no al contrario, como ocurre desde hace tanto y como ocurrió en momentos clave, no estaríamos hablando de la segunda lengua sino de la N1, ¡quién sabe! Toda América era de las Españas, la del norte también. Quizás ustedes han cambiado el sentido de la historia, siéntanse importantes.

Un inciso lo más corto posible para hablar de la crítica que hacen algunos sobre la historia de España con respecto a la colonización de América. Es un peso que algunos nos quieren poner y en ocasiones se ha utilizado interesadamente; también por algunos compatriotas catalanes que buscan cualquier cosa que piensan que les puede servir para desprestigiar; es una crítica absurda si se pretende hacérnosla a los españoles de hoy en día y es igualmente absurda hacérsela a los de hace siglos de la forma que se hace. Quizás no debería darle bombo, pero me apetece decir algunas cosas. Es una manipulación y me pregunto si hay intereses ocultos para querer verlo así. Por supuesto que fueron unos bárbaros inconscientes, como eran casi todos en aquellas épocas, eran muy salvajes; lo eran en Europa, en América y en todo el resto del mundo... Los humanos hemos sido muy salvajes; suerte que ahora ya somos muy civilizados y convivimos en un mundo justo y en paz ☺. Los que critican me imagino que son tan puros que pueden tirar la primera piedra. Para buscar alguna disculpa, si eso fuese posible, de cómo fue la colonización, habría que hacer lo que hay que hacer siempre, ponernos en su piel e imaginarnos a nosotros en aquella época y en aquellas situaciones. Como dice mi amigo: «Si tú fueses yo, harías lo mismo que yo, porque no estoy diciendo si fueses tú en mi lugar, sino si tú fueses yo mismo». Y claro, si yo fuese Pizarro, haría lo mismo que Pizarro, y si yo fuese Bush, haría lo mismo que Bush. ¿Quién merece más crítica: Pizarro o Bush? Nos es imposible ponernos en la piel de Pizarro, solo podemos imaginar mínimamente como eran las cosas en aquella época; pero no disculpo a ninguno de los dos y disculpo a pocos humanos de la actualidad, y el que esté limpio que tire la primera piedra contra Pizarro, sin poder ni imaginar su situación. No pierdas el tiempo con Pizarro y dedícalo a Bush, que al ser de esta época sí puedes tener más referencias. En USA existe la misma crítica por parte de los indígenas, pero una crítica mucho más pequeña porque allí sí que dejaron solo a cuatro. Y cuando se habla de la diferencia de la herencia dejada por los ingleses en América del Norte y la dejada por los españoles en América del sur, siempre me pregunto de qué herencia hablan sobre América del Norte, si ahí solo quedaron los europeos. Se referirán a la herencia que se dejaron los europeos a ellos mismos. La necesidad de aclarar este último punto sobre la diferencia de las herencias dejadas en América, por los españoles en el sur y por los ingleses en el norte, me viene porque es un argumento que también les gusta usar a algunos separatistas.

Que alguien hoy tenga sentimientos de odio por lo que hicieron unos antepasados de hace unos añitos ya, es también de locos. También es interesante el tema de a quién odia, porque si es a los descendientes, quizá le tocará odiarse a él mismo. Es posible que sean antepasados suyos también; muy probablemente lleva sangre de esos por los que ahora se manifiesta en su contra. Si es por ellos, por los antepasados, por los que sientes odio, ¿te manifiestas para que te escuche quién?, ellos no te van a escuchar. Me parece una pérdida de tiempo y no solo eso; es querer buscar mal rollo por el mal rollo, lo que nunca es positivo, sino que es negativo y no sirve para nada porque aquella gente ya no te escucha. Será una denuncia sin fin por el resto de la eternidad porque ya no hay solución para como ocurrió. Yo critico lo mismo que tú, pero vayamos hacia delante, ya que nada se puede hacer; hagamos manifestaciones en positivo y deja tu odio a un lado porque es un error. Si no lo consigues, ve a buscar las tumbas y pégales, pero luego vete al psiquiatra.

Desde ese punto de vista, en todo el mundo habría que hacer manifestaciones de odio. Así fueron las cosas en todas partes, aquí con los mongoles, con los romanos, con los hunos y con los otros, y allí antes de que llegaran los españoles el Atahualpa y compañía no se quedaban cortos; mataban cantidad de gente solo para ofrecérselos al sol.

Nosotros, al contrario, sentimos simpatía por los que nos invadieron, por ejemplo por los romanos, hasta sentimos agradecimiento por la herencia cultural, nuestras lenguas, etc. y es que de hecho somos romanos hispanos y vosotros romanos hispanoamericanos.

La celebración en España del día que se llegó a América no es por las barbaridades que hacían los antiguos; quizá ese mismo día que llegaron se portaron bien; se celebra lo positivo y es una celebración en positivo, porque algo muy bueno también ocurrió, así es la vida, y es que aquello nos unió; aquí ahora se tiene un gran cariño por nuestros hermanos de América y los consideramos muy próximos, nos consideramos una misma comunidad y nos alegramos y promocionamos los éxitos de nuestros hermanos americanos.

Dejémonos de tonterías, que ninguna culpa tiene nadie de hoy en día de cómo se formó el mundo. Fue así en todo el planeta y si nosotros hubiésemos estado ahí, ahora nos tocaría criticarnos a nosotros mismos. Juzgar desde aquí es demasiado fácil, por eso yo no me atrevo a hacerlo mucho; si ahora la vida es dura, no me hago una idea clara de cómo sería entonces. Igualmente, no les disculpo por ser unos bárbaros ni por todas las muertes, no disculpo a los bárbaros españoles, ni a los europeos, ni a los americanos…, uff, ahora tengo que nombrar a todo el mundo porque en todas partes había bárbaros, ¡fíjate que sigue habiendo en todo el mundo! No disculpo a los antiguos, pero no pierdo el tiempo pensando en sus barbaridades, y sí lo pierdo pensando en las barbaridades aún más bárbaras que los bárbaros están haciendo hoy en día.

No hay que desviar la atención, de forma absurda, de lo importante. Mira si están despistados que tienen a unos delante de sus narices que sí están interviniendo actualmente y de una forma

mucho más cruel, porque estos sí creo que son unos psicópatas, y
están condicionando sus vidas, y manejándolos, y provocando mi-
seria y muertes, y ni se enteran; más bien estos promocionan que
se distraigan con tonterías y que así no apunten hacia donde, si no
estuviesen despistaditos, deberían apuntar; y no me estoy refiriendo solo a gobernantes de sus países, la mayoría de estos no son los
que gobiernan los países, su ambición es mayor, quieren gobernar
el mundo.

Pero acabando con la licencia que me he permitido y volviendo a nuestro país y a lo que decía antes. Nos hemos dedicado a
putearnos, con perdón, a nosotros mismos, esto nos ha perjudicado
mucho, sería difícil imaginar lo diferente y mejor que hubiese podido ser todo, la de muertes violentas que no se hubiesen producido, etc., etc. Como nos dedicamos a pensar en narcisismos, como
ignoramos tanto y perdemos de vista lo importante, las claves,
permitimos con estos revuelos que tomen las riendas los queridos
psicópatas nuestros. Todos los países tienen los suyos, analicen gobernantes en Rusia o en USA, etc., los nuestros suelen tener bigote.
Pues al despistarnos peleándonos, no hemos tenido bajo control a
nuestros psicópatas y ese ha sido nuestro error, porque nos han jodido. Ahora espero que ya hayamos aprendido, no hay mal que por
bien no venga. Si ahora acabamos con el virus de Cataluña y conseguimos que se pongan a remar en el mismo sentido que los demás y
remamos todos, España puede ponerse a la cabeza con los mejores
remeros. Nos ha perjudicado siempre mucho que cada uno remase
hacia su lado, no hay duda de eso y la lógica es totalmente evidente
(menos para los locos).

Decidí escribir como única manera de poder hacer algo,
después de sentir mucha impotencia todo este tiempo, ya desde
que empezó la gran «immersió» hacia lo más hondo, hace más de
treinta años, que parecen submarinistas; y al haber sufrido el hun-
dimiento del castellano año a año y haber sufrido el agrandamiento
del «error» año a año, hasta que lo he visto explotar para crecer
más aún, soportando cada día peores caras por hablar como hablo

y luego escuchando cómo tanta gente se equivocaba al comprender y al actuar para intentar detener la locura, y siendo testigo directo de lo que ocurre en realidad y de cómo los separatistas juegan a provocar esa confusión. Testigo directo de cómo han jugado con todos los gobiernos desde que se inició la democracia; cómo despacito iban haciendo crecer el separatismo, «fabricant catalanets», de forma inmoral, introduciendo a los niños ideas de diferenciación entre las personas, inculcando odio y desprecio incluso, hacia los españoles… Ser testigo de todo esto y ver como desde el resto de España no se sabe reaccionar correctamente me impulsó a escribir este libro, hablando muy claro, de forma sencilla y directa, que es la forma en que se comprenden mejor las cosas, la sencillez es la meta, para intentar que el esfuerzo valga la pena y se entienda y no quede ningún tipo de duda y que por fin alguien que tenga el poder de hacerlo, detenga a estos locos confundidos y que impida que sigan pasándole la locura a nadie más. No pretendo curarles ni convencerles, pretendo que ellos no puedan seguir convenciendo y así sin ninguna presión por parte de nadie, los niños y los adultos decidan por sí mismos.

Queda claro entonces. La solución es que los niños hablen catalán y castellano al 50 % desde que llegan a la guardería. Que no los enfermen unos y que no nos engañen también otros, LA SOLUCIÓN NO ES OTRA Y ES LO JUSTO Y TAMBIÉN LO MEJOR PARA SU BIEN.

# RESUMEN Y CONCLUSIONES

He escuchado a algunos de ERC y necesito añadir algo más. Les he visto en la tele, donde recordaron uno de sus teatros en el Parlamento, con una actitud casi agresiva y hablando en catalán en forma de protesta porque consideran que se debería poder hablar allí català, euskera y galego.

Veamos cómo lo explico lo más claro, corto y sencillo posible.

Estos chicos NUNCA desde que nacieron han querido ser españoles; bueno desde que fueron conscientes de que habían nacido catalllans. La protesta en el Parlamento pidiendo que se hable catalán la hicieron con la ÚNICA intención de crear polémica para inflar a los suyos e intentar seguir convenciendo «als novus catalanets» que tienen en las fábricas a medio fabricar. UN TRUCO MÁS.

Todo son trucos y todos buscan lo mismo; son muy cínicos mintiendo. Esto es una locura y que estos locos puedan actuar así sin que nadie los desenmascare, te deja mal cuerpo y mala cabeza. ¿Qué tipo de especie es esta nuestra?, parece que con la debida suciedad mental su cinismo e hipocresía no tenga límites.

Si estos chicos quisieran conseguirlo de verdad, les aseguro que podrían, pero por supuesto no como ellos lo hacen y esto ellos lo saben perfectamente; ellos no buscan conseguir que se hable catalán en el Parlamento. Albert Rivera habla en catalán en el Parlamento cuando quiere y no pasa nada. Si quieren que incluso todos los españoles aprendan catalán les puedo explicar cómo pueden conseguirlo, por supuesto, al contrario del sistema que están utilizando. Lo único que buscan con esas representaciones teatrales absurdas es seguir creando polémica, no van a hacerlo de una forma seria porque el objetivo es la polémica, no lo es conseguir otra cosa que no sea su independencia. Su hipocresía de niños, tan simple, podría ofender, porque entran ganas de decirles: «¿Me están tratando como un tonto; crees que no veo algo tan evidente? Eres como un niño ridículo noi». Aquí estamos los demás aguantando de forma madura sus estupideces psicópatas y ellos con esa suciedad mental tan grande, pensando que es al contrario.

Todo lo que les he explicado, para ustedes será una teoría; también lo es la teoría de la evolución, hay personas que no están de acuerdo. Sobre mi teoría yo apuesto todo lo que tengo a que es la realidad, y nadie que no sea de Cataluña debe discutirla porque no va a tener toda la información, que se limite a dudar todo lo que quiera, pero que no tome iniciativas sin contar con todos para solucionar nada, porque no está seguro. Los catalanes que la discutan deberían ir al psicoterapeuta, esto es bueno para cualquier persona de este mundo, en el caso de ellos seguro que no será lo único que necesitan conocer de sí mismos y tirando de ese hilo, pueden conseguir mejorar mucho psicológicamente.

La lengua catalana es muy parecida a la castellana. El catalán no tiene otra lengua más parecida a ella que el castellano, bueno el aranés (los araneses no se dejan controlar eh nois!, pues dejadle decidir también al barcelonés a ver qué pasa; habrá que aplicarse más en Barcelona, que el adoctrinamiento no ha funcionado tan bien; en los pueblecitos siempre es más fácil, «pueblo pequeño, infierno grande», un pueblo siempre tiene un Gran Hermano dentro que en Catalunya sois vosotros, verdad nois!), aunque no tengo claro del todo que se parezca más el aranés que el castellano. Como decía, casi todas las palabras que no se parecen, antes sí se usaban en castellano, o se siguen usando y se aplican de otra manera, o derivan de palabras que se usaban antes en castellano o se siguen usando. A pesar de esto, el catalán se puede hablar con una cierta pronunciación que lo hace parecer muy diferente, y es solo la pronunciación, que cambia dependiendo del lugar, como pasa con todas las lenguas, y que para hacer bien esa pronunciación hay que crecer en ese lugar, como pasa con todas las lenguas y con todos los acentos de una misma lengua.

Hay una pronunciación del catalán que se caracteriza por marcar y definir mucho y muy correctamente sus muchos y refinados sonidos. La persona que habla con esta pronunciación siente dentro de sí la sofisticación con la que está haciendo cada sonido. Alguien que pase mucho tiempo practicando esta pronunciación sofisticada, inevitablemente acostumbra a su cerebro a ser narcisista. Esto, inevitablemente también, traspasa lo vocal, no se queda solo en la forma de hablar y se reflejará también en su comportamiento estudiado y correcto. Todo esto influye totalmente en la forma de ser. Eres alguien que vives atento a los detalles y a la perfección y tendrá para ti valor N1. Rechazarás lo que no consideres a tu altura. Nada podrá convencer a tu cerebro para que no rechace lo que considere inferior y habrá muchas cosas y personas que considerarás inferiores, porque tú vives atento a tu perfección y la mayor parte del mundo no lo hace. Como la gente no vive practicando como tú la sofisticada perfección de su vocalización y de sus actos, pocos habrá a tu altura.

Alguien que se fija continuamente en la estética de cómo habla y de cómo se comporta, no es espontáneo, no se expresa con libertad, es alguien introvertido, se estudia mucho interiormente exigiéndose a sí mismo perfección y valora a los demás también por lo mismo. Lo que piensen los demás de él es muy importante, son en realidad los que le examinan todos los días y le aprueban o no, tiene que estar pendiente de hacerlo bien. Fácilmente será más bien tímido, serio, calculador. Necesitará autoconvencerse de que su forma de pensar y de vivir es la normal, nadie vive aceptando que su comportamiento no es el adecuado y como en realidad no lo será, buscará mecanismos para normalizarlo que a su vez tampoco serán los adecuados. Si esta forma de funcionar la ha adquirido porque los de su alrededor actúan así también, es una gran ayuda, es mucho más fácil normalizarlo, ahora ya sí que es normal y no solo eso, es mejor. Ahora sí que entre todos nos convencemos de que nuestros errores son en realidad cualidades y quien no tenga ese cuidado exquisito al hablar y comportarse es un animal. De esta forma vamos a formar una comunidad que se va a especializar tanto en su forma concreta de ser y de comportarse que los va a hacer muy diferentes a sus vecinos de al lado, que no practican esa forma de ser, e incluso serán muy diferentes a los de su misma comunidad que no la practican.

Soy diferente y un poco introvertido, serio, como tímido, calculador, no me expreso libremente, con tranquilidad y naturalidad, soy alguien muy correcto en las formas, pero es porque nosotros somos gente más avanzada y así es como tienen que ser las personas avanzadas, y mira esa gente tan simple, qué forma de hablar y de comportarse tan espontánea, tan simple y tan vulgar tienen.

Los españoles no viven pendientes de la perfección estética del comportamiento y de la forma en que hablan, y el catalán que practica esa perfección se considera diferente a ellos y los rechaza; él en cuanto se escucha hablando con esos sonidos, que le parecen tan estéticos, se maravilla de sí mismo y los castellanoparlantes le parecen, no de otro país, sino de otro planeta. No hay nada que hacer, ni negociación posible.

Su mejor cura es hablar castellano todos los días desde la guardería y si es posible antes. Esta es la mejor medicación para su problema. El castellano por sus características, por su pronunciación sencilla, es el mejor medicamento y si practica la medicación todos los días desde la guardería, en realidad no cogerá la enfermedad. Los que ya la tengan, creo podrían curarse si la practican todos los días por un tiempo, que variará dependiendo de la gravedad del caso.

Esta es la rara realidad y a la vez la simple realidad, esto es todo en este caso. NO HAY MÁS.

Dediquen un minuto a plantearse si encaja con lo que conocemos del comportamiento, forma de ser y forma de hablar de los catalanes.

Dejemos todos de negar realidades, nuestras y del mundo, son sencillas e interiormente las sabemos, solo debemos concentrarnos y permitirnos verlas. Nos va mucho en juego.

## OTRAS CONSIDERACIONES

Quiero añadir algo cortito para los partidarios de referéndums.

Aunque se hiciese el referéndum y perdiesen los independentistas, no lo aceptarían porque lo suyo es un sentimiento inculcado desde que nacieron. Dirían que sí lo aceptan y seguirían fabricant catalanets igualmente y con el 80 % forzarían la independencia y si ahora no sé cómo los van a frenar, con el 70 u 80, que me lo expliquen.

Los que no son de aquí y no crean que pasaría esto, yo les diría que no tienen ni idea o más suavemente, que no conocen el tema en profundidad porque no son de aquí y si me discuten esto último también, es que además de no tener ni idea son irracionales. No se quieren ir porque estén descontentos con nada, a ver si los que buscan soluciones intentando negociar y buscando acuerdos, se lo meten ya en la cabeza. Tampoco sirve dejarles votar, señores, porque si sale el NO, seguirán siendo independentistas y buscando la independencia, nos dejarán tranquilos unos pocos añitos y pasará lo que he dicho; es un tema cultural, de etnia, de lengua, de clase, de raza lo diré bajito porque no queda bien decirlo; digamos que si no tienes un apellido catalán no es lo mismo, aunque hables català con el asento más catalanisado de Catalunya, te dirán que sí con la boca, pero la realidad es que no y tú sentirás que no, y al notar esto serás más ultra para intentar compensar tu apellido.

Los que no se lo crean tampoco pueden estar seguros de que no es así, por lo tanto «ante la inseguridad abstenerse», supongo que conocen esta frase. Me refiero a que no hagan nada sin asesorarse por los que conocen el tema catalán en profundidad porque llevan aquí toda la vida, pero cuidado a quién preguntan.

Si existe algún mecanismo, ley, norma, regla... para que tengan que acatar el NO del referéndum para toda la eternidad, buscarán la forma de saltarse ese mecanismo, ley, norma, regla… pasado un tiempo prudencial. NO han llegado hasta aquí limpiamente; no es que sean unos chicos con toda su moralidad intacta y que estén dispuestos a llegar a acuerdos para seguir siendo españoles. Y el problema es que aunque fuesen buenos chicos, no son ellos los que deciden, llevan algo dentro que decide por ellos, eso de dentro les hace ser malos, se saltarán cualquier acuerdo aunque sea inmoral hacerlo, no pueden ser españoles de ninguna manera y nunca se quedarán tranquilos, buscarán triquiñuelas siempre.

Si les contentamos ahora haciendo el referéndum, después de haberles contentado mil veces en estos últimos treinta y pico años y que aún no hemos aprendido que nunca van a estar contentos, porque después de esas mil veces, vendrán mil más indefinidamente… será simplemente la vez mil una que les contentamos en estos treinta y pico años, y si sale que no, llegará la mil dos, mil tres… nunca pararemos de contentar, hasta que consigan su objetivo.

No se puede premiar la inmoralidad, señores. Hemos llegado hasta aquí porque han hecho cosas muy feas con nuestros primos.

Y si sale SÍ, ¿les entregamos el territorio? Y si hubiesen matado a alguien para conseguir el referéndum, ¿también valdría?, ¿también habría que contentarles?, ¿hasta qué punto de inmoralidad se puede llegar para conseguir algo y a partir de qué punto de inmoralidad ya no te dan lo que pides?

El 100 % de los «originales» quiere la independencia y este es el único dato que les sirve, lo que opinen los Sánchez les da igual, aunque ahora se hayan puesto Sanches. ¿Me he pasao con el 100 %? Bueno, lo dejaremos en el 90 para que no se cierren las mentes al argumento, pero segurísimo me quedo corto.

No acatarán un NO porque no necesitan hacer el referéndum para saber que en su sociedad secreta masónica…, digo catalana, que son los únicos que cuentan para ellos, o sea, ellos mismos, están todos de acuerdo en el Sí; lo del referéndum es un truco para ver si tienen suerte y sale el Sí y así ya no tienen que hacer más trucos. Y aunque salga el NO ya habrán avanzado muchísimo forzando todo lo forzable; ¡imagínate!, habrían conseguido un referéndum por la independencia de Catalunya, de ahí a la independencia solo hay la distancia de dos trucos más.

Mientras sigamos permitiendo que los errados y los innobles consigan sus objetivos, no estaremos avanzando.

La necesidad de escribir esta parte de esta gran obra ☺ viene inspirada por los chicos que hay por ahí, nuevos políticos, que dicen que hay que permitir la votación porque no hay que tenerle miedo a la democracia y que además están seguros de que saldrá el NO, ja, ja, ja, ja, ja, ustedes deben creer que esto lo ha dicho un niño de menos de diez años; pues no es así, es más de uno el que lo dice y tienen más de diez, ¿increíble, verdad? Además ustedes los conocen.

¡Bendita e inosente juventú! ¡Cuánto recuerdo aquellos felices tiempos! ¡Qué ímpetu, qué energía, qué arrogansia, qué inosensia, cuánta ignoransia, en cuántas cosas la cagué! ¿En cuántas cosas no habré cambiado de opinión desde entonces…? En una, en una no he cambiado de opinión, pero ahora mismo no recuerdo cuál es.

Deberíamos cambiar la Constitución… Sí, creo estar seguro de esto… deberíamos cambiarla para poner que nadie de menos de cincuenta años pueda tomar decisiones, aunque creo que cuando llegue a los sesenta querré cambiar el número.

Hay que explicarles a estos niños de varias décadas de edad que no tienen derecho a decidir sobre la separación de una región, sea la que sea, solo los que por circunstancias de la historia de su familia, por muy antigua que sea, viven en ella en este momento, y claro para los que su historia se remonte a una generación digo lo mismo.

Pero se lo pongo muy fácil a estos chicos porque me dirán que no están de acuerdo y ya está. Pero entonces yo les diré que el 99 % de los españoles que no viven en Cataluña, igualito que no viven ellos, sí que están de acuerdo conmigo y tanbién lo estaban los tatarabuelitos que fueron en muchas ocasiones a defender la terra, la última de los francis, ya que si no la hubiesen considerado suya y con derecho también a decidir, no hubiesen ido y no hubiesen muerto por ello el tatarabuelito Juan y el Pancracio.

Entonces, ¿vosotros solitos vais a imponerle vuestra gran solución al 99 % del resto de España y a los tatarabuelitos? Pues es lo que estáis haciendo.

La risa de antes es porque ignoráis la realidad catalana, por lo tanto esas brillantes ideas que os han venido a la mente tienen errores desde la misma base, os están colando algo que es mentira y vosotros estáis como unos pardillos siguiendo su plan.

Tenéis que consultar la historia porque vosotros ya vivisteis años atrás, os habéis reencarnado varias veces y todas esas veces decíais lo mismo y la habéis liado todas esas veces en el pasado.

Estáis totalmente errados sobre lo que tienen en la mente los separatistas, y debéis aceptar que no podéis estar seguros de que no sea así, esto por un lado; por el lado de opinar quiénes son los que tienen derecho a decidir, el 99 % de los demás y los tatarabuelitos no estamos de acuerdo con vosotros y no podéis estar completamente seguros de que lo que opináis vosotros sea lo justo. Me refiero al 99 % de los que tienen cincuenta, que son los únicos con poder de decisión porque hemos cambiado la Constitución para que los niños no la caguen.

Por lo tanto, grábense esto en la cabeza: QUE NADIE HAGA EXPERIMENTOS CON LA UNIDAD DE ESPAÑA, y NUNCA POR SU CUENTA, sin que la mayoría estemos de acuerdo.

Vamos a pedir como mediador a Jesucristo para que nos aclare quiénes somos los que tenemos razón y que él, que es sabio, lo decida; nosotros no tenemos capacidad mental para estar seguros y no equivocarnos en lo que es lo justo.

Hasta entonces todo el mundo quietecito, que sé de buena tinta que unos que se creen cargados de razón están trastornados de la cabeza y están siendo malos e injustos con los demás.

Pero podemos acordar otra posibilidad, entre todos, eso sí. Los que crean que los de una región tienen derecho a decidir sobre ella, que convenzan a los demás. Debemos actuar todos igual, porque si no los que lo hagan solos saldrían perjudicados. Me refiero a convencer a los otros países de que debe ser así; a Francia, Italia, Alemania, UK, Rusia, USA, China, Japón… Uyy, me paro, que hay muchos. Bueno, pues cuando todos estén de acuerdo en que sus regiones tienen derecho a decidir, lo hacemos, porque si solo lo hacemos aquí, muchos de nosotros en Cata y en Espa, vamos a pasar hambre una temporada, según dicen los expertos y claro si me toca a mí y a mi mujer y a mi hijo lo de pasar hambre es una putada; aunque si me aseguran que a los míos no les toca y le toca a otros me da igual. Adelante entonces.

El humor y el sarcasmo se pueden confundir, pero solo el que habla o escribe sabe con exactitud cuánto hay de cada cosa. En mi caso, ya dije que no quiero que haya sarcasmo del malo, solo de ese cercano a la ironía humorística, pero como mínimo ese, porque hay muchos errores y ridiculeces en las formas de ver las cosas y en las actitudes de las personas que además de tomárnoslas en serio y tomar medidas, deben hacer gracia.

Un mitin en concreto de uno de estos jovencitos me dejó muy desconcertado y sin tener claro qué pensar, y escribí esto que puede ser reiterativo en algunas cosas que ya he dicho, pero que contiene otras importantes: la intención de estos chicos normalmente es buena y tiene sentimientos nobles y positivos para todos; lo normal es que lleguen limpios de intereses oscuros u ocultos que con el tiempo sí pueden haber penetrado en las organizaciones más antiguas, por lo tanto vendrían muy bien para hacer limpieza. Podrían ser verdaderamente la solución de la manipulación y yo les apoyaría entusiasmado si estuviesen de verdad acertados, pero es típica en la juventud la falta de experiencia que no te permite ver los detalles que sí consigues ver cuando has vivido más experiencias, cuando esos detalles menos evidentes ya te hicieron tropezar y caerte tantas veces en tu propia juventud. Esa falta de experiencia te hace pensar que algunos malos son buenos, y tus papás te dicen cuidado con las malas compañías, pero tú no comprendes bien la diferencia de las buenas y de las malas, y acabas pensando que algunos errados y locos son buenos e inteligentes. Los más mayorcitos sí ven algunos detalles más, pero no todos son fiables y no hay que votarles solo porque sean mayorcitos, ya que como he dicho y como sabemos, a menudo el tiempo y el poder les pervierte; pero si entre jóvenes y adultos, tienes pocos donde escoger, tienes que ser consciente de lo más importante en el momento y priorizarlo, y es una gran pena que los jovencitos, que podrían ser nuestra solución, pequen de inocentes y se equivoquen a menudo al juzgar la verdad, y no se les puede votar siendo así porque te pueden liar un desastre histórico. Mientras escribo estoy pensando en nuestro caso, en el que se ve claramente lo peligrosa que puede ser su falta de experiencia. Si algunos jovencitos están siendo ciegos a lo más importante por ser de urgencia inmediata, no se les puede votar porque estén en lo cierto en otros asuntos, aun siendo estos los más importantes también. Es una lástima no poderse poner en manos de los jovencitos, ya que son en realidad los que hacen avanzar al mundo gracias a su nobleza y a su ímpetu, pero como pecan de inocentes y les engañan fácilmente, es típico en ellos que confundan la mentira con verdad por estar disfrazada estéticamente, y con falsas y estudiadas palabras, y con calculados actos. Los jovencitos pueden apoyar a los guapos y ricos de hipócritas palabras, errados de mente, discriminadores clasistas racistas injustos innobles, es un solo calificativo largo; les pueden apoyar al dejarse engañar por no saber ver en ellos sus contradicciones y triquiñuelas, al no haberse encontrado aún suficientes de ellos para reconocerlos y al no haber sufrido aún suficientes consecuencias negativas al cruzarse con ellos en el camino. Y estos jovencitos tienen que caerse y levantarse tantas veces aún, como nos pasa a todos cuando somos jovencitos, que con nuestras caídas personales de juventud es suficiente y sería ya demasiado ponerse en brazos de otros jovencitos para sufrir las suyas también. Luego a veces hacen y dicen cosas incomprensibles, sin sentido, como venir aquí a hacer un mitin con los inmigrantes de otras regiones que llegaron hace ya tantas décadas y gritarles apasionadamente: «¡Que no os calleen, no os dejéis callaaar!», y a la vez estar apoyando a los que los callan. Apoya vehementemente, con fuerza, a los errados que, con sus feas artimañas, los hacen callar, y los apartan, y discriminan, a los inmigrantes y a todos los castellanoparlantes, y a la vez los animan para que no se lo dejen hacer. ¡Ayy estos jovencitos, qué contradictorios son a veces!

Aunque en este caso es una contradicción muy extraña, no parece que aún siendo jovencito, no sea consciente de algo tan evidente, como que está animando al agredido para que no se deje agredir y a la vez al agresor, diciéndole que si él quiere puede seguir agrediéndole y haciéndole callar. La lógica del jovencito debe ser que como el agresor está en su casa tiene más derechos que el agredido, ya que es solo un invitado a la fuerza; «si no faces lo que yo dico, ten vas de mi casa» ☺. Si no fuese porque es un inocente jovencito sin mala intención, tendría que pensar mal de él, pero puede ser que solo sea que tiene una lógica simple y no profundiza, por lo que piensa de verdad que los Pujol tienen el derecho de propiedad y de poner sus leyes, ahora mismo, ya, sin necesidad de tener su república Cata; para este jovencito los Sánchez son ya, en este momento, unos inmigrantes extranjeros con menos derechos. Pues no es así, jovencito, profundiza y estudia más, que estás muy confundido; eso no es ni real, ni legal, ni por historia justo. En todo caso, vamos atrás en el tiempo y se la dejamos a los franceses de nuevo, así no hubiese muerto mi tata Pancracio por recuperarla para España. En Francia sí que lo tendrían complicado los Pujol, los originales, para estar liándola así, y para estar aún hablando su catalán, y para estar haciendo lo que les da la gana. No pienses jovencito que todos son tan buenos como nosotros, y hay un dicho con el que yo no estoy de acuerdo que dice: «No se puede ser bueno» y los franceses lo saben y por eso acabaron por la fuerza con todas sus amenazas que hacían peligrar la unidad de su república francesa; no seas ingenuo, jovencito, y creas que Cataluña ahora no sería francesa y solo se hablaría francés; no seas ingenuo y creas posible que los franceses, en aquellas épocas, la hubiesen soltado cuando tenían ya todo el control; sabían que si se iban volvían los españoles inmediatamente e igualmente no se regalaban ni se abandonaban territorios por aquel entonces, ni ahora tampoco. Sin los españoles apretando, los franceses se hubiesen sentido la mar de cómodos y hubiesen hecho en toda Cataluña lo mismo que han hecho en su parte de Cataluña. Los catalanes también saben esto y, aun así, tienen el dicho que ya comenté antes: «Si el timbaler del Bruc s'hagués ficat, el tambor al cul are seriem franceso» (Si el tamborilero del Bruc se hubiese metido el tambor en el culo, ahora seríamos franceses). Los fran tuvieron muchas oportunidades y sin los españoles luchando por su territorio se la hubiesen adherido, no cabe la posibilidad de dudar mínimamente de eso. Cataluña es España por derecho de miles de años de historia y tú propones que le regalemos nuestro territorio a estos de hoy en día porque se creen herederos de él, a causa de su inconsciente lógica egoísta y sobre todo se lo creen porque se creen más guapos y que hablan muy bonito; créeme, jovencito, que llevo toda la vida aquí y sé que ese es el motivo real por el que se creen diferentes y mejores. Tú pretendes que su soberbia sea premiada, cuando la soberbia es un pecado capital, jovencito. Pretendes premiar a los enfermos y sucios de mente que están humillando desde hace décadas a compatriotas tuyos, diciéndoles: «Iros, charnegos de mierda» (ellos no saben que se dice «idos») y lo más importante lo demás, porque eso es lo que tiene menos importancia de todo lo inmoral y de todo el perjuicio que causan, ¿cómo te dejas engañar así, jovencito? Ven aquí y pregunta a tus compatriotas castellano-parlantes y verás que muchos te van a decir que si Cataluña se independiza se van, ¿por qué crees que lo dicen?, piensa un poco… Lo dicen porque con lo que llevan ya encima, no se creen capaces de soportar la estupidez aún más grande, maximizada; imagínate eso, jovencito, imagínate lo que han sentido durante su vida para decir que si Cataluña se independiza, se van; no les han torturado, jovencito, solo les han hecho *bullying* durante toda la vida, los jefes, los que mandan, los originales, les han hecho *bullying* toda la vida; por ser castellanoparlantes les han apartado, les han despreciado, les han humillado, les han tenido como ciudadanos de segunda clase, han tenido que aceptar que adiestraran a sus hijos; han tenido que soportar todos los días de su vida, desde pequeños, los aires de superioridad de los otros, que han ido creciendo a medida que se hacían los dueños más y más. Ven, pregunta, jovencito, y verás que muchos te dirán que se irían. Lo que tienes que hacer tú, jovencito, es ponerte del lado de los agredidos y no de los perturbados clasistas, tú que dices que eres de izquierdas. No te dejes engañar cuando te dicen que aquí ni ocurre ni nunca ha ocurrido nada de eso, ni minusvalores las quejas que sé que has oído, aunque creas y te hayan hecho creer que son pocas; en todo caso, investiga qué hay debajo y por qué parecen pocas y no decidas simplemente por intuición.

No estoy de acuerdo en que no hay que ser bueno porque sí hay que serlo, y me gusta que lo hayamos sido en la historia y por eso tenemos la situación que tenemos que otros ya no tienen porque no lo fueron; pero nuestro error es no entender que si eres bueno, tienes que ser firme con los que con toda seguridad, jovencito, querrán aprovecharse de tu bondad. Lo de las batallas con los franceses es reciente, la historia de Hispania empieza miles de años antes, tantos que no se sabe cuántos, y es muy extensa; esto unido a lo demás que estamos considerando debe hacerte pensar y preguntarte de dónde te viene esa seguridad de estar defendiendo lo que es justo. ¿Lo habías tenido en cuenta todo, jovencito? No seas tú también prepotente y entiende que no tienes ni siquiera que sentirte con derecho a posicionarte en contra de la unidad de España, al apoyar a los que voten la ruptura, porque al no poder estar seguro de si la independencia a la fuerza, ya que quieren votar solo ellos, sería o no justa, si te equivocas estarías perjudicando injusta y gravemente a muchas personas. Igualmente de entrada, ya, ahora, estás apoyando a unos que están siendo muy inmorales y están perjudicando y tratando mal de muchas formas que tú no te planteas y no ves porque tú no lo has vivido, a los que tú, a la vez, les gritas que no se dejen callar. ¡Qué inconsciencia más rara esa, jovencito! ¿O es que eres un hipócrita?

¡Ayyy, qué lastima de ímpetu y energía mal aprovechada la de los jovencitos!

Ahora bien, si aparece un jovencito superdotado que supera en visión acertada a los adultos, que en la historia del mundo han aparecido algunos, los adultos que adquirieron capacidad de visión acertada gracias a su experiencia y a su limpieza mental, van a saber ver que es así y le van a votar. Ojalá porque estamos encerrados, por un lado con jóvenes de los que no nos podemos fiar porque al mínimo despiste te pueden hacer un desastre sin ni siquiera darse cuenta y por el otro lado con los adultos que han tenido tiempo de convertirse en unos pervertidos. Debemos despertar para ser por fin totalmente conscientes de la realidad y estar permanentemente vigilantes, porque no hacerlo y acomodarnos por pereza, nos sale demasiado caro. Al menos debemos esforzarnos al máximo ahora, ya que nos hemos dormido demasiado tiempo y estamos en serio peligro, en Cataluña y en la Tierra. ¡Despertad!

Y a los separatistas os digo que nadie os está sometiendo, senyors, lo que ocurre es que sois vosotros los que estáis queriendo dejar de lado a vuestros hermanos y quitarles lo que vosotros creéis equivocadamente que es solo vuestro. Lo estáis haciendo con la excusa e incluso convenciéndoos de que es porque ellos os roban y os perjudican y os engañan; y os engañáis a vosotros dando cualquier prueba de esos robos sin molestaros en comprobarlas, leed a Borrell, porque en realidad no os importa si es verdad o no para lo que queréis, es más, rezáis para que sea verdad. Tampoco les importan esos motivos a los que os los están contando y cuando se les acaben unos inventarán otros y lo que hay de fondo en realidad son motivos clasistas, etnocentristas, racistas, egocentristas, egoístas… Una independencia basada en errores tan graves resultaría muy peligrosa. Al contrario de conseguir mayor bienestar, fácilmente ocurriría que esos errores formasen una sociedad más enferma aún de errores, tan graves como son esos, y con valores tan errados tendríais gobernantes errados, lo que resulta tener ya un peligro fatal, porque los que suelen llegar a los primeros puestos de gobierno no son las personas más limpias y nobles, si además su base y la de la sociedad ya son bases erradas y con suciedades tan graves, el resultado es imprevisiblemente malo.

La solución no es separarse, la solución es limpiarse y ayudar a limpiarse a los hermanos de las otras regiones y ayudarse entre todos a limpiar toda la península y luego entre todos ayudar a todo el mundo que lo está necesitando con una urgencia que la mayoría desconoce. Infórmense bien porque los sucios nos están gobernando y están tramando cosas graves para todos y con el nivel de evolución tecnológico actual su poder se ha multiplicado por mucho y estamos en serio peligro. Tenemos que luchar por darle la vuelta a la situación y utilizar la tecnología para el bien de todos, lo que nos llevará por fin a liberarnos de los sufrimientos de nuestra existencia en un mundo tan bello, pero tan hostil a la vez, para unos seres tan mal adaptados físicamente como nosotros para habitarlo. Utilicemos bien la mejor parte y la mejor adaptada de nuestro cuerpo que es nuestro cerebro. Utilicémoslo en positivo y no nos permitamos a nosotros mismos que sea dirigido por errores.

Limpiémonos y aprendamos a reconocer lo importante de verdad. Dejemos a un lado las tonterías, que no son lo importante, lo de verdad N1 y dediquémonos a utilizar y a mejorar los recursos que tenemos hoy en día y que por fin son los suficientes para liberarnos de la esclavitud de la inadaptación al medio. Hagámoslo apoyándonos y ayudándonos unos a otros, que somos lo mismo y tenemos el mismo origen y antepasados, somos primos, hermanos; y consigamos un mundo en el que todos vivamos sin sufrimiento, sin dejar a un solo miembro de nuestra especie en la estacada.

Pensemos en la meta, no en objetivos que no tienen importancia en comparación con lo importante y que además son moralmente incorrectos y censurables, y además son objetivos instintivos primitivos, son los mismos de cuando éramos chimpancés y nos restregábamos para marcar nuestro territorio.

Algunos están muy contentos de que estemos distraídos peleándonos por estas cosas que a ellos no les importan en absoluto, ya que así les molestamos y les perturbamos menos en seguir con sus tramas.

Todo lo que no sean deseos que incluyan a todos están originados por motivos egoístas y llevan consigo la inmoralidad y la innobleza, aunque nos parezca que no es así porque le estemos dando alguna justificación. Esas justificaciones que nos hacen coger los caminos que no son los correctos encierran errores de los que nos cuesta ser conscientes y son la explicación de por qué hemos llegado al siglo XXI sin haber conseguido aún un mundo justo, igualitario y compasivo.

# DIÁLOGO CON UN INDEPENDENTISTA CONSCIENTE

—Pero yo soy uno de esos que decías al principio, con sentimientos catalanistas que no son innobles y quiero la independencia sin ser innoble ni tener virus ni errores.

—¡Ah, fantástico! Entonces podemos hablar de forma limpia, con tranquilidad, intentando ser conscientes de todo, ya que cuando te influyen los errores no es posible. Igualmente, hay que preguntarse siempre si en realidad está siendo así, más en asuntos tan extremos como es este. Siempre hay que analizarse a uno mismo y quizá solo los más preparados, los que han dedicado mucho tiempo y mucha atención en su vida, a comprender los errores humanos y a comprenderse a ellos mismos, son capaces de tener cierta seguridad de que realmente su opinión no está influenciada por nada erróneo.

Por esto te pido que hagas un pequeño esfuerzo y te analices, y esas conclusiones que obtengas vuelvas a analizarlas una vez más, ya que alguien consciente, como afirmas que eres, no puede permitirse influir en algo tan importante, que afecta a millones de personas, sin tener el máximo de seguridad posible de que realmente su visión no está condicionada por el más mínimo error personal, ya que su consciencia obliga a su conciencia; aun así, siempre hay que dejar la puerta abierta para seguir escuchando a los demás, porque no queda claro que nuestra capacidad, aun estando al máximo rendimiento, sea la suficiente para no equivocarnos nunca.

Pienso que pudiese haber algo que se te ha pasado por alto, porque teniendo en cuenta todas las circunstancias, y es mi opinión personal después de reanalizarlo muchas veces, no tiene sentido tu independentismo. Incluso económicamente es posible que pudieses sacar mucho más partido de la unión que de la separación. Tú sabes que no se ha explorado todavía esa vía como debía haberse hecho, porque el mayor afán de muchos de tus «compatriotas», desde hace siglos ya, ha sido separarse a toda costa y sin duda esto ha perjudicado económicamente y en muchas otras facetas, de forma incalculable.

Por eso, independientemente de tu deseo, como no eres alguien innoble, deberías denunciar a los que sí lo están siendo, ya que tú eres testigo y estás siendo consciente del mucho perjuicio que están causando, porque no tienes errores que te impidan verlo.

Denuncia a los innobles que a ti, que eres alguien «consciente», te debe estar doliendo ver esas locuras, tan dañinas para las personas, continuamente a tu alrededor.

Si finalmente, después de analizar y reanalizar todo y a ti mismo, sigues queriendo la independencia, tú que eres alguien noble y sin errores, buscarás los caminos con consciencia avanzada que puedes seguir para tenerla, pero son tantas las cosas, las circunstancias, las personas… que deberás tener en cuenta para no caer en injusticias, en inmoralidades o en errores, que cuando pienses haber iniciado el camino acertado para llegar a tu independencia, serás una persona tan preparada mentalmente y de consciencia tan avanzada que será incompatible con tu deseo actual; tu conciencia te hará dar la vuelta y regresarás en sentido contrario por ese camino.

## ACLARACIONES

Las palabras mal escritas son premeditadas, casi todas ☺; no es porque mi opinión sea que debe poderse escribir mal si se quiere, al contrario, creo que debemos seguir las normas que nos pongamos entre todos, siempre que seamos los cuerdos los que las hayamos puesto. Las incorrecciones en algunas palabras, en este caso, están como una excepción que yo me he dado a mí mismo, cosa que no se debe hacer, por como trato el tema del que se trata, porque este es entre otras cosas un libro protesta y están así escritas para que haya un contraste con las excesivas obsesivas necesidades de sofisticación, elegancia y corrección ególatras en el mundo entero y especialmente en este caso las de nuestros protagonistas, nuestros queridos primos hermanos y amigos, queridos compatriotas del nordeste; para que sientan la diferencia y para que busquen en sí mismos de dónde les surge esa sofisticada necesidad y qué consecuencias tiene.

Si fuesen capaces de darse cuenta de lo que les ocurre, podrían verse de repente como unos autómatas que buscan la elegancia, la corrección y sofisticación por delante de cualquier otra cosa y de que son incapaces de tener espontaneidad, incapaces de no pensar en todo momento en la estética cuando hablan o cuando se mueven o cuando expresan sentimientos. Me río yo de qué sentimientos se pueden expresar pensando en si estás guapo o no; hasta para llorar, que no lloran en público «uii, en public no», pero hasta cuando lo hacen en privado es con la llll.

Sin duda, es por un motivo de rebeldía contra la locura de mi alrededor que llevo sufriendo toda la vida, por lo que me apetece escribir así, y es que también hablo así cotidianamente desde hace años por este mismo motivo. La diferencia en espontaneidad al expresarse, con los demás españoles, es demasiado evidente para que no les haya extrañado a más personas. Sé que se intuye porque siempre se ha hecho un poco de broma del tema y de su forma de hablar, pero parece que no se es del todo consciente de que hay más que simplemente un estilo regional peculiar. Seguro que ha influido que la región tenía buena reputación económica y por eso se les tiene como pijos lógicos y por este motivo no se iba más allá en la crítica, aunque a mí me cuesta comprenderlo y aceptarlo porque es algo que vivo todos los días y al tenerlo tan continuamente presente se hace muy pesao.

Seguro que es este uno de los motivos de por qué los de Cai son mis ídolos, sé que ellos ven la misma necesidad que yo de acabar con la muxa tontería que hay por el mundo, se refleja por ejemplo en sus chirigotas. Creo que alguien de Cai que esté obligado a vivir aquí se tiene que volver loco o alcohólico; no creo posible que pueda aguantar en un estado normal, su única posibilidad es huir; y es que la evidencia de la estupidez, de taaanta tontería, se hace máxima, ya incuestionable, al comparar a los de aquí con los de allí. Saber que hay cuerdos en el planeta hace tener más ganas aún de dejarse llevar como reacción visceral y renegar del rererefinamiento y la sofisticación, como forma de protesta, por rebeldía, y hace hablar así para ver si los cuerdos te oyen, buscando comunicarte con ellos. Es la forma de comunicación de los cuerdos cuando saben que no hay solución posible a corto plazo y se sienten impotentes para hacer algo más; también con una mínima esperanza de que alguno de los locos despierte o quizás que se lo plantee.

He buscado una buena forma de explicar lo que ocurre aquí, intentando, quizá sin conseguirlo del todo, no pasarme en el énfasis, lo que podría dar una impresión, no cierta, de estar siendo exagerado y causar un rechazo a lo que digo; pero también sin quedarme corto en el énfasis, por excesiva prudencia, con lo que perdería la oportunidad de explicar lo que desde hace tanto tengo ganas de que oiga todo el mundo y que es tan importante que se sepa, buscando conseguir un despertar para todos, aun sabiendo de antemano que no va a ser suficiente para acabar con la tan arraigada artificialidad humana.

Creo que los gaditanos buscan lo mismo y les ocurre lo mismo que a mí con sus chirigotas, son normalmente críticas a algo, y solo pretenden que se oigan, sin aspirar en absoluto a solucionar nada, porque igual que yo saben que no tienen posibilidad, aun así quieren poner su grano de arena también. Lo hacen con el mismo estilo que me sale a mí, en el sentido irreverente con las formas y con humor; es una reacción instintiva y lógica ante la situación y las circunstancias, porque denuncias algo sabiendo que no lo vas a solucionar, pero quieres protestar y que se oiga y te sale con humor porque sientes que es bueno tomártelo a risa, ya que no vas a poder cambiar nada solo con eso, en el mundo de los locos. Es como decir: sí, sé que estoy conviviendo con los locos y no hay nada que hacer, pero no me van a volver loco a mí y aunque sé que no podré curar a nadie, quiero hablar de la locura general porque es una necesidad personal y para que si algún cuerdo lo escucha se sienta acompañado, y lo hago con humor porque es la forma lógica, ya que la forma más sana mentalmente es la más positiva; al aceptar que no vas a poder hacer conscientes a los simios en el planeta, el humor es la reacción lógica y acertada que el procesador saca como conclusión final al tener todas estas variables.

Entonces, se me hace clara la gran cordura de los gaditanos, al ver que sus procesadores sacan esa conclusión, es la misma conclusión de mi procesador; por eso son mis ídolos y porque lo hacen mucho mejor que yo y admiro su cordura irreverente en la forma de expresarse. Irreverente es por decirlo de alguna manera que se entienda, porque su actitud y su estilo, siendo la realidad la que es, es exactamente la solución final lógica del procesador que cuenta con una memoria sin virus.

Nada de todo lo escrito son palabras duras; dura es la realidad y si pretendes explicar la realidad lo más fielmente posible, vas a tener que acoplar a las palabras la dureza de la realidad. Y más justificado está aún si la intención es en positivo, intentando acabar con el letargo metal que no permite hacerse consciente de los feos errores que mantienen a los errados comportándose como monos sofisticados que se creen seres superiores.

Despertad, pardiez, por no decir cohones, y vivid y sentid y dejaos llevar espontáneamente por el momento y no perdáis el poco tiempo en estar pendientes de si estáis guapos o no, ni en si habláis bonito o no, lo que os tiene alejados de vosotros mismos y de los demás y sin poder disfrutar de lo importante.

Gritad conmigo: ¡¡¡VIVAN LAS CHIRIGOTAS DE CAA-AIIIIIIIIII!!! Y vivid libres de una vez y dejad vivir, que son cuatro días.